“十四五”时期国家重点出版物出版专项规划项目
新能源与智能网联汽车新技术系列丛书
普通高等教育交通运输类专业系列教材

智能交通数字图像处理技术

主编　陈　昕
参编　陈学文　徐兆华　张丽萍　韩振东
哈瑞峰　唐阳山　李冬月　宋东明
齐向臣　肖存乐　杨　硕　梁奕延

机 械 工 业 出 版 社

本书是“十四五”时期国家重点出版物出版专项规划项目。

本书以满足智能交通领域对数字图像处理技术的需求为宗旨，采用数字图像处理理论知识、算法讲解与 Python 编程相结合的方法，突出在智能交通领域的应用，具有较强的实用性。本书共 12 章，包括基础和应用两部分：基础部分为第 1~8 章，涵盖数字图像处理技术的基础知识和理论算法，主要内容有绪论、图像处理基础、傅里叶变换与图像卷积、图像增强、图像复原、形态学图像处理、图像分割、图像特征提取；应用部分为第 9~12 章，是数字图像处理技术在智能交通领域的应用实例，主要内容有车牌识别、道路交通标志检测与识别、车道线检测与识别、行人目标检测。

本书既可作为高等院校智能交通和智能车辆工程等专业的图像处理相关课程教材，也可作为从事智能交通领域图像研究和应用的工程技术人员的参考读物。

本书配有 PPT 课件，以及原始图像和图像处理代码，采用本书作为教材的教师，可以登录 www.cmpedu.com 免费注册并下载。

图书在版编目（CIP）数据

智能交通数字图像处理技术 / 陈昕主编. -- 北京 ：机械工业出版社，2024. 11. --（新能源与智能网联汽车新技术系列丛书）（普通高等教育交通运输类专业系列教材）. -- ISBN 978-7-111-77018-3

Ⅰ. U495

中国国家版本馆 CIP 数据核字第 2024N9V262 号

机械工业出版社（北京市百万庄大街 22 号　邮政编码 100037）

策划编辑：宋学敏　　责任编辑：宋学敏　赵晓峰

责任校对：贾海霞　陈　越　　封面设计：张　静

责任印制：刘　媛

河北环京美印刷有限公司印刷

2024 年 12 月第 1 版第 1 次印刷

184mm×260mm · 14.5 印张 · 354 千字

标准书号：ISBN 978-7-111-77018-3

定价：46.00 元

电话服务

客服电话：010-88361066

010-88379833

010-68326294

网络服务

机　工　官　网：www.cmpbook.com

机　工　官　博：weibo.com/cmp1952

金　　书　　网：www.golden-book.com

机工教育服务网：www.cmpedu.com

前 言

在交通强国战略实施下，我国智能交通处于“交通强国、数字中国”发展的大好时机。数字图像处理技术在智能交通中的应用非常广阔，自动车牌识别、交通标志识别、车道线识别和行人目标检测等都离不开数字图像处理技术。智能交通发展背景下，车路协同、无人驾驶环境感知等研究应用领域，需要技术人员具备把理论用于交通领域图像处理问题的应用能力。“数字图像处理”课程需要与智能交通应用衔接；同时，教育部积极推进新工科建设，提出培养高素质复合型“新工科”人才的要求。本书正是基于以上几点组织编写的。

本书是在分析研究若干国内外数字图像处理技术优质教材的基础上，结合编者多年从事交通类专业图像处理技术课程的教学，分析总结学生学习感悟和学习效果，从交通类专业的学生容易理解和掌握的角度，以及毕业后从事交通领域图像处理研究工作的技术人员应用的角度，将“学”与“用”结合而编写的。

本书以学生为中心，服务对象是图像处理技术的交通类初学者，数字图像处理算法学习与 Python 编程实现结合，与智能交通应用结合，突出实用性。主要特色有：

1）以数字图像处理技术应用为目的，从图像处理的物理意义角度阐述数字图像处理技术的基础知识、理论算法。针对交通类学生缺少先修相关课程“信号与系统”“数字信号处理”基础的情况，本书从图像处理的物理意义角度阐述数字图像处理技术的基础知识、理论算法，公式尽可能简明，鲜有公式推导，注重学生对图像处理技术基础知识、理论和算法的理解。

2）图像处理技术学习与 Python、OpenCV 编程实例相结合，例如，在讲解图像变换、图像增强、图像复原、图像分割和图像形态学处理时，配有 Python 编程代码，学生可以编程实现图像处理，体会图像增强、图像复原等处理效果，增强图像处理技术学习的实用性和可见性。图像处理理论学习与编程实现结合，突出学生作为教学活动的主体

地位。学生变被动接受为主动思考，应用理论知识去处理问题，锻炼和培养了动手编程能力。

3）结合智能交通数字图像处理实际技术，例如，车牌自动识别的实际图像处理技术：车牌图像获取、预处理、灰度化处理、二值化处理、滤波、定位、字符分割和字符识别。通过学习，学生可以自己编程从一幅车辆图像中准确定位出车牌区域，然后经过字符切割和字符识别来实现车辆牌照的自动识别。

本书是辽宁工业大学的立项教材，并由辽宁工业大学资助出版。全书由辽宁工业大学、毫末智行科技有限公司保定分公司和黑龙江天有为电子股份有限公司哈尔滨分公司多年从事图像处理技术教学科研工作的一线教师与技术人员合作编写。全书由辽宁工业大学陈昕教授主持编写和统稿。陈昕编写第 1 章、第 7 章~第 10 章；陈学文编写第 2 章、第 3 章；徐兆华编写第 4 章；张丽萍编写第 5 章；唐阳山编写第 6 章；毫末智行科技有限公司保定分公司韩振东编写第 11 章；黑龙江天有为电子股份有限公司哈尔滨分公司哈瑞峰编写第 12 章。本书在收集素材和图像处理编程代码编写过程中，研究生李冬月、宋东明、齐向臣、肖存乐、杨硕、梁奕延参与了代码编写和文字编写工作，吕敏、寇万鑫、马嘉琪和葛亚敏参与了素材整理工作。

在编写过程中，编者查阅了大量的国内外资料，参考了相关领域众多专家和学者的著作和成果，在此表示衷心的感谢。

由于编者水平有限，书中难免有不妥和疏漏之处，恳请广大读者赐教指正。

编　者

目　录

第1章　绪　论

图像，从广义上讲，凡是记录在纸介质上的，拍摄在底片和照片上的，显示在电视、投影仪和计算机屏幕上的所有具有视觉效果的画面都可以称为图像。根据图像记录方式的不同，图像可分为两大类，一类是模拟图像（Analog Image），另一类是数字图像（Digital Image）。模拟图像是通过某种物理量（光、电等）的强弱变化来记录图像上各点的亮度信息，如模拟电视图像；而数字图像则完全是用数字（即计算机存储的数据）来记录图像各点的亮度信息。

1.1 数字图像

数字图像（Digital Image）是由模拟图像数字化得到，以像素为基本元素，可以用数字计算机或数字电路存储和处理的图像。

1.1.1 数字图像的基本概念及分类

一幅图像可定义为一个二维函数$f(x,y)$，其中x和y是平面坐标，而在任何一对空间坐标(x,y)处的幅值f称为图像在该点处的强度或灰度。当x、y和灰度值f是有限的离散数值时，该图像称为数字图像。

下面介绍与数字图像相关的像素、灰度。

1. 像素

数字图像由二维的元素组成，每一个元素具有一个特定的位置(x,y)和幅值f，这些元素称为像素（或像元，Pixel）。图1-1所示为数字图像及其像素。

像素是数字图像的基本元素，像素是在模拟图像数字化时对连续空间进行离散化得到的。每个像素具有整数行（高）和列（宽）位置坐标，同时每个像素都具有整数灰度值或颜色值。像素是数字图像中的最小单位，也就是说，数字图像是像素的集合。

2. 灰度

灰度表示像素所在位置的亮度，灰度值是在模拟图像数字化时对亮度进行离散化得到的。例如，常见的二维静止黑白图像是以像素为元素的矩阵，每个像素上的值代表图像在该位置的亮度，称为图像的灰度值。数字图像像素具有整数坐标值和整数灰度值。

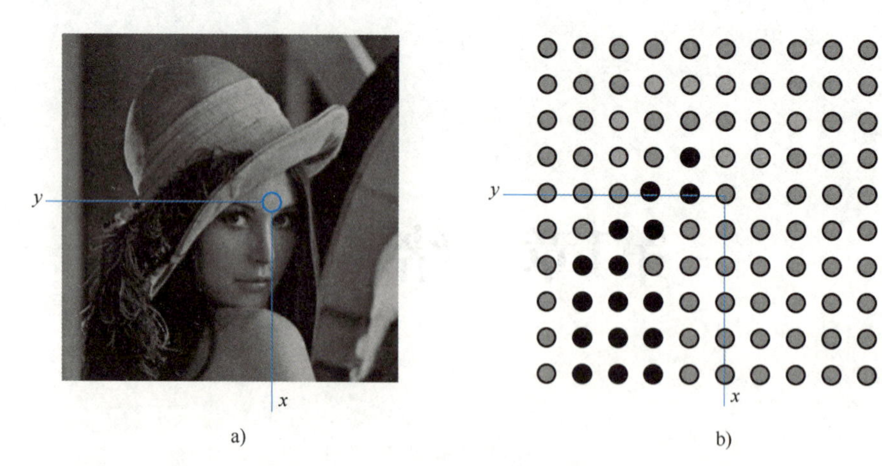

图 1-1　数字图像及其像素

a）数字图像　b）像素

数字图像通常分为二值图像、灰度图像和彩色图像，图 1-2 所示为图像处理经典“Lena”图的各种图像，其中彩色图像为示意图。

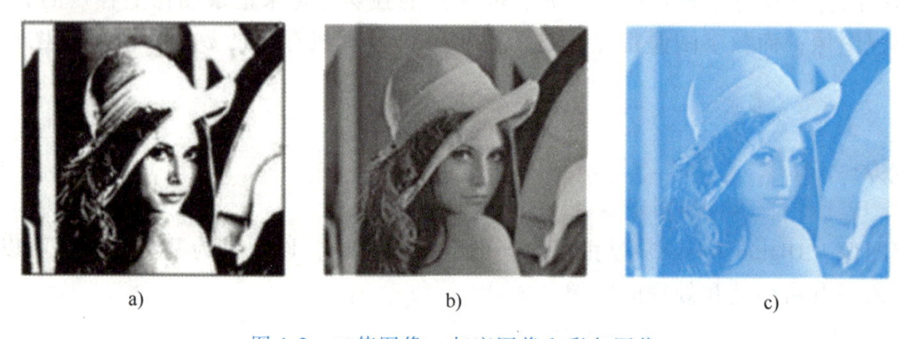

图 1-2　二值图像、灰度图像和彩色图像

a）二值图像　b）灰度图像　c）彩色图像

3. 二值图像

二值图像又称为黑白图像，图像中任何一个点非黑即白，要么为黑色（像素为 0），要么为白色（像素为 255）。将灰度图像转换为二值图像的过程，常通过依次遍历判断实现，如果像素大于 127 则设置为 255，否则设置为 0。二值图像对应矩阵如图 1-3 所示。

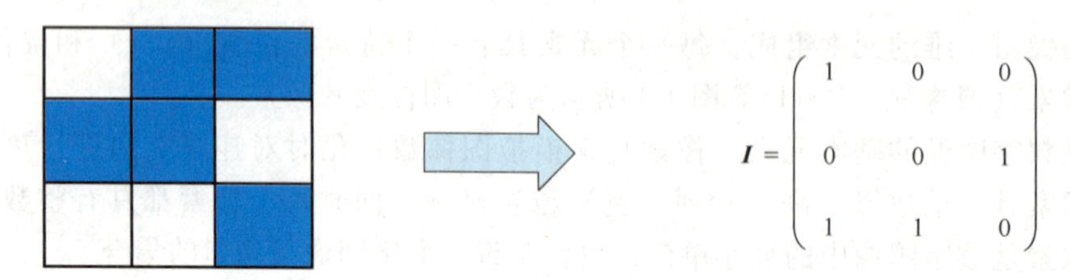

图 1-3　二值图像对应矩阵

4. 灰度图像

灰度图像是指每个像素的信息由一个量化的灰度级来描述的图像，没有彩色信息，如

图 1-4 所示。改变像素矩阵的 RGB[⊖]值可以实现将彩色图转变为灰度图。常见的方法是将灰度划分为 256 种不同的灰度级，将原来的 RGB（R，G，B）中的 R、G、B 统一替换为 Gray，形成新的灰度图像（Gray，Gray，Gray），即灰度图。将彩色图像转换为灰度图称为图像灰度化，是图像处理的最基本预处理操作。

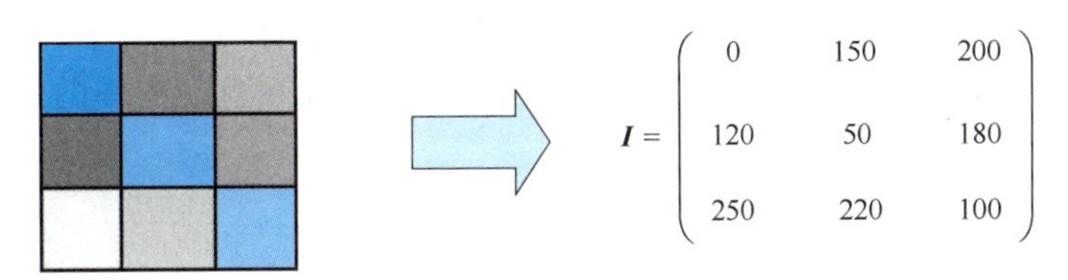

图 1-4　灰度图像对应矩阵

5. 彩色图像

彩色图像可以用 RGB 图像表示。RGB 是根据人眼识别的颜色而定义的空间，可用于表示大部分颜色，也是图像处理中最基本、最常用和面向硬件的颜色空间，是一种光混合体系。图 1-5 所示为图像中某一点像素（205，89，68）所对应三原色的像素值，其中 R 表示红色分量、G 表示绿色分量、B 表示蓝色分量。

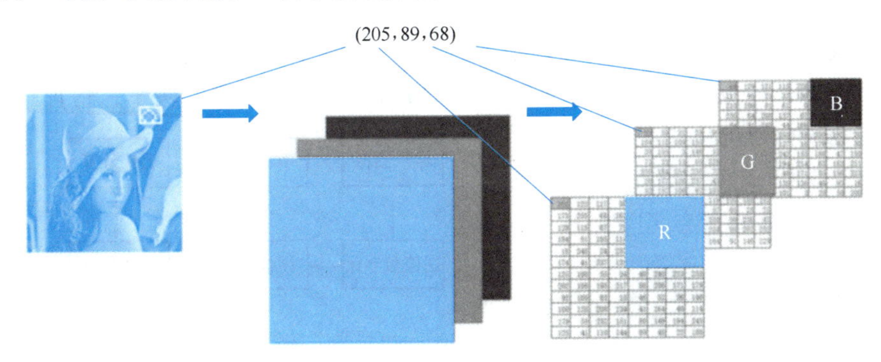

图 1-5　彩色图像对应矩阵

1.1.2　数字图像的基本特点

随着数字技术和智能交通的飞速发展，数字图像在智能驾驶、无人驾驶和环境感知中扮演着重要角色，数字图像具有如下特点：

(1) 直观易懂　图像可以将客观事物的原形真实地展现在眼前，供不同目的、不同能力和不同水平的人去观察、理解。人的视觉系统有着瞬间获取图像、分析图像、识别图像和理解图像的能力。只要将一幅图像呈现在人的眼前，其视觉系统就会立即得到关于这幅图像所描述的内容，从而具有一目了然的效果。

(2) 信息量大　图像信息量大有两层含义：其一是“一幅图胜似千言万语”，图像本身所携带的信息远比文字、声音信息丰富；其二是图像的数据量大，需要占据较大的存储空间与传输时间。

⊖ RGB 表示红（Red）、绿（Green）、蓝（Blue）三原色，计算机里所有颜色都是三原色按不同比例组成的，即三色通道。

(3) 长期保存 数字图像的存储形式是计算机文件，采用磁盘、云平台等介质进行存放，比模拟图像更易于保存。

(4) 可再现能力强 数字图像存储的基本单元是由离散数值构成的像素，其一旦形成，不容易受存储、传输和复制过程的干扰。

(5) 处理精度高 现代数字图像获取技术可以将每个像素基元的灰度级量化到 32 位甚至更多位数，可以保证数字图像在颜色细节上满足真实图像颜色分辨率的要求。

1.2 数字图像处理的目的和主要研究内容

数字图像处理，又称为计算机图像处理，是指将图像信号转换为数字信号，并借助计算机对数字形式存储的图像进行变换、去除噪声、增强、复原、分割和提取特征等处理的方法和技术。

数字图像处理作为一门学科大约形成于 20 世纪 60 年代初期，早期的图像处理的目的是改善图像的质量，常用的处理方法包括图像增强、复原、编码和压缩等。随着图像处理技术的深入发展，从 20 世纪 70 年代中期开始，计算机技术和人工智能、思维科学研究迅速发展，数字图像处理向更高、更深层次发展。人们已开始研究如何用计算机系统解释图像，实现类似人类视觉系统理解外部世界，这被称为图像理解或计算机视觉。现如今，图像处理取得了不少重要的研究成果，其在许多领域（如通信、气象、生物、医学、物理、经济和文化等）已经得到广泛的应用。

数字图像处理的一般步骤如图 1-6 所示。

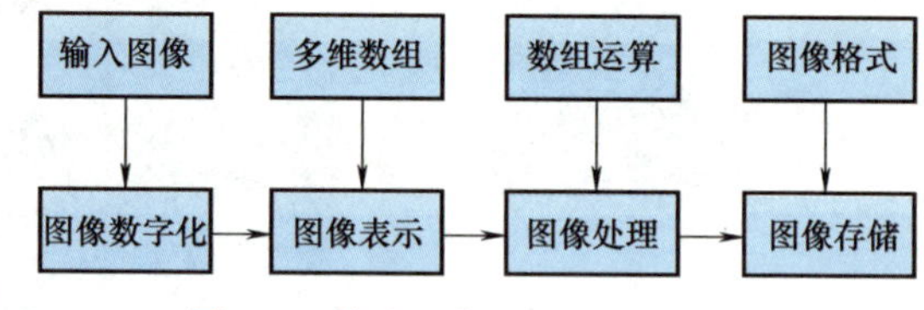

图 1-6 数字图像处理的一般步骤

1.2.1 数字图像处理的目的

从智能交通应用角度看，数字图像处理的目的主要有 3 个方面：

1）对图像灰度做某种变换，增强其中的有用信息，抑制无用信息，使图像质量提高，以便于观察、理解或计算机对其做进一步的处理。这类属于图像预处理技术，主要包括图像灰度化、二值化、变换、增强和复原。

2）用某种特殊手段提取、描述和分析图像中所包含的某些特征或特殊的信息，主要目的是便于智能驾驶系统对图像做进一步的分析和识别，这类图像处理技术包括图像分割、特征提取等。

3）图像检测与识别。如车牌识别，交通标志、车道线检测与识别等，为智能交通管理、智能驾驶和无人驾驶环境感知等提供决策依据。

1.2.2 数字图像处理的主要研究内容

数字图像处理技术涉及数学、计算机科学、模式识别和人工智能等学科，是一门多学科交叉应用技术。按照处理方法进行划分，可将数字图像处理分为空间域处理与频域处理。按照处理策略不同，数字图像处理可分为全局处理和局部处理。

图像处理技术内容丰富，从智能交通领域应用角度，数字图像处理的主要研究内容包括如下几个方面：

1. 图像变换

图像变换就是对原始图像执行某种正交变换，如离散傅里叶变换，以便于在频域对图像进行更有效的处理，将图像的特征在频域中表现出来，以便在频域中对图像进行各种相关处理，特别是那些用空间法无法完成的特殊处理。

2. 图像增强

图像增强主要是突出图像中感兴趣的信息，衰减或去除不需要的信息，从而使有用的信息得到增强，削弱干扰和噪声，提高图像的清晰度。在图像增强的过程中，没有新信息的增加，只是通过压制一部分信息，从而突出另一部分信息。

3. 图像复原

图像复原的主要目的是改善给定的图像质量，并尽可能恢复原图像。图像在形成、传输和记录过程中，受多种因素的影响，图像质量会有所下降，典型表现有图像模糊、失真和有噪声等。这一质量下降的过程称为图像的退化。图像复原是对退化的图像进行处理，使得处理后的图像尽可能地接近原始图像。

4. 图像分割

图像分割是根据选定的特征（包括图像的边缘、区域等）将图像划分成若干个有意义的部分，将具有某一特征的目标从图像中分离提取出来，从而对目标做进一步的检测和分析。

5. 图像特征提取

图像特征提取是将分割后的目标转换成能较好地描述图像的主要特征，以便进行图像检测和识别，是对一幅图像中某些感兴趣的特征进行检测和描述，把以像素描述的图像变成比较简洁的对目标的描述。

6. 图像识别分类

图像识别，根据从图像中提取的各目标物的特征，与目标物固有的特征进行匹配、识别，以做出对各目标物类属的判别。其主要内容是图像经过某些预处理（变换、增强和复原）后，进行图像分割和特征提取，从而进行判别分类，以识别各种不同模式的目标和对象的技术。

1.3 Python 数字图像处理库

Python 是人工智能时代广泛应用的编程语言，Python 中集成了功能强大的图像处理工具箱。由于 Python 语言的语法特征与 C 语言极为相似，而且更加简单，更加符合科技人员对数学表达式的书写格式，且 Python 语言可移植性好、可扩展性强，再加上其中有丰富的图像处理函数，所以 Python 在图像处理的应用中具有很大的优势，在智能交通领域有广泛的应用。

为了便于读者学习与理解，培养数字图像处理技术的编程实现能力，本书各章中图像处理理论算法的讲解均与编程实例相结合。编程实例以 Python+OpenCV 的模式，利用 Python 包处理图像实现。本书在 Anaconda 的 Jupyter Notebook 或 Visual Studio Code 集成开发环境下

使用 Python 3.10.9 编写程序，主要通过 Python 调用 OpenCV、Matplotlib、Numpy、skimage 和 PIL 等实现图像处理。

1.3.1 基于 Python 开发的数字图像处理包

数字图像的本质是一个多维矩阵，数字图像处理的本质是对多维矩阵的操作。采用编程技术，利用图像处理算法，通过编程代码，基于 Python 开发的数字图像处理包与 OpenCV，能够借助丰富的函数对不同的图像信息进行处理、分析和识别，提高了图像处理的效率。Python 数字图像处理需要用 Numpy 模块，绘制、显示图像需要 Matplotlib 模块。下面简要介绍用 Python 进行图像处理需要的库。

1. Numpy

Numpy 是 Python 编程的核心库之一，支持数组结构，数字图像本质上是包含数据点像素的标准 Numpy 数组。通过使用基本的 Numpy 操作，如切片、索引等，可以获取或修改图像的像素值。

2. Scipy

Scipy 是 Python 的另一个核心科学模块，可用于基本的图像处理，是构建在 Numpy 的基础之上，它提供许多操作 Numpy 数组的函数，例如，其子模块 Scipy.ndimage 提供了在 n 维 Numpy 数组上运行的函数，Scipy 包目前包括线性和非线性滤波、二进制形态、傅里叶变换等功能。

3. Matplotlib

Matplotlib 是一个 Python2D 绘图库，它可以用于 Python 脚本、Jupyter Notebook、Visual Studio Code、Web 应用服务器和图像用户界面工具包。对于简单的绘图，Pyplot 模块可通过一组函数来控制线的样式、字体属性和轴属性等。

4. skimage 包

skimage 包的全称是 scikit-image SciKit（toolkit for Scipy），它是由 Python 语言编写，基于 Scipy 的一款图像处理包，它将图片作为 Numpy 数组进行处理。skimage 包由许多子模块组成，各子模块提供不同的功能，见表 1-1。

表 1-1 skimage 包子模块功能

子模块名称	主要实现功能
io	读取、保存和显示图片或视频
data	提供一些测试图片和样本数据
color	颜色空间变换
filters	图像增强、边缘检测、排序滤波器和自动阈值等
draw	操作于数组上的基本图形绘制，包括线条、矩形、圆和文本等
transform	几何变换或其他变换，如旋转、拉伸和拉东变换等
morphology	形态学操作，如开闭运算、骨架提取等
exposure	图片强度调整，如亮度调整、直方图均衡等
feature	特征检测与提取等

（续）

子模块名称	主要实现功能
measure	图像属性的测量，如相似性或等高线等
segmentation	图像分割
restoration	图像恢复
util	通用函数

图片的输出，不同的输出函数输出的图像参数不同，见表1-2。

表1-2 不同的输出函数输出的图像参数

输出函数	输出参数
print(type(img))	显示类型
print(img.shape)	显示尺寸
print(img.shape[0])	图片高度
print(img.shape[1])	图片宽度
print(img.shape[2])	图片通道数
print(img.size)	显示总像素个数
print(img.max())	最大像素值
print(img.min())	最小像素值
print(img.mean())	像素平均值
print(img[0][0])	图像的像素值

5. 图像处理库（Python Imaging Library，PIL）

图像处理库（Python Imaging Library，PIL），是常用的图像处理库，提供了广泛的文件格式支持和强大的图像处理功能，提供了大量的图像操作，比如图像缩放、裁剪、贴图和模糊等，很多时候它需要配合Numpy库一起使用。

1.3.2 OpenCV-Python

开源计算机视觉库（Open Source Computer Vision Library，OpenCV）是目前流行的计算机视觉编程库，用于实时处理计算机视觉方面的问题，它涵盖了很多计算机视觉领域的模块。OpenCV是一个C++库，在Python中常使用OpenCV库实现图像的独立化处理，运用自带的函数进行图像的分析和处理。OpenCV能够进行跨平台使用，兼容性比较好，而且实现了源代码的公开，能够对图像加载、显示和处理。在运用OpenCV的函数对图像进行处理的过程中，要运用一些基本的算法，从而能够对图像的色彩进行处理，还可以对图像的形状和明暗进行处理，使图像更加清晰，能够突出重点。

OpenCV-Python是意在解决计算机视觉问题的Python专用库，是用于OpenCV的Python API，结合了OpenCV、C++、API（应用程序接口）和Python语言的最佳特性。

另外，还有SimpleCV、Mahotas、SimpleITK、pgmagick、Pycairo等也是常用的功能模块。

以上是一些免费的优秀图像处理Python库，需要的时候可以下载安装。在这些库中，如果进行数据运算，使用Numpy库进行数据格式的处理操作更方便；在进行图形绘制的时

候，使用 Matplotlib 库更好；进行图像各种运算处理可以使用 OpenCV 库。OpenCV 图像默认显示顺序是 B、G、R，而其他软件（如 Matplotlib、PIL）显示图像的顺序是 R、G、B。

1.4 数字图像处理技术在智能交通中的应用

目前数字图像处理技术在智能交通领域中具有极其广泛的应用，可以分为交通信息采集和图像检测与识别两大类。

1.4.1 交通信息采集

基于图像处理的交通信息采集方法，利用计算机视觉技术从数字图像中提取高质量的图像，进而获取图像范围内包括多目标车辆以及车速等在内的交通运行特征信息，它在克服了传统测速法只能得到单车车速的不足的同时也能够精确地定位车辆的空间位置。在交通信息采集中，无须对主线交通进行管制，只需保证相关的拍摄条件，也无须观测人员现场值守，在一定程度上减少了人力物力的投入，提高了交通信息的采集效率。

通过数字图像处理技术，智能交通系统不仅可以实时对城市中各区域的交通情况进行掌握，甚至可以确定道路的车流量、速度以及车辆类型等更加细节性的内容。而智能交通系统则可以根据这些信息内容，合理发布交通引导信号，从而对区域车辆进行有效的引导，避免出现路段车辆的拥堵问题，有效保障城市交通的安全稳定性。

1.4.2 图像检测与识别

图像处理技术广泛应用于智能交通图像检测与识别。

1. 车辆检测

在智能交通的发展过程中，车辆检测是一项关键技术，通过应用视频图像处理技术，在交通运行过程中，如果对行驶中的车辆进行准确识别以及跟踪定位，需要从所采集到的背景中分离出车辆图像，保证交通测量中所有参数工作的顺利进行。在对车辆交通参数进行测量时，首先需要对车辆行驶速度、车辆密度和车流量等进行检测。可准确识别出车辆的行驶特征，以此为依据对车流量、收费环节等进行有效控制，有利于促进交通行业智能化发展。

2. 闯红灯检测

在闯红灯检测系统的设计过程中，可采用专业的视频图像检测技术，在车辆运行过程中，发出车辆经过信号，综合红灯信号即可判断出车辆是否有闯红灯行为。如果发现车辆有闯红灯行为，则可以自动捕捉到车辆违章现场视频图像。对于所有捕捉到的车辆运行现场违章地点、时间和视频图像信息，可由交通管理人员定期取回，也可以将视频图像信息运输到交通监控中心，通过应用相关系统，显示出视频图像信息，并对车辆图像进行筛选，判断车牌号，记录下所有的违章信息，对有用信息进行打印和管理，便于后期查询。

3. 障碍物检测

使用数字图像处理技术可以及时检测路况。一旦发现较大或异常大小的障碍物，及时通知相关单位，以便相关工作单位进行维护和清理。这样可以有效地减少因障碍物引起的交通事故，提高交通安全性。

可使用的方法包括图像滤波方法和模板方法。在这方面，数字图像处理技术的工作原理是借助相机对路况进行监测，识别出异常情况和较大障碍物，然后将检测到的报警信号传输到相关的监测平台，由监测平台进行相应的处理，可以应用于障碍物检测中。在交通运行中，障碍物包括车辆行驶前方的行人、电动车和交通标识等。通过应用立体视觉检测方式、光流检测方式以及背景运动检测方式，可对摄像机所拍摄到的视频图像进行高效处理，判断车辆行驶前方是否存在障碍物，然后将障碍物信息传递给驾驶人。现如今，障碍物检测技术已经被广泛应用于智能交通中，有利于推进交通系统的可持续发展。

4. 车牌字符识别

通过图像处理技术，可以自动识别和提取图像中的车牌信息。这对于交通管理、追踪违章车辆和收费系统等方面非常有用。运用数字图像处理技术识别车牌，首先要获取车牌的数字影像，通过计算机对车牌影像进行分析和处理，以此进行车牌定位等一系列工作。目前已投入运行的高速公路不停车自动收费系统中的车辆和车牌的自动识别都是图像处理技术的成功应用，不仅大大提高了工作效率，还节省了人力和物力资源。

5. 交通标志检测与识别

道路交通标志检测与识别对于实现城市智能交通系统至关重要。随着智能交通的发展，无人驾驶逐步实施，交通标志的检测这一领域开始凸显越来越大的影响力，在无人驾驶和驾驶人辅助系统中具有重要的应用以及良好的发展前景，并且为自动或半自动驾驶车辆提供有用的道路信息。

6. 车道线检测与识别

随着计算机视觉的应用发展和落地，车道线检测任务也获得了广泛关注，车道线的检测与识别是智能驾驶辅助系统的前提和关键，出现了一系列的车道线检测方法。车道线检测在自动驾驶系统中扮演着重要的角色，特别是在高级辅助驾驶系统（ADAS）中。

7. 行人目标检测与识别

行人在城市交通中扮演着重要的角色，数字图像处理技术可以自动检测路面上的行人，并进行精确的跟踪和分析，以提高交通安全性和效率。行人目标检测的相关研究成果在智能监控、智能交通和车辆辅助驾驶等具体场景中进行了大量的应用。

习题

1. 数字图像处理的目的主要有哪些方面？
2. 数字图像处理的主要研究内容有哪些？
3. 数字图像处理技术在智能交通中有哪些应用？

第2章　图像处理基础

以照片形式或初级记录介质保存的图像是连续的，计算机无法接收和处理这种空间连续分布的图像。因此若要用计算机来处理图像信息，能够在计算机上描述图像，就需要将一幅模拟图像进行数字化，将空间上连续和亮度上连续的模拟图像进行离散化处理。

2.1　图像数字化

模拟图像的数学模型是一个二元函数 $f(x,y)$，该函数反映图像上点坐标（x,y）与该点的亮度取值，$f(x,y)$ 是非负有界的实数。将一幅图像从其原来的模拟形式转换成数字形式的处理过程，称作图像数字化。要产生一幅数字图像，就需要把连续感知的数据转换为数字形式，包括两种处理方式：采样和量化。采样是图像空间坐标的离散化，决定了图像的空间分辨率，是对原始图像信号的一种数字化逼近。量化是图像响应幅值的离散化，决定了图像的灰度级分辨率。数字化得到的数字图像，是由行和列双向排列的像素组成的，像素的值就是灰度值，彩色图像的像素值是三基色颜色值。

2.1.1　图像采样和量化

1. 图像采样

图像采样是将一幅连续图像在空间上分割成 $M×N$ 个网格，每个网格用一个亮度值或灰度值来表示，其示意图如图 2-1 所示。

图像采样是图像空间坐标（x,y）的数字化。x 方向，抽样 M 行，y 方向，每行抽样 N 点，图像采样是将一幅在空间上连续分布的模拟图像转换成 $M×N$ 的网格，每个网格称为一个像素，整个图像共抽样 $M×N$ 个像素点，$M×N$ 称为图像的空间分辨率。

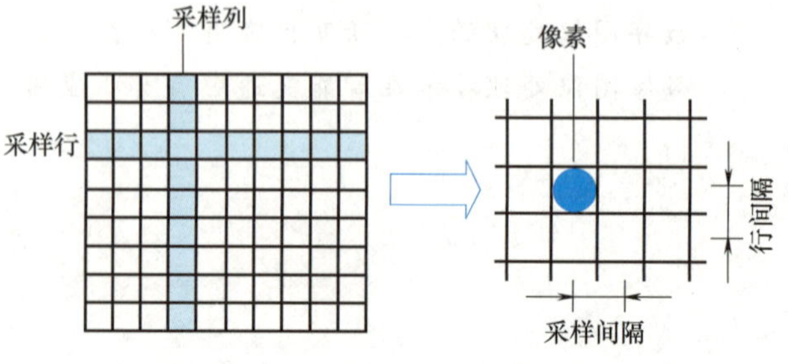

图 2-1　图像采样

一般取 $M = N = 2^n = 64$，128，256，512，1024，2048。

图像采样的间隔越大，所得图像

像素数越少，空间分辨率越低，图像质量越差，甚至出现马赛克效应；相反，图像采样的间隔越小，所得图像像素数越多，空间分辨率越高，图像质量越好，但数据量会相应地增大。图 2-2 所示为不同采样间隔的“Lena”图，其中图 2-2a 所示为原始图像，图 2-2b 所示为 128×128 像素的图像采样效果，图 2-2c 所示为 64×64 像素的图像采样效果，图 2-2d 所示为 32×32 像素的图像采样效果，图 2-2e 所示为 16×16 像素的图像采样效果，图 2-2f 所示为 8×8 像素的图像采样效果。

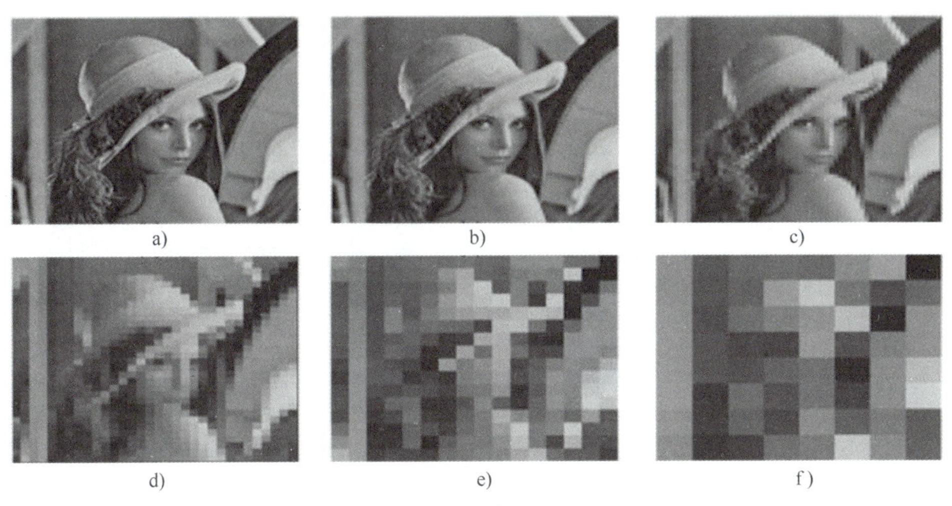

图 2-2　不同采样间隔图像对比图

2. 图像采样间隔要求

理论上，图像分辨率的选择由数字信号处理学的采样定理（奈奎斯特定理）来规定。设对模拟图像 $f(x,y)$ 按等间距网格均匀采样，x、y 方向上的采样间隔分别为 Δx、Δy。定义采样函数，采样后的图像 $f_s(x,y)$ 应等于原模拟图像 $f(x,y)$ 与采样函数（具体如图 2-3 所示）的乘积。

$$s(x,y)=\sum_{m=-\infty}^{+\infty}\sum_{n=-\infty}^{+\infty}\delta(x-m\Delta x,y-n\Delta y) \tag{2-1}$$

$$f_s(x,y)=f(x,y)s(x,y) \tag{2-2}$$

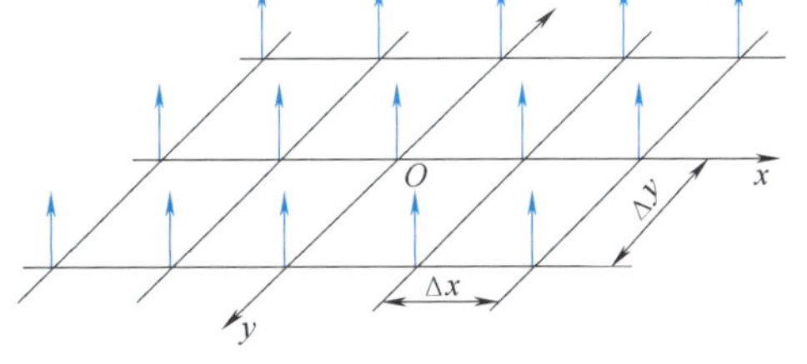

图 2-3　采样函数

设 $f(x,y)$ 的傅里叶变换为 $F(u,v)$，其中 (u,v) 是傅里叶变换域，即图像频率域上的坐标。若 u_c 和 v_c 分别是模拟图像 $f(x,y)$ 对应的 $F(u,v)$ 函数的最大空间频率，则只要采样间隔满足条件 $\Delta x\leqslant\frac{1}{2u_c}$ 和 $\Delta y\leqslant\frac{1}{2v_c}$，此时模拟图像 $f(x,y)$ 的采样结果 $f_s(x,y)$ 可以精确地、无失真地重建原图像 $f(x,y)$。

在图像空间频率最大值确定的情况下，采样定理规定了完全重建该图像的最大采样间隔，即实际采样时至少应保证采样间隔不大于采样定理规定的采样间隔。反之，当实际采样时的采样间隔确定以后，采样定理规定了图像中具有哪些空间频率的图像信号可以完全重建，即采样后的图像将达到何种程度的空间分辨率。

通常，采样间隔越小，图像空间分辨率越高，图像的细节质量越好，但需要的成像设备、传输信道和存储容量的开销也越大。所以，工程上需要根据不同的应用，折中选择合理的图像数字化采样间隔，既保证应用所需要的足够高的分辨率，又保证各种开销合理。

3. 图像量化

模拟图像经过采样后，在空间上实现了离散化，并形成像素，但采样所得的像素值（即灰度值）依旧是连续量。采样后所得的各像素的灰度值从连续量到离散量的转换称为图像灰度的量化，如图 2-4 所示。图像量化，旨在将图像像素点对应亮度的连续变化区间转换为单个特定值的过程，即将原始灰度图像的空间坐标幅度值离散化。

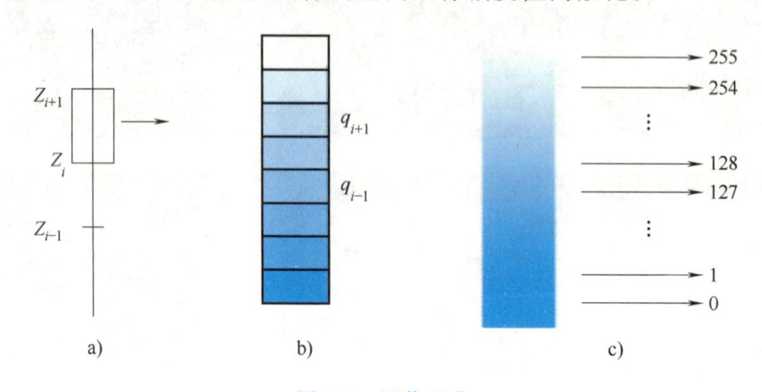

图 2-4 图像量化

a）连续灰度值灰度标度 b）灰度量化 c）量化到 256 个灰度级

L 为数字图像中每个像素所具有的离散灰度级数，即图像中不同灰度值的个数。图像灰度级表示像素明暗程度的整数量，在数字信息存储中，计算设备用二进制数来表示，数字图像处理中一般将其取为 2 的整数次幂，即

$$L=2^k$$

当一幅图像有 2^k 个灰度级时，通常称该图像为一幅“k bit 图像”，例如：

当 $k=1$ 时，为 1bit 图像，$L=2^1=2$，图像只有 2 个灰度级，像素取值范围为 0 和 1。

当 $k=2$ 时，为 2bit 图像，$L=2^2=4$，图像有 4 个灰度级，像素取值范围为 0，1，2，3。

当 $k=8$ 时，为 8bit 图像，$L=2^8=256$，图像有 256 个灰度级，像素取值范围为 0~255 的整数量。

如果灰度值用 1 个字节表示，$2^8=256$，8bit 为 256，则可以表示的正整数范围是 0~255，像素的取值范围为 0~255，就称该图像为 256 个灰度级的图像，灰度级数为 256 级，0 表示黑，255 表示白。

如果量化等级为 2，则将使用两种灰度级表示原始图片的像素（0~255），例如，灰度值小于 128 的取 0，大于或等于 128 的取 128；如果量化等级为 4，则将使用 4 种灰度级表示原始图片的像素，新图像将分层为 4 种灰度，［0,64）区间取 0，［64,128）区间取 64，［128,192）区间取 128，［192,255］区间取 192，依次类推。

图像灰度量化等级越多，图像层次越丰富，灰度级分辨率越高，图像的质量也越好；量化等级越少，图像层次会欠丰富，灰度级分辨率也会越低，甚至出现图像轮廓分层的现象，降低图像的质量。图像采样和量化后的结果如图 2-5 所示。

通常就把大小为 $M \times N$ 像素、灰度级为 L 级的数字图像，称为空间分辨率为 $M \times N$ 像素、灰度级分辨率为 L 级的数字图像。

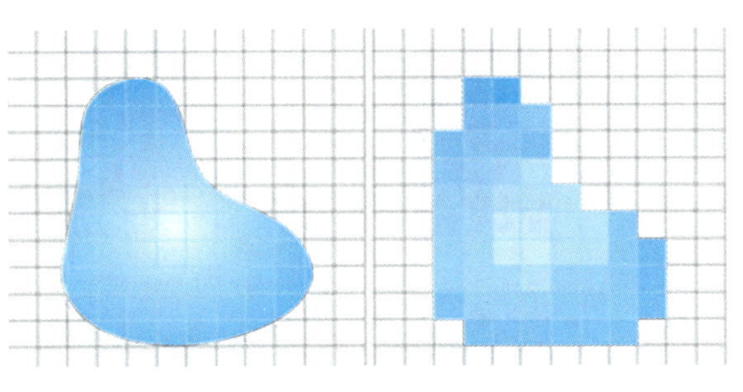

图 2-5　图像采样和量化后的结果

2.1.2　空间和灰度级分辨率

1. 图像分辨率

图像分辨率是区分细节的程度，图像分辨率包括空间分辨率和灰度级分辨率。影响因素是采样点数（M,N）和灰度级 L，对同样大小的一幅图，组成该图的图像像素数目越多，说明图像的分辨率越高，看起来就越逼真。图像的空间分辨率和灰度级分辨率是数字图像的两个重要指标。

2. 空间分辨率

空间分辨率是指图像可辨认的临界物体空间几何长度的最小极限，图像中可辨别的最小细节。如果一幅图像的尺寸为 $M \times N$，表明在成像时采集了 $M \times N$ 个样本，空间分辨率是 $M \times N$ 像素。采样点数越多（采样间隔越小），空间分辨率越高，数字图像所表达的景物细节越丰富，但图像的数字化、存储、传输和处理的代价也越大。

空间分辨率变换对图像质量的影响如图 2-6 所示，空间分辨率越高，图像质量越好；空间分辨率越低，图像质量越差。随着图像空间分辨率的降低，全图越来越模糊。

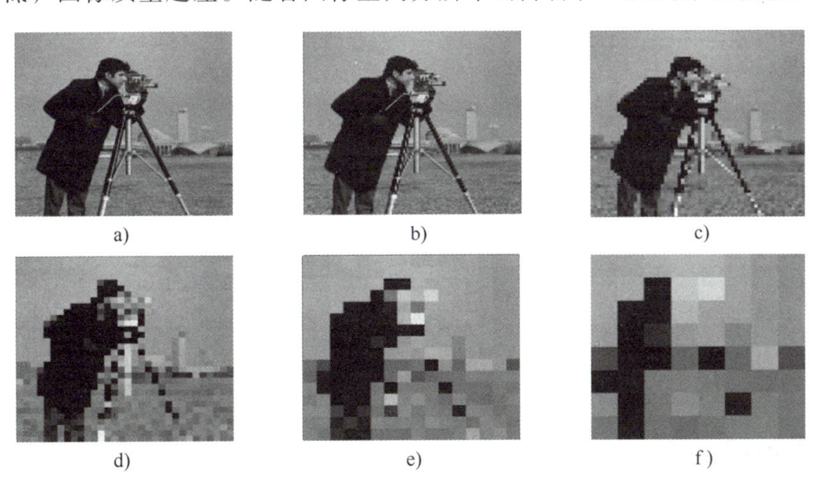

图 2-6　空间分辨率变换对图像质量的影响

a）256×256　b）128×128　c）64×64　d）32×32　e）16×16　f）8×8

3. 灰度级分辨率

灰度级分辨率是指灰度级别中可分辨的最小变化。一般用灰度级或比特数表示。灰度级数通常是 2 的整数次幂。灰度级分辨率为 L 级的数字图像，L 越多，图像灰度级分辨率越高，M、N 不变；L 减少，灰度渐变，变成突变。不同灰度级对图像质量的影响如图 2-7 所示。

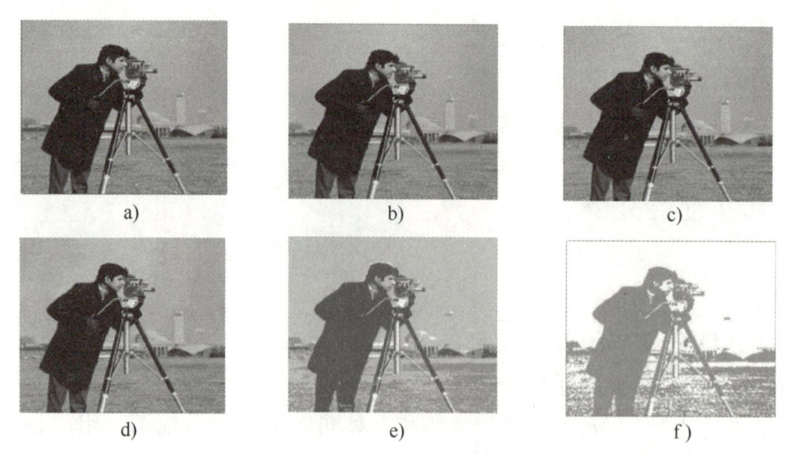

图 2-7 不同灰度级对图像质量的影响

a) $L=256$ b) $L=128$ c) $L=32$ d) $L=16$ e) $L=4$ f) $L=2$

2.1.3 数字图像的表示

通过采样和量化，原本连续的图像 $I(x, y)$ 转换为一个二维阵列 $f(x,y)$，用 $f(x,y)$ 来表示数字图像，假设采样后的图像有 M 行 N 列，此时，就可以用 $M\times N$ 阶矩阵来表示一幅数字图像了，数字图像 $f(x,y)$ 的矩阵表示为

$$f(x,y)=\begin{pmatrix} f(0,0) & f(0,1) & \cdots & f(0,N-1) \\ f(1,0) & f(1,1) & \cdots & f(1,N-1) \\ \vdots & \vdots & & \vdots \\ f(M-1,0) & f(M-1,1) & \cdots & f(M-1,N-1) \end{pmatrix} \tag{2-3}$$

式中，M 和 N 为正整数。

矩阵中的每个元素称为图像单元，又称为图像元素，或简称像素。坐标 (x,y) 是每个像素的空间位置，是离散坐标，坐标 (x,y) 的值 $f(x,y)$ 为离散的灰度级值，即

$$0\leqslant f(x,y)\leqslant L-1 \tag{2-4}$$

一般地，直接使用二维矩阵表示量化后的图像更方便。二维矩阵是表示数字图像的重要方式。

这里，L 为数字图像中每个像素所具有的离散灰度级数，$L=2^k$，占 k 位。对于图像尺寸为 $M\times N$，假设离散灰度级是均匀分布在区间 $[0,L-1]$ 内，则存储一幅数字图像需要的比特数为

$$b=MNk \tag{2-5}$$

2.1.4 像素间的关系

像素间的关系主要是对像素与像素之间的关联进行描述，基本关系包括像素间的邻域关系、连通性和像素之间的距离。

1. 邻域

领域关系用于描述相邻像素之间的相邻关系。

设 p 为位于坐标 (x,y) 处的一个像素，则 p 的 4 个水平和垂直相邻像素的坐标为

$$(x+1,y),(x-1,y),(x,y+1),(x,y-1)$$

上述像素组成 p 的 4 邻域，用 $N_4(p)$ 表示。每个像素距 (x,y) 一个单位距离。

像素 p 的 4 个对角邻像素的坐标为

$$(x+1,y+1),(x+1,y-1),(x-1,y+1),(x-1,y-1)$$

该像素集用 $N_D(p)$ 表示。$N_D(p)$ 与 $N_4(p)$ 合起来称为 p 的 8 邻域，用 $N_8(p)$ 表示。需要说明的是当 (x,y) 位于图像的边界时，$N_D(p)$、$N_4(p)$ 和 $N_8(p)$ 中的某些点位于数字图像的外部。

2. 连通性

在建立图像中目标的边界和确定区域的元素时，像素间的连通性是一个重要的概念。为了确定两个像素是否连通，必须确定它们是否相邻及它们的灰度值是否满足特定的相似性准则。例如，在具有 0、1 值的二值图像中，当两个像素相邻时，还必须具有同一灰度值时才能说它们是连通的，此时的相似性准则就是同一灰度值。

令 V 是用于定义连接性的灰度值集合。例如，在二值图像中，如果把具有 1 值的像素归入连接，则 $V=\{1\}$；在灰度图像中，如果考虑具有灰度值为 32～48 之间像素的连通性，则 $V=\{32,33,\cdots,47,48\}$。考虑三种类型的连接：

（1）4 连接 两个像素 p 和 r 在 V 中取值，且 r 在 $N_4(p)$ 中，则它们为 4 连接。

（2）8 连接 两个像素 p 和 r 在 V 中取值，且 r 在 $N_8(p)$ 中，则它们为 8 连接。

（3）m 连接（混合连接） 两个像素 p 和 r 在 V 中取值，且满足下列条件之一，则它们为 m 连接：

1）r 在 $N_4(p)$ 中。

2）r 在 $N_D(p)$ 中，且 $N_4(p)\cap N_4(r)$ 是空集，该集合由 p 和 r 在 V 中取值的 4 近邻像素组成。

混合连接是 8 连接的一种变型。它的引入是为了消除采用 8 连接常常发生的二义性。

比较常见的像素点位置关系有 4-连通和 8-连通，分别如图 2-8、图 2-9 所示。

0	1	0
1	q	1
0	1	0

图 2-8 4-连通

1	1	1
1	q	1
1	1	1

图 2-9 8-连通

3. 距离

距离即像素之间的距离。常用的像素间距离度量包括欧式距离、D4 距离（城市距离）及 D8 距离（棋盘距离）。

给定三个像素 p、q、r，其坐标分别为 (x,y)、(s,t)、(u,v)，如果有

1）$D(p,q)\geqslant 0$ （$D(p,q)=0$，当且仅当 $p=q$），

2）$D(p,q)=D(q,p)$，

3）$D(p,r)\geqslant D(p,q)+D(q,r)$，

则 D 是距离函数或度量。

p 和 q 之间的欧氏距离定义为

$$D_e(p,q)=\left[(x-s)^2+(y-t)^2\right]^{\frac{1}{2}} \tag{2-6}$$

根据这个距离度量，与点 (x,y) 的距离小于或等于某一值 d 的像素组成以 (x,y) 为中心、以 d 为半径的圆。

p 和 q 之间的 D_4 距离（也叫城市街区距离）定义为

$$D_4(p,q)=|x-s|+|y-t| \tag{2-7}$$

根据这个距离度量，与点 (x,y) 的 D_4 距离小于或等于某一值 d 的像素组成以 (x,y) 为中心的菱形。

p 和 q 之间的 D_8 距离（也叫棋盘距离）定义为

$$D_8(p,q)=\max(|x-s|,|y-t|) \tag{2-8}$$

根据这个距离度量，与点 (x,y) 的 D_8 距离小于或等于某一值 d 的像素组成以 (x,y) 为中心的方形。

必须指出，p 和 q 之间的 D_4 和 D_8 距离与任何通路无关。然而，对于 m 连通，两点之间的 D_m 距离（通路的长度）将依赖于沿通路的像素以及它们近邻像素的值。

2.2 图像数据结构

2.2.1 二维数组存储数字图像

由于数字图像可以表示为矩阵的形式，所以在计算机数字图像处理程序中，通常用二维数组来存放图像数据。二维数组的行对应图像的高，二维数组的列对应图像的宽，二维数组的元素对应图像的像素，二维数组元素的值就是像素的灰度值。采用二维数组来存储数字图像，符合二维图像的行列特性，同时也便于程序的操作，使得计算机图像编程十分方便。

数字图像的本质是一个多维矩阵，如彩色图像是一个三维矩阵，灰度图像和黑白图像由二维矩阵表示。彩色图像一般分为红、绿、蓝 3 个颜色通道，每个颜色通道对应一个完整的二维矩阵。

1. 灰度图像存储

图像以数字矩阵的形式存储在计算机中，在计算机中，通常将像素通道所对应的值表示为整数（0~255）或浮点数（0~1）。其中，这些数字称为像素值，这些像素值代表每个像素的强度，0 代表黑色，255 代表白色。接近 0 的较小数字表示较深的阴影，接近 255 的较大数字表示较浅的阴影。计算机中的每个图像都以数字矩阵形式保存，该数字矩阵也称为通道。灰度图像具有一个数字矩阵，对于灰度图像，只有一个通道，灰度图像是单通道图像。

按灰度分类有二值图像和多灰度图像。前者是由黑与白 2 种像素组成的图像，如图文传真、文字、图表和工程图纸等。后者含有从白逐步过渡到黑的一系列中间灰度级。

使用 PIL 的 data 读取二值图像 checkerboard、灰度图像 camera 和彩色图像 astronaut 数据，显示出图像的二维数组和对应的图像。

【例 2-1】 使用 data. checkerboard( ) 读取二值图像。

```
from PIL import Image
from skimage import data
import matplotlib.pylab as plt
img=data.checkerboard()
img
```

```
plt.figure(num='checkerboard',figsize=(8,8))  #创建一个名为 checkerboard 的窗口,
                                               并设置大小
plt.subplot(1,2,1)      #将窗口分为两行两列四个子图,则可显示四幅图片
plt.title('origin image')  #第一幅图原始图像标题
plt.imshow(img,plt.cm.gray)        #绘制原始图像
plt.axis('off')      #不显示坐标尺寸
plt.show()   #显示窗口
```

二值图像的二维数组如图 2-10 所示。

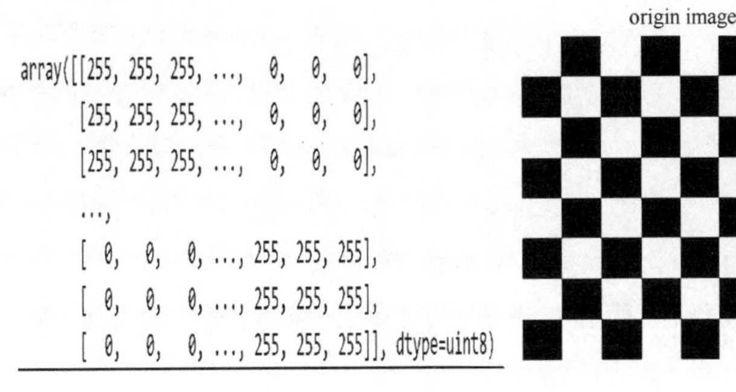

图 2-10　二值图像的二维数组

【例 2-2】　使用 data.camera() 读取灰度图像。

```
from PIL import Image
from skimage import data
import matplotlib.pylab as plt
img=data.camera()
img
plt.figure(num='camera',figsize=(8,8))  #创建一个名为 camera 的窗口,并设置大小
plt.subplot(1,2,1)      #将窗口分为两行两列四个子图,则可显示四幅图片
plt.title('origin image')  #第一幅图原始图像标题
plt.imshow(img,plt.cm.gray)        #绘制原始图像
plt.axis('off')      #不显示坐标尺寸
plt.show()   #显示窗口
```

灰度图像的二维数组如图 2-11 所示。

```
array([[200, 200, 200, ..., 189, 190, 190],
       [200, 199, 199, ..., 190, 190, 190],
       [199, 199, 199, ..., 190, 190, 190],
       ...,
       [ 25,  25,  27, ..., 139, 122, 147],
       [ 25,  25,  26, ..., 158, 141, 168],
       [ 25,  25,  27, ..., 151, 152, 149]], dtype=uint8)
```

origin image

图 2-11　灰度图像的二维数组

2. 彩色图像存储

彩色图像一般采用红、绿、蓝三基色的颜色值。RGB 彩色图像由 3 种颜色或 3 个通道组成。

【例 2-3】 读取 data. astronaut( )，显示原始图像，0 通道、1 通道、2 通道图像。

```
from PIL import Image
from skimage import data
import matplotlib. pylab as plt
img=data. astronaut( )
img
img[ :,:,0]
img[ :,:,1]
img[ :,:,2]
plt. figure( figsize=(10,8))#创建一个窗口,并设置大小
#在 1 行、4 列,显示原始图像和 0 通道、1 通道、2 通道图像;显示标题,字号为 20,不显示坐标轴相关信息
plt. subplot(141),plt. imshow(img),plt. title('Original',size=20),plt. axis('off')
plt. subplot(142),plt. imshow(img[ :,:,0],cmap=plt. cm. Reds),plt. title('R',size=20),plt. axis('off')
plt. subplot(143),plt. imshow(img[ :,:,1],cmap=plt. cm. Greens),plt. title('G',size=20),plt. axis('off')
plt. subplot(144),plt. imshow(img[ :,:,2],cmap=plt. cm. Blues),plt. title('B',size=20),plt. axis('off')
plt. tight_layout()
plt. show()#show the R,G,B channels
```

彩色图像与拆分通道的二维数组如图 2-12 所示。

```
array([[[154, 147, 151],
        [109, 103, 124],
        [ 63,  58, 102],
        ...,
        [127, 120, 115],
        [120, 117, 106],
        [125, 119, 110]],

       [[177, 171, 171],
        [144, 141, 143],
        [113, 114, 124],
        ...,
        [127, 118, 112],
        [124, 115, 108],
        [121, 116, 105]],
```

```
img[:,:,0]
[18] ✓ 0.0s
... array([[154, 109,  63, ..., 127, 120, 125],
          [177, 144, 113, ..., 127, 124, 121],
          [201, 182, 168, ..., 128, 126, 124],
          ...,
          [186, 186, 183, ...,   0,   0,   0],
          [183, 182, 185, ...,   0,   1,   0],
          [184, 183, 180, ...,   0,   1,   0]], dtype=uint8)
```

```
img[:,:,1]
[20] ✓ 0.0s
... array([[147, 103,  58, ..., 120, 117, 119],
          [171, 141, 114, ..., 118, 115, 116],
          [194, 178, 165, ..., 120, 116, 114],
```

图 2-12 彩色图像与拆分通道的二维数组

```
        [[201, 194, 193],
         [182, 178, 175],
         [168, 165, 164],
         ...,
         [128, 120, 117],
         [126, 116, 112],
         [124, 114, 109]],

        ...,

    ...
         [180, 162, 171],
         ...,
         [  0,   0,   0],
         [  1,   1,   1],
         [  0,   0,   0]]], dtype=uint8)
```

```
       ...,
       [170, 170, 168, ...,   0,   0,   0],
       [169, 167, 164, ...,   0,   1,   0],
       [167, 165, 162, ...,   0,   1,   0]], dtype=uint8)
```

```
img[:,:,2]
[21] ✓ 0.0s

... array([[151, 124, 102, ..., 115, 106, 110],
       [171, 143, 124, ..., 112, 108, 105],
       [193, 175, 164, ..., 117, 112, 109],
       ...,
       [176, 177, 170, ...,   0,   1,   0],
       [170, 171, 176, ...,   1,   1,   0],
       [172, 169, 171, ...,   0,   1,   0]], dtype=uint8)
```

图 2-12　彩色图像与拆分通道的二维数组（续）

彩色原始图像与拆分 R、G、B 图像如图 2-13 所示。

Original　　R　　G　　B

图 2-13　彩色原始图像与拆分 R、G、B 图像

2.2.2　颜色模型

颜色模型是用来表示像素颜色的数学模型，又被称为颜色空间、颜色通道。

图像常用的颜色模型有 RGB 颜色模型和 HSV 颜色模型。

1. RGB 颜色模型

图像处理中最常用的是三基色 RGB（Red-Green-Blue）颜色空间模型，即以红（Red，R）、绿（Green，G）、蓝（Blue，B）3 种颜色作为三基色，再通过三基色的加权混合形成各种颜色。常规的彩色图像也都是用 RGB 三基色来表示的，每个像素包括红、绿、蓝 3 种颜色的数据，每个数据用 1 个字节（8 位二进制位）表示，则每个像素的数据为 3 个字节（即 24 位二进制位），这就是人们常说的 24 位真彩色。RGB 颜色模型是构成颜色表示的基础，其他颜色表示方法可以通过对 RGB 颜色模型的转换得到，图 2-14 呈现了三原色叠加的效果。

RGB 颜色空间 3 种基础颜色的取值范围均在 0~255 之间。通过对每种颜色分量进行取值，可组合成不同的颜色，目前已知可以获得 1600 多万种不同的颜色。RGB 颜色空间是生活中最常用的一个模型，电视机、计算机的 CRT（阴极射线管）显示器等大部分都是采用这种模型。自然界中的任何一种颜色都可以由红、绿、蓝三种色光混合而成，现实生活中人

们见到的颜色大多是混合而成的色彩。

对图像处理而言，RGB 是最为重要和常见的颜色模型，RGB 颜色模型中每种颜色都出现在红、绿、蓝的原色光谱分量中，基于笛卡儿坐标系统，3 个轴分别为 R、G、B，通过一个单位立方体来描述 RGB 模型空间。图 2-15 所示是一个 RGB 颜色空间模型坐标系，红、绿、蓝是相互正交的坐标轴，每个坐标轴都量化为 0~255，0 对应最暗，255 对应最亮。

图 2-14　三原色叠加效果图

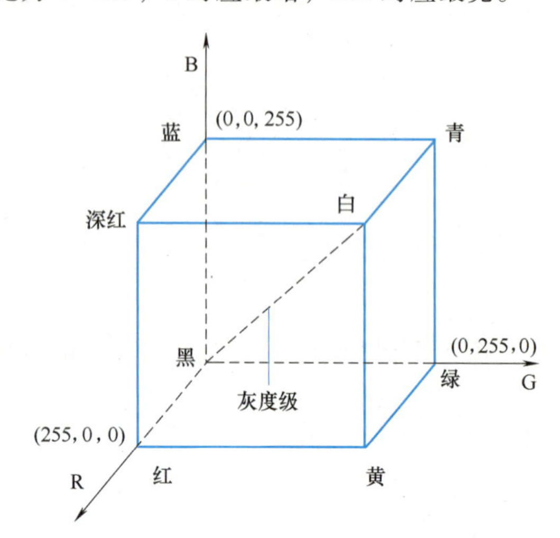

图 2-15　RGB 颜色空间模型坐标系

彩色立方体中任一点都对应一种颜色，以下是常见颜色的 RGB 数值：黑色 =(0,0,0)；白色 =(255,255,255)；灰色 =(128,128,128)；青色 =(0,255,255)；深红 =(255,0,255)；黄色 =(255,255,0)；红色 =(255,0,0)；绿色 =(0,255,0)；蓝色 =(0,0,255)。

RGB 颜色模型的原理来自于颜色的三色刺激理论，它基于以下假设：在眼睛的中央部位有 3 种类型的对色彩敏感的锥状细胞。其中一类对位于可见光谱中间位置的光波敏感，这种光波经人的视觉系统转换产生绿色感。而其他两种锥状细胞对位于可见光波的上、下端即较高和较低的频率的光波敏感，它们分别被识别为蓝色和红色。从生理学的角度来看，由于眼睛仅包含 3 种不同类型的锥状细胞，因而对任意 3 种颜色适当混合均可产生白光视觉，条件是这 3 种颜色中任意两种的组合都不能产生第 3 种颜色，则这 3 种颜色就被称为三原色。

对一种颜色进行编码的方法统称为“颜色空间”或“色域”。用最简单的话说，世界上任何一种颜色的“颜色空间”都可定义成一个固定的数字或变量。RGB 只是众多颜色空间的一种。RGB 颜色空间 3 种颜色所占比例不同，得到的颜色就不同。变换混合的比例，就会得到各种各样的混合效果。RGB 颜色空间可以看作是三维直角坐标系中的一个单位正方体。任何一种颜色在 RGB 颜色空间中都可以用三维空间中的一个点来表示。在 RGB 颜色空间，任意色光 F 都可以用 RGB 三种颜色不同分量的相加混合而成：

$$F=r(R)+g(G)+b(B) \tag{2-9}$$

2. HSV 颜色模型

HSV 颜色空间由 3 种分量相互叠加而成，依次是 H（色调）、S（饱和度）、V（亮度）。其中，H 的取值范围为 [0°,360°]，而各种角度值也都对应了各种各样的色彩，例如，0°代

表红色，120°表示绿色，240°代表蓝色；S 与 V 的取值均在［0.0,1.0］内，但随着所取平均值的增大，色彩变得越来越明亮和饱和。HSV 的颜色空间可以用一种圆锥空间模型来表述，如图 2-16 所示。

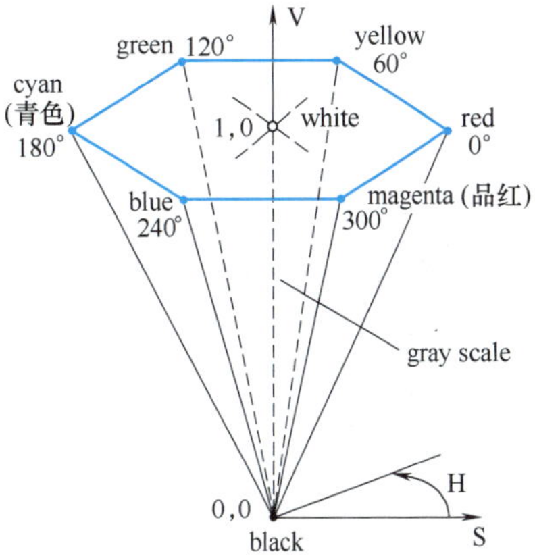

彩色图像由 RGB 颜色空间转换为 HSV 颜色空间则更适合于人眼对色彩相似性做判别。

由 RGB 颜色空间向 HSV 颜色空间的转换，就是由某一像素点的分量 r、g、b 计算出分量 h、s、v，其具体的映射关系如下：

$$v=\max(r,g,b) \tag{2-10}$$

$$s=\begin{cases}\dfrac{v-\min(r,g,b)}{v}, & v\neq 0\\ 0 & v=0\end{cases} \tag{2-11}$$

图 2-16　HSV 模型

$$h=\begin{cases}(g-b)\times\dfrac{60}{s}, & 当\ r=v\\ 180+(b-r)\times\dfrac{60}{s}, & 当\ g=v\\ 240+(r-g)\times\dfrac{60}{s}, & 当\ b=v\end{cases} \tag{2-12}$$

$$h=\begin{cases}h+360, & 当\ h<0\\ h, & 当\ h\geqslant 0\end{cases} \tag{2-13}$$

2.2.3 图像通道模式

图像通道用来记录图像颜色信息和位置信息，灰度值的大小代表着发光的强弱程度。所有的新通道都具有与原始图像相同的尺寸和像素数目。图像通道在 RGB 色彩模式下就是指单独的红色 R、绿色 G、蓝色 B。也就是说，一幅完整的图像由红绿蓝三个通道组成，它们共同作用产生了完整的图像。在 HSV 色系中指的是色调 H、饱和度 S、亮度 V 三个通道。

1. 单通道图像

单通道图像的每个像素由单个值表示，包括灰度图像和二值图像。

（1）灰度图像　灰度图像是数字图像最基本的形式，可以由黑白照片数字化得到，或对彩色图像进行去色处理得到。灰度图像只表达图像的亮度信息而没有颜色信息，因此，灰度图像的每个像素点上只包含一个量化的灰度级（即灰度值），用来表示该点的亮度水平，并且通常用 1 个字节（8 个二进制位）来存储灰度值。灰度图像的像素点位于 0~255 之间（0 为全黑，255 代表全白，在 0~255 之间插入了 255 个等级的灰度）。最大值 255 的二进制表示为 11111111，占有 8 个 bit 位，即 $2^8=256$。

（2）二值图像　二值图像是灰度图像经过二值化处理后的结果，二值图像只有两个灰度级（0 和 1），理论上只需要 1 个二进制位来表示。在车牌识别、车道线识别等应用中，灰度图像一般要经过二值化处理得到二值图像，二值图像中的黑或白分别用来表示不需要进一步处理的背景和需要进一步处理的前景目标，以便于对目标进行识别。图 2-17 所示为灰

图 2-17　灰度图和二值图像

度图像经过二值化处理后得到的二值图像。编程实现代码见本章例 2-9。

2. 多通道图像

彩色图像的数据不仅包含亮度信息，还包含颜色信息。彩色图像的每个像素由一组值表示，多通道图像包括三通道图像和四通道图像。

（1）三通道图像　每个像素点都由 3 个值表示，例如 RGB 图为三通道图像，是通过对红（R）、绿（G）、蓝（B）3 个颜色通道的变化以及它们相互之间的叠加来得到各式各样的颜色，RGB 图像的每个像素由三元组（r,g,b）值表示，r、g、b 分别表示每个像素的红色、绿色和蓝色的通道颜色值。HSV 图像的每个像素由三元组（h,s,v）值表示，3 个值分别表示每个像素的色调、饱和度和亮度的通道颜色值。对于一幅数字图像，对计算机而言，这幅图像只是一堆亮度各异的点。灰度图用二维矩阵表示，彩色图像用三维矩阵（$M\times N\times 3$）表示。

（2）四通道图像　RGBA 图像的每个像素由四元组（r,g,b,a）值表示，其中，r、g、b 分别表示每个像素的红色、绿色和蓝色的通道颜色值，a 表示透明度。

Python 图像处理中，图像模式有如下几种：

1）模式“1”。模式“1”为二值图像，非黑即白。但是它每个像素用 8 个 bit 表示，0 表示黑，255 表示白。

2）模式“L”。模式“L”为灰色图像，它的每个像素用 8 个 bit 表示，0 表示黑，255 表示白，其他数字表示不同的灰度。在 PIL（Python 图像库）中，从模式“RGB”转换为模式“L”是按照下面的公式转换的：

$$L=R\times\frac{299}{1000}+G\times\frac{587}{1000}+B\times\frac{114}{1000} \tag{2-14}$$

3）模式“P”。模式“P”为 8 位彩色图像，它的每个像素用 8 个 bit 表示，其对应的彩色值是按照调色板查询出来的。

4）模式“RGB”。模式“RGB”为 24 位彩色图像，它的每个像素用 24 个 bit 表示，每 8 个 bit 表示红色、绿色和蓝色三个通道。

5）模式“RGBA”。模式“RGBA”为 32 位彩色图像，它的每个像素用 32 个 bit 表示，其中 24 个 bit 表示红色、绿色和蓝色三个通道，另外 8 个 bit 表示 alpha 通道，即透明通道。

6）模式“CMYK”。模式“CMYK”为32位彩色图像，它的每个像素用32个bit表示。模式“CMYK”就是印刷四分色模式，它是彩色印刷时采用的一种套色模式，利用色料的三原色混色原理，加上黑色油墨，共计四种颜色混合叠加，形成所谓“全彩印刷”。

四种标准颜色是：C，Cyan=青色，又称为“天蓝色”或是“湛蓝”；M，Magenta=品红色，又称为“洋红色”；Y，Yellow=黄色；K，KeyPlate（black）=定位套版色（黑色）。

7）模式“YCbCr”。模式“YCbCr”为24位彩色图像，它的每个像素用24个bit表示。YCbCr中Y是指亮度分量，Cb指蓝色色度分量，而Cr指红色色度分量。人的肉眼对视频的Y分量更敏感，因此在通过对色度分量进行子采样来减少色度分量后，肉眼将察觉不到图像质量的变化。

模式“RGB”转换为“YCbCr”的公式如下：

$$Y=0.257R+0.504G+0.098B+16 \tag{2-15}$$

$$Cb=-0.148R-0.291G+0.439B+128 \tag{2-16}$$

$$Cr=0.439R-0.368G-0.071B+128 \tag{2-17}$$

8）模式“I”。模式“I”为32位整型灰色图像，它的每个像素用32个bit表示，0表示黑，255表示白，（0，255）之间的数字表示不同的灰度。在PIL中，从模式“RGB”转换为模式“I”是按照下面的公式转换的：

$$I=R\times299/1000+G\times587/1000+B\times114/1000 \tag{2-18}$$

9）模式“F”。模式“F”为32位浮点灰色图像，它的每个像素用32个bit表示，0表示黑，255表示白，（0，255）之间的数字表示不同的灰度。在PIL中，从模式“RGB”转换为模式“F”是按照下面的公式转换的：

$$F=R\times\frac{299}{1000}+G\times\frac{587}{1000}+B\times\frac{114}{1000} \tag{2-19}$$

编程实现不同图像模式（部分）的效果，如图2-18所示。程序代码见本章例2-10。

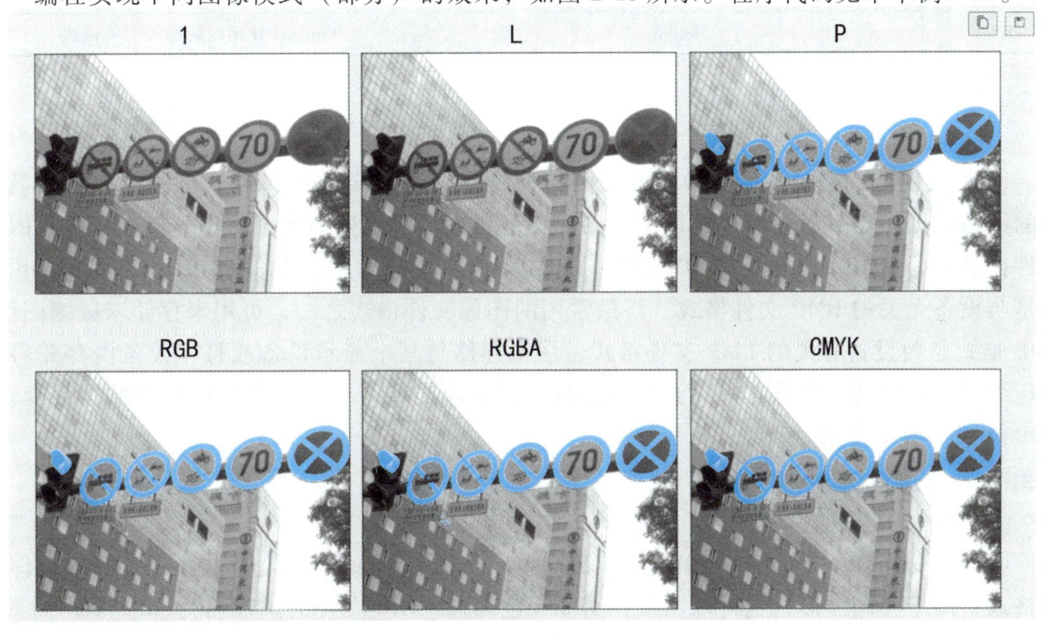

图2-18　不同图像模式的效果图

2.3 图像文件格式

可以将图像存储为不同格式的文件。图像文件格式是记录和存储影像信息的格式。对数字图像进行存储、处理和传播，必须采用一定的图像格式，也就是把图像的像素按照一定的方式进行组织和存储，把图像数据存储成文件就得到图像文件。图像文件的格式决定了应该在文件中存放何种类型的信息、文件如何与各种应用软件兼容、文件如何与其他文件交换数据等。

图像文件格式见表 2-1。

表 2-1 图像文件格式

文件格式	文件扩展名	分辨率	颜色深度/bit	说明
BITMAP	Bmp、dib	任意	32	Windows 以及 OS/2 用点阵位图格式
GIF	gif	96dpi(每英寸点数)	8	256 索引颜色格式
JPEG	jpg、jpeg	任意	32	JPGE 压缩文件格式
JFIF	jif、jfif	任意	24	JFIF 压缩文件格式
KDC	kdc	任意	32	Kodak(柯达)彩色 KDC 文件格式
PCD	pcd	任意	32	Kodak 照片 CD 文件格式
PCX	pcx、dcx	任意	8	Zsoft 公司 Paintbrush 制作的文件格式
PIC	pic	任意	8	SoftImage 制作文件格式
PNG	png	任意	48	Portable 网络传输用的图层文件格式
PSD	psd	任意	24	Adobe Photoshop 带有图层的文件格式
TAPGA	tga	96dpi	32	视频单帧图像文件格式
TIFF	tif	任意	24	通用图像文件格式
WMF	wmf	96dpi	24	Windows 使用的剪贴画文件格式

2.3.1 BMP 文件格式

BMP 文件格式是 Windows 操作系统推荐和支持的图像文件格式，是一种将内存或显示器的图像数据不经过压缩而直接按位存储的文件格式，所以称为位图（Bitmap）文件，因其文件扩展名为 BMP，故称为 BMP 文件。BMP 文件主要分为 DIB 格式和 DDB 格式。DIB 格式是与设备无关的 BMP 文件格式，是最常用的图像文件格式之一，可用来存储未压缩图像；DDB 格式是与设备有关的 BMP 文件格式，用来存储与某个显示设备或打印设备内存兼容的未压缩图像，以便于图像在内存和外存之间进行快速交换。对于图像数据文件的常规存盘，DDB 格式一般不常用。

2.3.2 GIF 文件格式

GIF 文件格式（Graphics Interchange Format）是由 CompuServe 公司设计和开发的文件存储格式，用于存储图形，也可以用来存储 256 色图像。GIF 文件的扩展名为 gif。早期的 GIF 文件被用来存储单帧 256 色图像，新版 GIF 文件格式（GIF89a 格式）则支持多帧图像和透

明背景。由于 GIF 格式支持的颜色数少，并采用无损压缩而使文件数据量减少，同时还支持多帧图像存储，因此 GIF 格式在国际互联网上得到了广泛的应用，被用来存储多帧小图像并连续显示形成动画效果，在网页中绝大多数闪烁显示的动画都是 GIF 格式的图像。

2.3.3 TIFF 文件格式

TIFF 文件格式（Tagged Image File Format）是相对经典的、功能很强的图像文件存储格式，由部分与图像相关的厂商（Aldus、Microsoft（微软）公司等）为桌面印刷出版系统研制开发的。TIFF 文件的扩展名为 tif。TIFF 格式包括了一些常见的图像压缩算法，例如 RLE 无损压缩算法和 LZW 无损压缩算法等。在国际压缩标准的 JPEG 图像文件格式出现之前，TIFF 格式几乎是最常见的图像存储格式。

2.3.4 JPEG 文件格式

JPEG 文件格式是由（国际）联合图像专家组（Joint Photographic Experts Group）提出的静止图像压缩标准文件格式，该组织是由 ISO（国际标准化组织）与 CCITT（国际电报电话咨询委员会）联合成立的专家组，所以 JPEG 标准是由 ISO 与 CCITT 共同制定的，是面向常规彩色图像及其他静止图像的一种压缩标准。JPEG 文件的扩展名为 jpg 或 jpeg。JPEG 文件可用于存储的灰度图像和真彩色图像，可以有效压缩图像的数据量，压缩倍数大约在十倍量级。由于 JPEG 高效的压缩效率和国际标准化，在数码相机、彩色传真和电话会议等领域被广泛用于存储和传输静止图像、印刷图片及新闻图片等，也是目前主流的数码照片存储文件格式。

2.3.5 PNG 文件格式

PNG 图片以任何颜色深度存储单个光栅图像。PNG 是与平台无关的格式。

（1）优点　PNG 支持高级别无损耗压缩，支持 alpha 通道透明度，支持伽马校正，支持交错，PNG 受最新的 Web 浏览器支持。

（2）缺点　较旧的浏览器和程序可能不支持 PNG 文件。作为 Internet 文件格式，与 JPEG 的有损耗压缩相比，PNG 提供的压缩量较少。作为 Internet 文件格式，PNG 对多图像文件或动画文件不提供任何支持。

（3）特点　图像大小较大，比 JPEG 大，PNG 文件非常适合在互联网上使用，它能够保留丰富的图片细节，PNG 允许部分的效果（如阴影之类）半透明或完全透明，是理想的 Logo（标识）格式。但不足以用作专业印刷。

2.4 简单图像处理编程实现

2.4.1 图像读取

PIL 使用 Image 对象存储图像，而 scikit-image 使用 numpy ndarray 数据结构存储图像数据。接下来，将描述如何在这两个数据结构之间进行转换。

PIL Image 和 scikit-image numpy ndarray 数据结构存储图像数据，两者可以转换。具体代码如下所示。

【例 2-4】 从 PIL 导入 Image，使用 Image. open( ) 打开图像。

```
from PIL import Image
im=Image. open('D:\imaget\sign3. jpg')
im
```

【代码说明】

1）第 1 行，从 PIL 导入 Image。

2）第 2~3 行使用 Image. open（）方法打开图像文件 sign3. jpg，并将结果保存在变量 im 中。

执行上述代码得到用 PIL Image 打开的图像，具体如图 2-19 所示。

图 2-19 PIL Image 打开的图像

【例 2-5】 使用 imread 函数从文件中读取图像并将其转换为 Numpy 的 ndarray。

```
import numpy as np
from skimage. io import imread
im = imread ('D: \ imaget \ sign3.
jpg')
im
```

【代码说明】

1）第 1~2 行导入库。

2）第 3~5 行使用 imread 函数从文件中读取图像并将其转换为 Numpy 的 ndarray 类型，将结果保存在变量 im 中，然后直接输出变量 im。

执行上述代码得到将 Image 对象转换为 Numpy 的 ndarray 类型的结果，具体如图 2-20 所示。

```
array([[[173, 168, 190],
        [185, 180, 202],
        [196, 195, 213],
        ...,
        [253, 253, 253],
        [253, 253, 253],
        [253, 253, 253]],

       [[179, 171, 194],
        [191, 186, 208],
        [205, 202, 221],
        ...,
        [253, 253, 253],
        [253, 253, 253],
        [253, 253, 253]],

       [[181, 171, 195],
        [194, 186, 209],
        [210, 205, 225],
        ...,
        [253, 253, 253],
        [253, 253, 253],
        [253, 253, 253]],

       ...,

       ...
        [161, 197, 193],
        ...,
        [ 69,  87,  99],
        [ 67,  85,  95],
        [ 65,  84,  90]]], dtype=uint8)
```

图 2-20 Image 对象转换为 Numpy 的 ndarray 类型

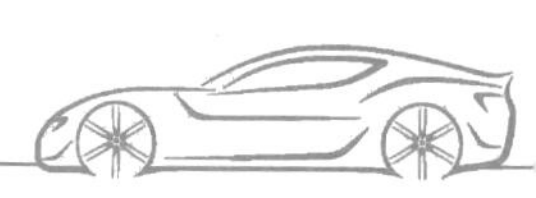

2.4.2　彩色图像通道拆分

彩色图像是一个三维矩阵，彩色图像一般分为红、绿、蓝 3 个颜色通道，每个颜色通道对应一个完整的二维矩阵。

【例 2-6】　对彩色图像 3 个通道进行 RGB 分离，代码如下所示：

```
1  from PIL import Image
2  import matplotlib. pylab as plt
3  im = Image. open('D:\imaget\sign3. jpg')
4  ch_r,ch_g,ch_b = im. split()
5  plt. figure(figsize = (10,8))
6  plt. subplot(141),plt. imshow(im),plt. title('Original',size = 20),plt. axis('off')
7  plt. subplot(142),plt. imshow(ch_r,cmap = plt. cm. Reds),plt. title('R',size = 20),plt. axis
8  ('off')
9  plt. subplot(143), plt. imshow(ch_g, cmap = plt. cm. Greens), plt. title('G', size = 20),
10 plt. axis('off')
11 plt. subplot(144), plt. imshow(ch_r, cmap = plt. cm. Blues), plt. title('B', size = 20),
12 plt. axis('off')
13 plt. tight_layout()
14 plt. show()#show the R,G,Bchannels
```

【代码说明】

1）第 1~2 行导入需要的库。

2）第 3 行读取彩色图片。

3）第 4 行将彩色图片拆分为通道 ch_r，ch_g，ch_b。

4）第 5 行创建一个大小为（10，8）的图像窗口。

5）第 6~12 行显示 1 行、4 列 4 个子图，分别是原始彩色图片和拆分为通道 ch_r、ch_g、ch_b 的图像，标出子图的题目，字号大小 size=20，不显示坐标信息。

6）第 13 行图像紧密排列。

7）第 14 行显示窗口。

执行上述代码得到图像 RGB 3 个颜色通道分离的显示结果，具体如图 2-21 所示。

Original

R

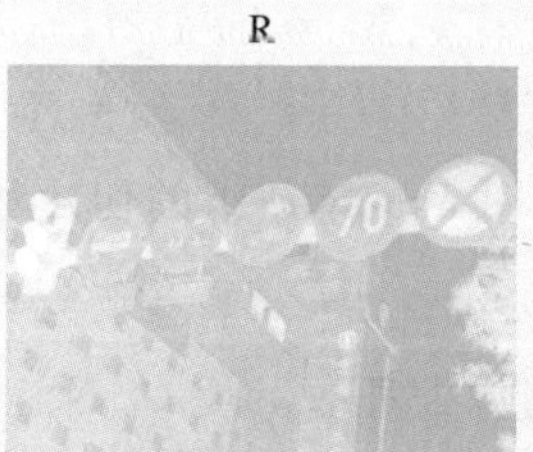

G

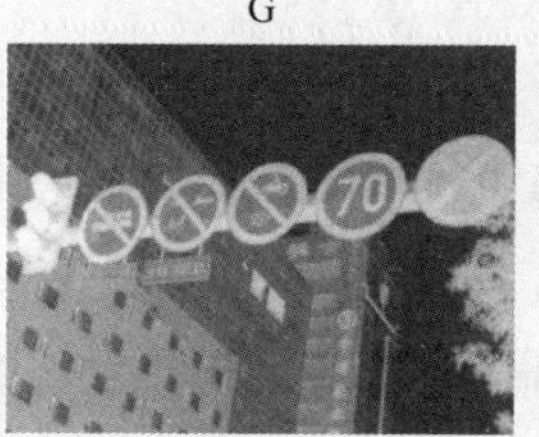

B

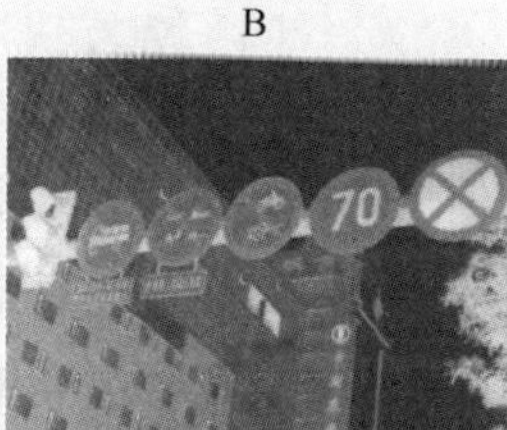

图 2-21　图像 RGB 3 个颜色通道分离的显示结果

【例 2-7】 对彩色图像 3 个通道进行 HSV 分离，代码如下所示：

```
import imageio
from skimage import color
import matplotlib. pylab as plt
im = imageio. imread(' D:\imaget\sign3. jpg ')
im_hsv = color. rgb2hsv( im)
plt. figure( figsize = ( 10,8) )
plt. subplot( 141) ,plt. imshow( im) ,plt. title(' original ',size = 20) ,plt. axis(' off ')
plt. subplot( 142) ,plt. imshow( im_hsv[. . . ,0] ) ,plt. title(' h ',size = 20) ,plt. axis(' off ')
plt. subplot( 143) ,plt. imshow( im_hsv[. . . ,1] ) ,plt. title(' s ',size = 20) ,plt. axis(' off ')
plt. subplot( 144) ,plt. imshow( im_hsv[. . . ,2] ) ,plt. title(' v ',size = 20) ,plt. axis(' off ')
plt. show( )
```

【代码说明】

1）第 1~3 行代码导入需要的库。

2）第 4 行代码读入图像文件 sign3. jpg。

3）第 5 行代码将 RGB 图像“im”转换为 HSV 颜色空间，并将结果保存在“im_hsv”变量中。

4）第 6 行代码创建一个大小为（10，8）的图像窗口。

5）第 7~10 行代码创建四个子图，分别显示“im_hsv”的第一个通道（h）、第二个通道（s）、第三个通道（v）以及原始图像。还分别添加了标题“h”“s”“v”，大小为 20，并关闭了坐标轴。

6）第 11 行代码将所有的子图显示在一个窗口中。

执行上述代码得到图像 HSV 3 个颜色通道分离的显示结果，具体如图 2-22 所示。

original

h

s

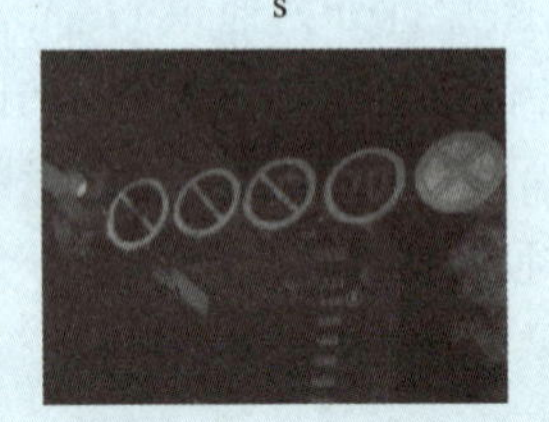

v

图 2-22 图像 HSV 3 个颜色通道分离的显示结果

2.4.3 使用切片进行图像处理

使用 numpy 数组的切片进行图像处理，使用 numpy 数组的切片和掩模 mask 在 sign 图像上创建圆形掩模 mask，具体代码如下所示。

【例 2-8】 使用 numpy 数组的切片进行图像处理。

```
sign = imread(' D:/imaget/sign3. jpg ')
lx, ly, _ = sign. shape
import numpy as np
```

```
X,Y=np.ogrid[0:lx,0:ly]
mask1=(X-lx/2)**2+(Y-ly/2)**2>lx*ly/4
mask2=(X-lx/2)**2+(Y-ly/2)**2>lx*ly/8
mask3=(X-lx/2)**2+(Y-ly/2)**2>lx*ly/18
cx1=sign
cx2=sign
cx3=sign
import matplotlib.pyplot as plt
plt.figure(figsize=(100,100))
plt.subplot(141)
plt.imshow(sign)
cx1[mask1,:]=0
plt.subplot(142)
plt.imshow(cx1)
cx2[mask2,:]=0
plt.subplot(143)
plt.imshow(cx2)
cx3[mask3,:]=0
plt.subplot(144)
plt.imshow(cx3)
```

【代码说明】

1）第 1 行读取图片。

2）第 2~4 行根据图像的大小，创建一个与图像大小相同的二维数组 ***X*** 和 ***Y***，其中，***X*** 表示图像的行向量，***Y*** 表示图像的列向量。

3）第 5~7 行通过计算每个像素点与图像中心之间的距离，生成 3 个不同的掩模 mask1、mask2 和 mask3。这些掩模的形状都是圆形，掩盖了图像中心周围的像素。

4）第 8~10 行将 3 个掩模应用到原始图像上，分别得到 cx1、cx2 和 cx3。

5）第 11~23 行使用 matplotlib 库绘制 4 个子图，图像中被掩盖的像素点被设置为 0，依次显示原始图像、应用 mask1 的图像、应用 mask2 的图像和应用 mask3 的图像。

执行上述代码得到交通标志图像圆形掩模结果，具体如图 2-23 所示。

图 2-23 交通标志图像圆形掩模

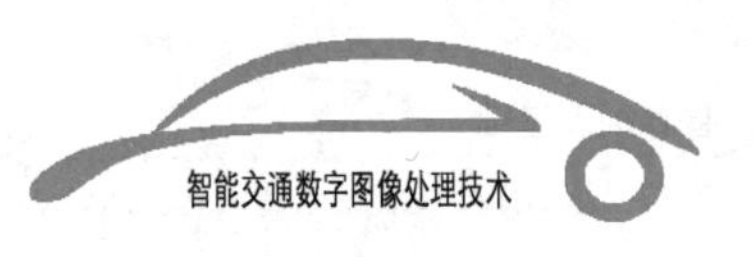

2.4.4 灰度图像二值化处理

【例 2-9】 图 2-17 灰度图像二值化处理的编程代码。

二值化具体代码如下：

```
from PIL import Image
image_path='D:/imaget/sign3.jpg'
image=Image.open(image_path).convert('L')
def binarize(image_path,threshold):
    width,height=image.size
    binary_image=Image.new('1',(width,height))
    for i in range(width):
        for j in range(height):
            pixel=image.getpixel((i,j))
            if pixel>=threshold:
               binary_image.putpixel((i,j),255)
            else:
               binary_image.putpixel((i,j),0)
      return binary_image
threshold=128
binary_image=binarize(image_path,threshold)
plt.subplot(121),plt.imshow(image),plt.title('GrayImage',size=15),plt.axis('off')
plt.subplot(122),plt.imshow(binary_image),plt.title('Binary Image',size=15),plt.axis
('off')
```

【代码说明】

1）第 1 行导入库。

2）第 2~4 行打开图像并转为灰度图像。

3）第 5 行获取图像的宽度和高度。

4）第 6 行创建新的二值图像。

5）第 7~8 行遍历每个像素并进行二值化处理。

6）第 9 行获取当前像素的亮度值。

7）第 10~13 行根据亮度值和阈值决定二值化结果。

8）第 14 行返回二值化图像对象。

9）第 15~16 行取函数值。

10）第 17~19 行显示原始图像和二值化后的图像。

执行上述代码得到灰度图和二值图像，具体如图 2-17 所示。

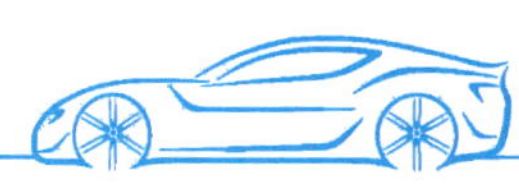

2.4.5 显示不同图像模式

【例 2-10】 图 2-18 不同图像模式的效果图的编程代码。

```
im = Image. open(' D:/imaget/sign3. jpg ')
methods = [' 1 ',' L ',' P ',' RGB ',' RGBA ',' CMYK ']
fig, axes = plt. subplots( nrows = 2, ncols = 3, figsize = (15, 10), subplot_kw = {' xticks ': [ ],'
yticks ': [ ]})
fig. subplots_adjust( hspace = 0. 05, wspace = 0. 05)
for ax, interp_method in zip( axes. flat, methods):
    cx = im. convert( interp_method)
    ax. imshow( cx)
    ax. set_title( str( interp_method), size = 40)
plt. tight_layout( )
plt. show( )
```

【代码说明】

1）第 1 行读取图片。

2）第 2 行创建一个包含 6 种插值方法的列表，分别为 ['1', 'L', 'P', 'RGB', 'RGBA', 'CMYK']。

3）第 3~4 行创建一个 2 行、3 列、大小为 15×10 的绘图对象，指定子图的刻度为空，防止显示坐标轴。

4）第 5 行对子图进行水平和垂直间距的调整。

5）第 6 行得到每个子图（ax）和对应的图像模式方法。

6）第 7 行对图像进行插值转换，将结果赋值给变量。

7）第 8 行在当前子图上显示经过插值处理的图像。

8）第 9 行设置当前子图的标题为 interp_ method 的字符串表示，字体大小为 40。

9）第 10~11 行调整子图排布，显示图像。

执行上述代码得到不同彩色空间的效果图，具体如图 2-18 所示。

习题

1. 什么是数字图像？

2. 什么是数字图像的空间分辨率？空间分辨率大小对图像有什么影响？

3. 什么是数字图像的灰度级分辨率？灰度级分辨率大小对图像有什么影响？

4. 灰度图像存储与彩色图像存储有什么不同？

5. 什么叫图像文件格式？常用的图像文件格式有哪些？归纳总结常用的各种图像文件格式的特点和适用领域。

6. 自己编写代码，对彩色图像进行通道拆分。

7. 自己编写代码，显示不同图像模式。

第3章　傅里叶变换与图像卷积

图像变换是图像处理中的一个重要内容，是透过不同角度去更简洁地观察和认识图像。图像变换以图像特点为出发点，建立在一定的数学基础之上，通过一定的规则，将图像由一个空间（空间域）转变至另一个空间（空间域或频率域）。图像变换的目的主要有：①更好地观察图像；②将空间域中复杂的或难以实现的图像运算转换至易于处理的空间完成；③降低图像在空间域的冗余度，减少图像的维数。图像变换广泛应用于图像增强、图像复原以及特征提取等任务中。图像变换方法不断涌现，目前傅里叶变换广泛应用于图像处理领域。

3.1 傅里叶变换

3.1.1 傅里叶级数与变换

1. 傅里叶级数

1822年，法国工程师傅里叶指出，一个“任意”的周期函数都可以分解为无穷多个不同频率正弦信号的和，即傅里叶级数（Fourier Series，FS），用公式可表示为

$$f(t)=\sum_{k=-\infty}^{+\infty} c_k \mathrm{e}^{\frac{\mathrm{j}2\pi kt}{T}} \tag{3-1}$$

其中，系数 c_k 可表示为

$$c_k=\frac{1}{T}\int_T f(t)\mathrm{e}^{\frac{\mathrm{j}2\pi kt}{T}}\mathrm{d}t \tag{3-2}$$

2. 傅里叶变换

傅里叶变换（Fourier Transform，FT）是傅里叶提出的一种应用于数字信号处理的方法，将信号 $f(t)$ 与一组不同频率的复正弦作内积，这一组复正弦是变换的基向量，傅里叶系数或傅里叶变换是 $f(t)$ 在这一组基向量上的投影。对于非周期函数，就把它当成一个周期趋于无穷大的周期函数，先分出一条直线，然后第一个波的波长也趋于无穷大，对应的频率就趋近于0，这个以频率为横坐标的离散数列就变成了一个连续函数，这个过程就称为傅里叶变换。它将满足一定条件的时域信号分解为不同频率的正弦函数或余弦函数，或者它们积分的线性组合，因为正（余）弦具有正弦曲线保真度的特性，一个正弦曲线信号输入后，输

出的仍是正弦曲线，只有幅度和相位可能发生变化，而频率和波的形状仍是一样的，因此傅里叶变换的意义在于可以更加简单地处理原来的信号，其变换条件是在连续情况下要求原始信号在一个周期内满足绝对可积条件。用公式可表示为

$$F(\omega)=F[f(t)]=\int_{-\infty}^{\infty}f(t)\mathrm{e}^{-\mathrm{j}\omega t}\mathrm{d}t \tag{3-3}$$

式中，$f(t)$ 代表的是随时间变化的函数；ω 代表频率；t 代表时间；$\mathrm{e}^{-\mathrm{j}\omega t}$ 为复变函数。

傅里叶变换的逆变换则是将满足一定条件的频域信号转化为时域信号，用公式可表示为

$$f(t)=\frac{1}{2\pi}\int_{-\infty}^{\infty}F(\omega)\mathrm{e}^{\mathrm{j}\omega t}\mathrm{d}t \tag{3-4}$$

傅里叶变换是一种时域信号到频域的变化或其相互转化的方法。在图像处理中，图像是波，在图像获取过程中，有些图像，例如心电图、航拍图等是随着时间变化由传感器逐渐生成的，因此这些图像可以表示为时间和幅值的关系。这种以时间作为参照来观察动态世界的方法称为时域分析，这种方式表示的图像进行变换称为时域到时域的变换，正弦波的时域如图 3-1 所示；而频率是单位时间的波动次数，因此图像也可以表示为频率与幅值的关系，由图像波频率构成的域就称为频域，其变量是随频率变化的量，用这种方式表示的图像进行变换就称为频域到频域的变换，正弦波的频域如图 3-2 所示。

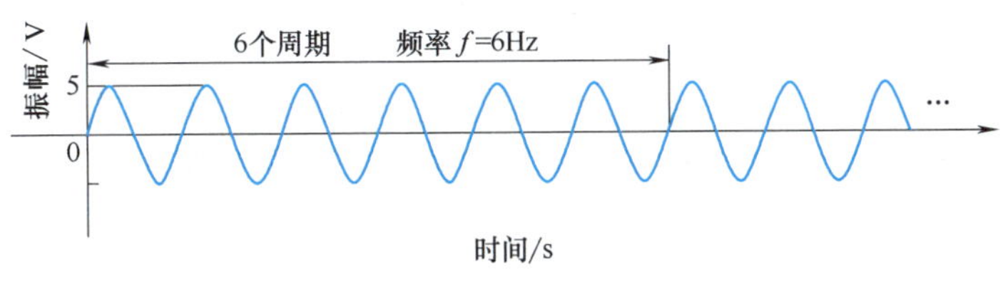

图 3-1　正弦波的时域图

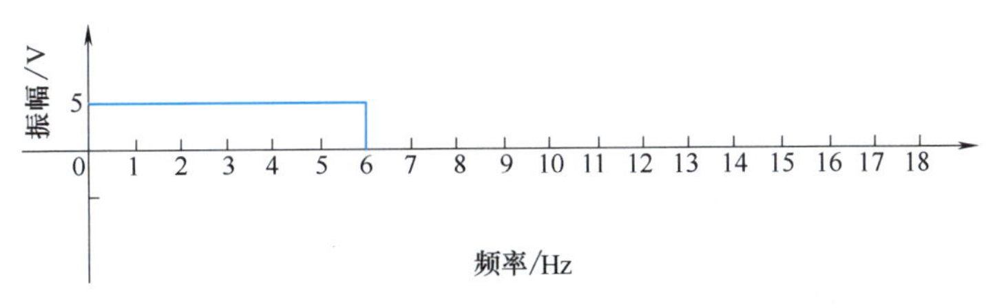

图 3-2　正弦波的频域图

3.1.2　一维离散傅里叶变换

1. 一维傅里叶变换概述

一维傅里叶变换是将图像信号从时域（空间域）转换到频域（频率域）的方法，多用于时间序列数据，其输入是一个包含多个时间或空间点的序列。在图像处理中，它可以用来分析图像中的频率分量和特征，并利用频域信息进行滤波、增强和特征提取等操作。

其基本原理是将图像看作一个二维信号，对其两个维度（通常是行和列）分别进行一维傅里叶变换。这样就得到了每个像素位置上的频域表示，其中包含了原始图像中不同频率的成分。通过一维傅里叶变换，可以得到图像的频谱，即原图像中不同频率分量的幅度和相

位信息。利用频域信息，可以进行一系列图像处理操作。例如，可用滤波来去除噪声或特定频率分量，通过逆变换将频域图像转回到时域从而得到经过处理的图像。而在实际应用中，一维傅里叶变换通常通过离散傅里叶变换（Discrete Fourier Transform，DFT）算法或快速傅里叶变换（Fast Fourier Transform，FFT）算法进行计算。FFT 算法是一种高效的计算方法，能够大幅降低计算机处理时间，用于快速计算 DFT。

一维离散傅里叶变换的数学表达式为

$$F(k)=\sum_{x=0}^{M-1}f(x)\mathrm{e}^{\frac{-\mathrm{j}2\pi kx}{M}},\quad k=0,1,2,\cdots,M-1 \tag{3-5}$$

其逆变换的表达式为

$$f(x)=\frac{1}{M}\sum_{x=0}^{M-1}F(k)\mathrm{e}^{\frac{\mathrm{j}2\pi kx}{M}},\quad x=0,1,2,\cdots,M-1 \tag{3-6}$$

式中，$F(k)$ 为图像在频域上的表示；$f(x)$ 为图像在时域上的表示；k 表示频率分量的索引；x 表示时域样本的索引；M 表示图像的长度（行像素数或列像素数）；j 是虚数单位。

2. 频谱与相位谱

根据傅里叶变换理论，任何满足条件的信号都可以表示为一系列正弦信号的叠加。在图像处理中，每个灰度图像都可以表示为由正弦信息组成的图像。每个正弦信息都包含三个变量：频率、幅度和相位。其中的频率和幅度是关注的重点。转换后的图像是图像的一维频谱图，表示的是图像在不同频率上的振幅和相位信息。图像的频域空间包含振幅谱以及相位谱，其中振幅谱反映的是图像的灰度信息，相位谱反映的是图像的位置信息。在一维情况下，与图像相对应的频谱图可以表示为二维坐标系，其中水平轴是频率，垂直轴是振幅。频率为 0 的水平轴的中心点表示直流频率，即整个图像的平均亮度。频率为 f 的其他信号在图中显示为一个单峰，横坐标为 f，且峰高是信号的幅度。为了更好地理解上述概念，下面通过一个例子来了解一维傅里叶变换的实现过程，部分代码及结果如下。

【例 3-1】 一维傅里叶变换振幅谱及相位谱。

```
1  import numpy as np
2  import matplotlib. pyplot as plt
3  import cv2
4  #读取图像并转为灰度图
5  image = plt. imread('D:/imaget/sign3. jpg')
6  gray_image = np. mean(image, axis = 2)
7  #提取图像的一行或一列作为输入信号
8  input_signal = gray_image[0, :]  #根据需要选择行或列
9  fft_signal = np. fft. fft(input_signal)#进行一维傅里叶变换
10 spectrum = np. abs(fft_signal)#计算频谱
11 phase = np. angle(fft_signal)#计算相位谱
12 #绘制图像及其幅度谱和相位谱
13 plt. subplot(1,3,1)
14 plt. imshow(gray_image, cmap='gray')
15 plt. title('OriginalImage')
```

```
16  plt.axis('off')
17  plt.subplot(1,3,2)
18  plt.plot(spectrum)
19  plt.title('Amplitude Spectrum')
20  plt.xlabel('Frequency')
21  plt.ylabel('Magnitude')
22  plt.subplot(1,3,3)
23  plt.plot(phase)
24  plt.title('Phase Spectrum')
25  plt.xlabel('Frequency')
26  plt.ylabel('Phase')
27  plt.tight_layout()
28  plt.show()
```

【代码说明】

1）第1~3行导入库。

2）第4~6行输入图像，并转化为灰度图。

3）第7~11行进行一维傅里叶变换，并计算频谱和相位谱。

4）第12~28行绘制图像及其幅度谱和相位谱。

图3-3a所示为原始图像，图3-3b所示为提取某一行、某一列后的振幅谱及相位谱。这里的一维傅里叶变换是应用于单行或单列的信号，而不是应用于整个图像。数字图像一般是二维的，如果需要对整个图像进行处理，需要进行二维傅里叶变换。

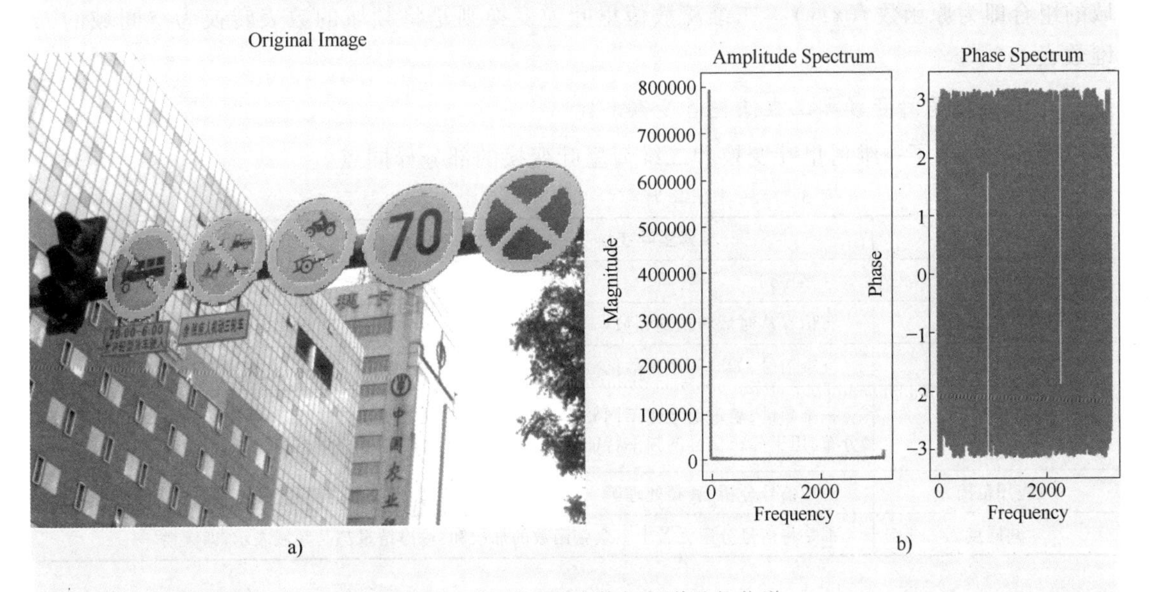

图 3-3　一维傅里叶变换振幅谱及相位谱

总而言之，图像一维傅里叶变换是一种将图像从时域转换到频域的数学工具，通过分析图像的频率特性，可以进行频域分析和滤波操作等。它可以帮助理解图像中的频率分量和特征，并且可以通过滤波操作来增强或减弱特定频率的细节。

3.1.3 二维离散傅里叶变换

1. 二维傅里叶变换概述

离散傅里叶变换是一种将有限个采样点的离散信号转换为相应的离散频率信号的数学算法，一个 M 行、N 列的二维图像 $f(x,y)$，先按行对列变量 y 做一次长度为 N 的一维离散傅里叶变换，再将计算结果按列对行变量 x 做一次长度为 M 的傅里叶变换就可以得到该图像的傅里叶变换结果。

由于图像实质上是二维的数表或矩阵。通过二维傅里叶变换能够更直观地观察和处理图像，也更有利于进行频域滤波等操作。二维离散傅里叶变换为

$$F(u,v)=\sum_{x=0}^{M-1}\sum_{y=0}^{N-1}f(x,y)\mathrm{e}^{-\mathrm{j}2\pi\left(\frac{ux}{M}+\frac{vy}{N}\right)},u=0,1,2,\cdots,M-1;v=0,1,2,\cdots,N-1 \quad (3\text{-}7)$$

$$f(x,y)=\frac{1}{MN}\sum_{u=0}^{M-1}\sum_{v=0}^{N-1}F(u,v)\mathrm{e}^{\mathrm{j}2\pi\left(\frac{ux}{M}+\frac{vy}{N}\right)},x=0,1,2,\cdots,M-1;y=0,1,2,\cdots,N-1 \quad (3\text{-}8)$$

式中，$f(x,y)$ 为 $M\times N$ 的矩阵；$F(u,v)$ 表示 $f(x,y)$ 的傅里叶变换。

可以转换为三角函数表示方法，其中 u 和 v 可用于确定正余弦的频率，$F(u,v)$ 所在坐标系被称为频域，由 u 和 v 所定义的 $M\times N$ 矩阵常称为频域矩阵。$f(x,y)$ 所在坐标系被称为空间域，由 x 和 y 所定义的 $M\times N$ 矩阵常被称为空间域矩阵。显然，频域矩阵的大小与原空间域矩阵大小相同。频域矩阵中每个点都代表了一个频率为 u、v 的函数，这些函数在空间域的组合即为原函数 $f(x,y)$。二维离散傅里叶逆变换则是将频域的数表转换为空间域的二维数表。

2. 一维傅里叶变换和二维傅里叶变换对比

表 3-1 列出了一维傅里叶变换和二维傅里叶变换的部分异同点。

表 3-1 一维傅里叶变换和二维傅里叶变换的异同点

属性	一维傅里叶变换	二维傅里叶变换
数据排列方式	一维序列	二维数组
变换原理	将信号从时域转换到频域	将信号从空间域转换到频域
输入数据维度	一维信号，如时间序列数据	二维信号，如图像、图形和视频等
输出结果含义	一维频谱，表示信号在不同频率上的能量分布，用于分析信号的频率特征	二维频谱，表示信号在不同空间频率上的分布，用于分析图像的纹理、边缘等信息
应用范围	时域信号分析、音频处理等	图像处理、计算机视觉等
共同点	都是将信号分解为若干正余弦函数的加权和；输出结果都是频域表示，即频谱	

3. 常用性质

二维离散傅里叶变换具有可分离性、周期性和共轭对称性、平移性、旋转性，以及卷积与相关定理等。

（1）可分离性　基本思想是二维离散傅里叶变换可分离为两次一维傅里叶变换。通过计算两次一维的快速傅里叶变换来得到二维快速傅里叶变换算法，从而可以大幅简化计算。根据快速傅里叶变换的计算要求，需要图像的行数、列数均满足 2 的 n 次方，如果不满足，在计算 FFT 之前先要对图像补零以满足 2 的 n 次方。

一个 M 行、N 列的二维图像 $f(x,y)$，对每一行的一维 N 点序列进行离散傅里叶变换得到 $F(x,v)$，再对得到的 $F(x,v)$ 按列向对每一列做 M 点的离散傅里叶变换，就可以得到二维图像 $f(x,y)$ 的离散傅里叶变换 $F(u,v)$，数学表达式如下所示：

$$F(x,v)=\frac{1}{N}\sum_{y=0}^{N-1}f(x,y)\mathrm{e}^{\frac{-\mathrm{j}2\pi vy}{N}},v=0,1,\cdots,N-1 \tag{3-9}$$

$$F(u,v)=\frac{1}{M}\sum_{x=0}^{N-1}F(x,v)\mathrm{e}^{\frac{-\mathrm{j}2\pi ux}{M}},u=0,1,\cdots,M-1 \tag{3-10}$$

做傅里叶逆变换时，则是先对列向做一维傅里叶逆变换，再对行做一维傅里叶逆变换。

（2）周期性和共轭对称性　离散信号的频谱具有周期性和共轭对称性。对于二维信号有：

$$F(u,v)=F^{*}(-u,-v) \tag{3-11}$$

对于离散傅里叶变换，图像的空间域和频率域始终都是沿着 X 和 Y 方向无限周期拓展的。低频区域的幅度值大于高频区域的幅度值，表示该信号的主要能量集中在低频区域。根据周期性和共轭对称性，一维傅里叶变换是轴对称，二维傅里叶变换是中心对称，在对图像进行频谱分析处理时只需要关注一个周期即可，同时利用图像的傅里叶变换共轭对称性可以直接计算图像的频谱，该性质使得图像的频谱计算和显示得以简化。

（3）平移性　二维离散傅里叶变换在时域和频域中均具有平移性，指的是对输入信号进行平移操作，相应的变换结果也会发生相应的平移。

在时域上，平移操作可以用来改变信号在空间中的位置。在频域中原点平移到 (u_0,v_0) 时，其对应的空间域 $f(x,y)$ 要乘上一个正的指数项 $\mathrm{e}^{\mathrm{j}2\pi\left(\frac{u_0x}{M}+\frac{v_0y}{N}\right)}$；在空间域中图像原点平移到 (x_0,y_0) 时，其对应的 $F(u,v)$ 要乘上一个负的指数项 $\mathrm{e}^{-\mathrm{j}2\pi\left(\frac{ux_0}{M}+\frac{uy_0}{N}\right)}$，$M$ 和 N 分别是图像行和列的数量。这表示平移后的频谱等于原始频谱乘以一个相位因子，该相位因子与平移的位置和频率相关。反过来，在频域中进行平移操作则是对频谱中的频率分量进行平移。

平移性质在信号的分析和处理中具有重要意义。可以用于图像对齐与校正，提高图像的质量和准确性；可以用于移动频谱，进行频谱分析、频带滤波和特征提取等操作；可以进行相关性分析，进行模板匹配、图像匹配和图像特征比较等操作；可以去除图像偏移或畸变移除等。总之，二维离散傅里叶变换的平移性质为数字图像处理提供了一种有效手段。

（4）旋转性　二维离散傅里叶变换的旋转性指的是对输入信号进行旋转操作后，其傅里叶变换的结果也会相应地进行旋转。具体来说，如果对输入信号进行旋转操作，即将其每个元素绕某个中心点旋转一定角度，那么对应的傅里叶变换结果也会相应地进行旋转。

旋转性在二维离散傅里叶变换中具有重要的意义和应用。通过对图像像素点进行旋转，可以实现对整个图像的旋转，此外，旋转性还可以用于图像的缩放变换，从而实现图像处理中的相关功能。

4. 频谱与相位谱

二维图像的频谱图形成与一维相似，不同之处在于二维图像需要进行列扫描和行扫描，然后叠加。频谱图的水平轴和垂直轴分别代表图像的水平和垂直频率，每个像素代表正弦信号的频率值，而像素的亮度则代表正弦信号的幅度。在没有频移的情况下，频谱图的中心点代表图像的直流频率（平均亮度）。频谱图中的点越亮，灰度的对比度越强（对比度越大）。图中的点与灰度图像中的点没有对应关系，但是反映了灰度图像的梯度分布（灰度图像中的明暗变化）。频谱图中有许多亮点，这意味着图像更锐利，否则图像更柔和。

【例 3-2】 图像二维离散傅里叶变换原始频谱和相位谱编程代码。

```
1  import numpy as np
2  import cv2
3  import matplotlib. pyplot as plt
4  #读取图像
5  image=cv2. imread('D:/imaget/sign3. jpg',0)
6  image=np. float32(image)
7  #进行二维离散傅里叶变换
8  dft=cv2. dft(image,flags=cv2. DFT_COMPLEX_OUTPUT)
9  dft_shift=dft
10 #计算频谱图
11 magnitude_spectrum=20 * np. log(cv2. magnitude(dft_shift[:,:,0],dft_shift[:,:,1]))
12 #计算相位图
13 fft_fig1=np. fft. fft2(image)
14 phase_spectrum=np. angle(fft_fig1)
15 #结果可视化
16 plt. subplot(131),plt. imshow(image),plt. title('InputImage')
17 plt. subplot(132),plt. imshow(magnitude_spectrum,cmap='gray'),plt. title('Magnitude
18 Spectrum')
19 plt. subplot(133),plt. imshow(phase_spectrum,cmap='gray'),plt. title('Phase Spectrum')
20 plt. tight_layout()
21 plt. show()
```

【代码说明】

1）第 1~3 行导入库。

2）第 4~6 行读取图像，并将其转换为浮点数类型。

3）第 7~11 行使用 OpenCV 的 dft 函数对图像进行二维离散傅里叶变换，并将结果保存在变量 dft 中，然后对变换后的结果进行移位操作，并计算其幅度谱。

4）第 12~14 行使用 Numpy 的 fft2 函数对图像进行傅里叶变换，并计算其相位谱。

5）第 15~21 行结果可视化。

图 3-4 所示为二维离散傅里叶变换原始频谱和相位谱。

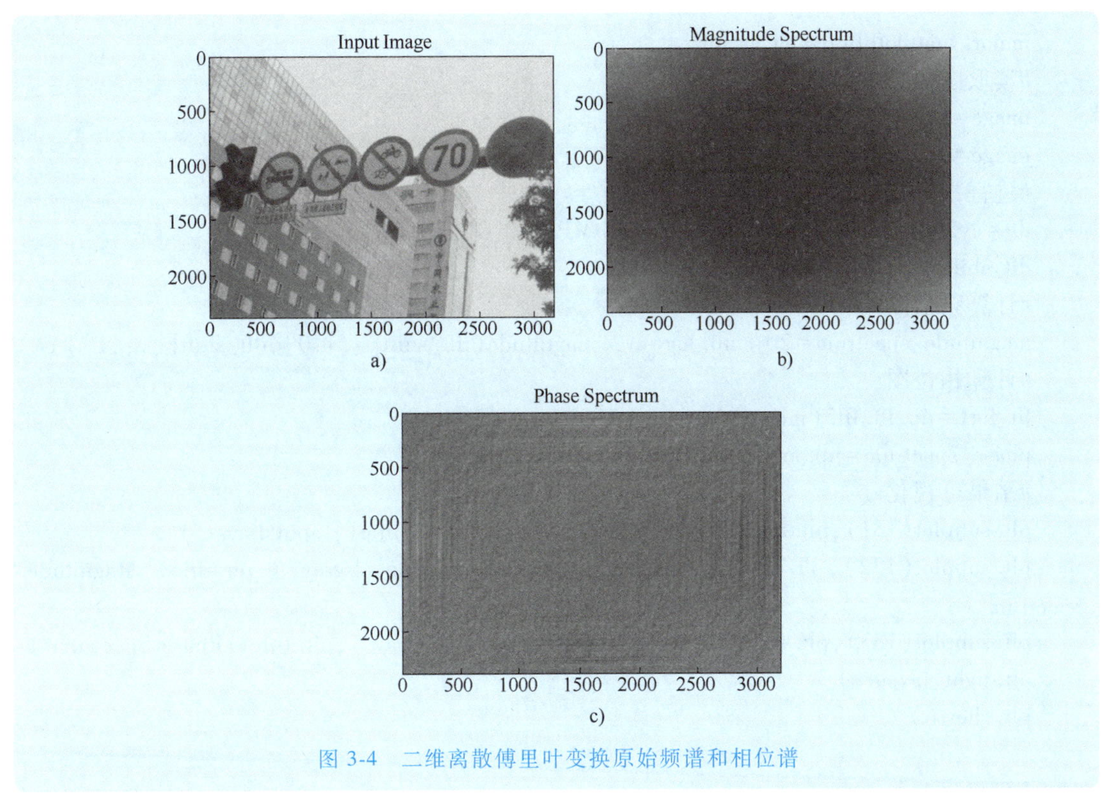

图 3-4　二维离散傅里叶变换原始频谱和相位谱

图 3-4a 所示为输入图，图 3-4b 所示为原始频谱图，图 3-4c 所示为相位图，一般会将频谱图进行中心化操作，使用 fftshift 方法，即将源代码第 9 行 dft_shift = dft 改为 dft_shift = np. fft. fftshift(dft)。一般能量主要集中在低频，根据二维离散傅里叶变换共轭对称性，频域图能量会集中在四个角，观察不方便，中心化后便于频域的滤波和频谱的分析。中心化过程如图 3-5 所示。

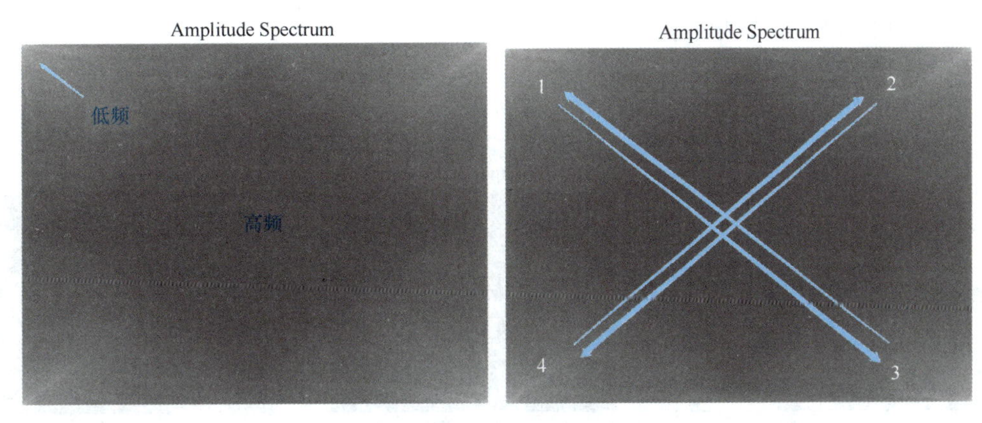

图 3-5　原始频谱图及中心化过程

【例 3-3】　二维离散傅里叶中心化频谱图代码。

```
1 import numpy as np
2 import cv2
```

```
3   import matplotlib. pyplot as plt
4   #读取图像
5   image = cv2. imread('D:/imaget/sign3. jpg',0)
6   image = np. float32(image)
7   #进行二维离散傅里叶变换
8   dft = cv2. dft(image, flags = cv2. DFT_COMPLEX_OUTPUT)
9   dft_shift = np. fft. fftshift(dft)
10  #计算频谱图
11  magnitude_spectrum = 20 * np. log(cv2. magnitude(dft_shift[:,:,0],dft_shift[:,:,1]))
12  #计算相位图
13  fft_fig1 = np. fft. fft2(image)
14  phase_spectrum = np. angle(fft_fig1)
15  #结果可视化
16  plt. subplot(131), plt. imshow(image, cmap='gray'), plt. title('Input Image')
17  plt. subplot(132), plt. imshow(magnitude_spectrum, cmap='gray'), plt. title('Magnitude
18  Spectrum')
19  plt. subplot(133), plt. imshow(phase_spectrum, cmap='gray'), plt. title('Phase Spectrum')
20  plt. tight_layout()
21  plt. show()
```

【代码说明】

1）第 1~3 行导入库。

2）第 4~6 行读取图像，并将其转换为浮点数类型。

3）第 7~9 行使用 dft 函数对图像进行二维离散傅里叶变换，并将结果保存在变量 dft 中，然后对变换后的结果进行移位操作。

4）第 10~11 行计算频谱。

5）第 12~14 行计算相位谱。

6）第 15~21 行结果可视化。

二维离散傅里叶中心化频谱图如图 3-6 所示。

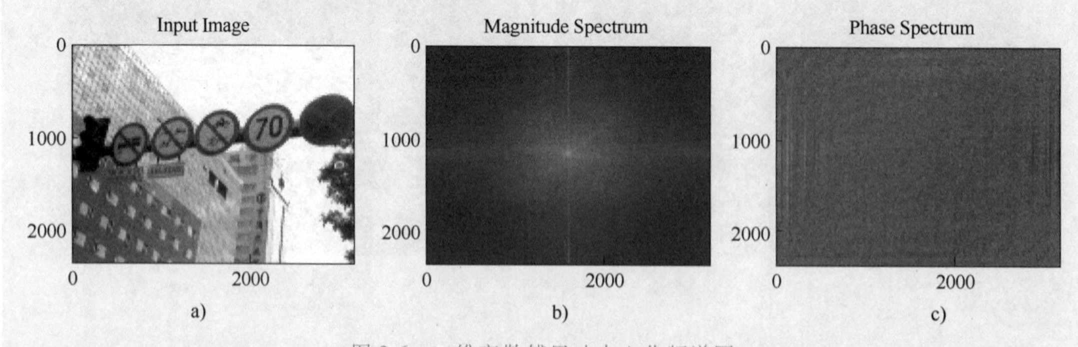

图 3-6　二维离散傅里叶中心化频谱图

由于空间是三维的，图像是二维的，因此空间中物体在另一个维度上的关系就由梯度来表示，这样可以通过观察图像得知物体在三维空间中的对应关系。实际上对图像进行二维傅里叶变换得到频谱图，就是图像梯度的分布图，频谱图上的各点与图像上各点并不存在一一对应的关系，它反映的是图像上某一点与邻域点灰度值差异的强弱，即梯度的大小，也即该点的频率的大小，梯度越大，频率越高，能量越低，在频谱图上就越暗；梯度越小，频率越低，能量越高，在频谱图上就越亮。

换句话说，频率谱上越亮能量越高，频率越低，图像差异越小。中心化后中间最亮的点是最低频率，属于直流分量，而图像的能量分布也主要集中于此，越往边缘走，频率越高。所以，频谱图中的四个角和 X、Y 轴的尽头都是高频。居中处理结果如图 3-7 所示。

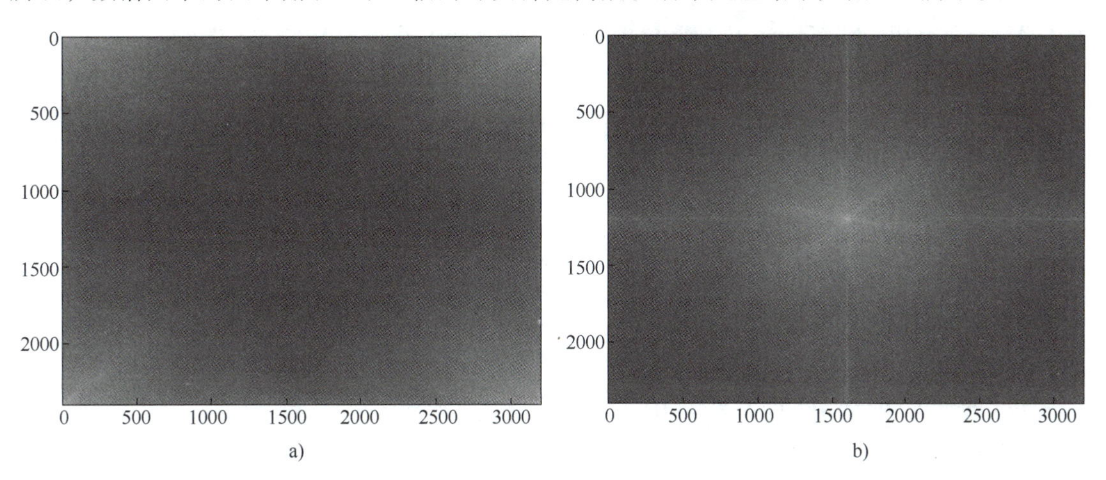

图 3-7　原始频谱图与中心化频谱图

a）原始频谱图　b）中心化频谱图

从图中结果可以看出，二维图像的频谱是中心对称的。因为各点与邻域差异都不大，梯度相对较小，所以如果图中暗的点数较多，那么实际图像是比较柔和的；反之，如果频谱图中亮的点数多，那么实际图像一定是尖锐的、边界分明且边界两边像素差异较大的。将频谱移频到原点以后，可以看出图像的频率分布是以原点为圆心对称分布的。将频谱移频到圆心除了可以清晰地看出图像频率分布以外，还有一个好处，它可以分离出有周期性规律的干扰信号，比如正弦干扰，一幅带有正弦干扰、移频到原点的频谱图上可以看出除了中心以外还存在以某一点为中心、对称分布的亮点集合，这个集合就是干扰噪声产生的，这时可以很直观地通过在该位置放置带阻滤波器消除干扰。

5. 相位操作

傅里叶变换可以提取图像的相位信息，通过对相位进行操作，可以实现图像的位移、旋转和缩放等几何变换。以下以图像旋转为例：

【例 3-4】　傅里叶变换进行图像旋转编程代码。

```
1 import cv2
2 import numpy as np
3 import matplotlib. pyplot as plt
```

```
4  #加载图像并将其转换为灰度图像
5  image=cv2.imread('D:/imaget/sign3.jpg',cv2.IMREAD_GRAYSCALE)
6  #执行二维离散傅里叶变换
7  image_fft=np.fft.fft2(image)
8  #定义旋转角度(逆时针旋转)
9  theta=45
10 #构建旋转矩阵
11 rows,cols=image.shape
12 center_row,center_col=rows//2,cols//2
13 M=cv2.getRotationMatrix2D((center_col,center_row),theta,1)
14 #进行图像旋转
15 rotated_image=cv2.warpAffine(image,M,(cols,rows))
16 #执行二维离散傅里叶变换
17 rotated_fft=np.fft.fft2(rotated_image)
18 #将图像值限制在0-255范围内
19 rotated_image=np.abs(rotated_image).astype(np.uint8)
20 #显示原始图像和旋转后的图像
21 plt.subplot(1,2,1)
22 plt.imshow(image,cmap='gray')
23 plt.title('Original Image')
24 plt.subplot(1,2,2)
25 plt.imshow(rotated_image,cmap='gray')
26 plt.title(f'Rotated Image(theta={theta})')
27 plt.tight_layout()
28 plt.show()
```

【代码说明】

该代码实现了图像的旋转和展示。

1）第1~3行导入库。

2）第4~5行读取用像。

3）第6~7行对输入图像执行二维离散傅里叶变换，得到变换后的频域图像。

4）第8~9行定义旋转的角度为45°，并构建旋转矩阵。

5）第10~13行使用构建的旋转矩阵对图像进行旋转，得到旋转后的图像。

6）第14、17行对旋转后的图像执行二维离散傅里叶变换，得到旋转后的频域图像。

7）第18~19行将旋转后的图像数值限制在0~255范围内，并转换为无符号8位整型。

8）第20~28行使用matplotlib库绘制两个子图，分别显示原始图像和旋转后的图像，如图3-8所示。

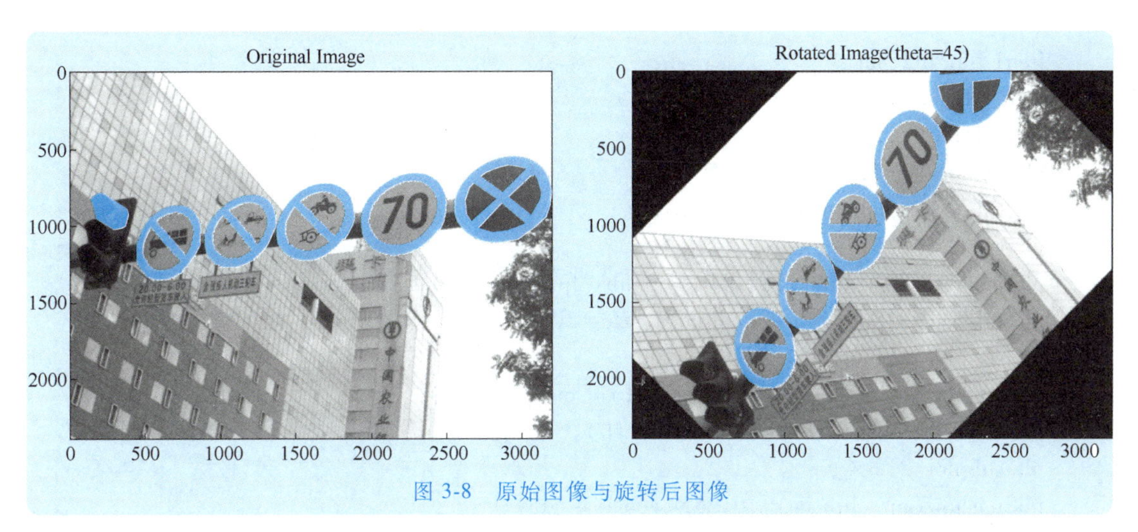

图 3-8　原始图像与旋转后图像

3.1.4　图像的离散傅里叶变换

由于图像数据为二维、离散和有限的，因此在数字图像处理中经常用到的是二维离散傅里叶变换。图像的频率是表征图像中灰度变化剧烈程度的指标，是灰度在平面空间上的梯度。灰度变化得快频率就高，灰度变化得慢频率就低。例如，大面积的沙漠在图像中是一片灰度变化缓慢的区域，对应的频率值很低；而对于地表属性变换剧烈的边缘区域，在图像中是一片灰度变化剧烈的区域，对应的频率值较高。从图像物理效果看，图像傅里叶变换是将图像从空间域转换到频率域，其逆变换是将图像从频率域转换到空间域。换句话说，图像傅里叶变换的物理意义是将图像的灰度分布函数变换为图像的频率分布函数。傅里叶变换有个重要特性，如果是用傅里叶级数或变换表示的某个信号，该信号可以完全通过傅里叶反变换来重建，并且不丢失任何信息。

对数字图像处理，只需关注二维离散的傅里叶变换（DFT）。使用 DFT 可将（空间域/时域）图像中的一组灰度像素值转换为一组（频域）傅里叶系数，而且它是离散的，这是因为空间和变换变量只可以使用离散连续整数的值（通常二维数组的位置表示图像）。类似地，频域中的傅里叶系数二维数组可以通过离散傅里叶逆变换（IDFT）变换至空间域，也称这样的变换为利用傅里叶系数重建图像。

【例 3-5】　使用 numpy.fft 计算图像的 DFT 的幅值和相位，最后用 ifft2() 重建图像，绘制原图、FFT 频谱幅度图、相位图和重建图像。

```
1 from skimage.color import rgb2gray
2 from PIL import Image
3 import numpy as np
4 from skimage.io import imread
5 import numpy.fft as fp
6 import matplotlib.pyplot as plt
7 im1 = rgb2gray(imread('D:/imaget/sign3.jpg'))
8 plt.figure(figsize=(12,10))
```

```
9  freq1 = fp. fft2( im1 )
10 im1_ = fp. ifft2( freq1 ). real
11 plt. subplot( 2,2,1 )
12 plt. imshow( im1, cmap = ' gray ')
13 plt. title(' Original Image ', size = 20 )
14 plt. subplot( 2,2,2 )
15 plt. imshow( 20 * np. log10( 0. 01+np. abs( fp. fftshift( freq1 ) ) ), cmap = ' gray ')
16 plt. title(' FFT Spectrum Magnitude ', size = 20 )
17 plt. subplot( 2,2,3 )
18 plt. imshow( np. angle( fp. fftshift( freq1 ) ), cmap = ' gray ')
19 plt. title(' FFT Spectrum Phase ', size = 20 )
20 plt. subplot( 2,2,4 )
21 plt. imshow( np. clip( im1_, 0, 255 ), cmap = ' gray ')
22 plt. title(' Reconstructed Image ', size = 20 )
23 plt. show( )
```

【代码说明】

1）第 1~6 行导入必要的库，包括 skimage. color 库中的 rgb2gray 函数、PIL 库中的 Image 模块、numpy 库中的 np、skimage. io 库中的 imread 函数、numpy. fft 库中的 fp 模块和 matplotlib. pyplot 库中的 plt 模块。

2）第 7 行将图像读取并转换为灰度图像。

3）第 8 行创建一个大小为 12×10 的图像窗口。

4）第 9~10 行对图像进行二维傅里叶变换和傅里叶逆变换。

5）第 11~23 行绘制显示原始图像、FFT 频谱幅度图和 FFT 频谱相位图、重建图像。

执行上述代码得到的图像具体如图 3-9 所示。

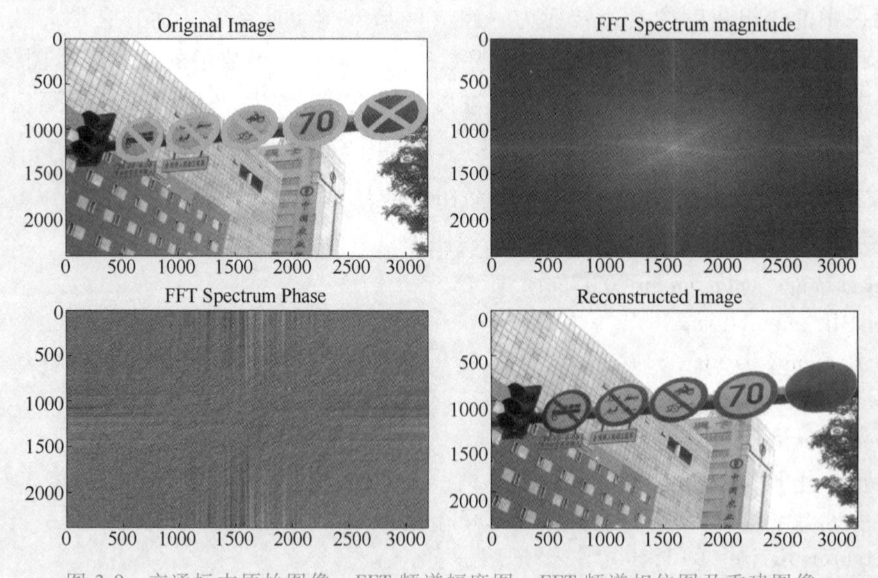

图 3-9　交通标志原始图像、FFT 频谱幅度图、FFT 频谱相位图及重建图像

将图像变换到频域可以更好地理解图像。频域中的低频对应于图像中信息的平均总体水平，而高频对应于边缘、噪声和更详细的信息。

通常情况下，图像本质上是平滑的，这就是为什么大多数图像可以用少量的 DFT 系数表示，而其余所有较高的系数几乎可以被忽略或为 0。

DFT 对图像压缩是非常有用的，尤其是对于稀疏傅里叶图像，只有少数的傅里叶系数需要重建图像，因此，只有那些频率可以被存储，其他的则可以丢弃，这会导致高压缩，例如，在 JPEG 图像压缩算法中使用了类似于变换的离散余弦变换（Discrete Cosine Transform，DCT）。同样，在频域中使用 DFT 进行滤波比在空间域中进行滤波快得多。

3.2　图像卷积

3.2.1　图像卷积的概念

图像卷积是一种对两幅图像进行操作的运算。一幅是输入图像，另一幅是作为输入图像的滤波器而产生输出图像的卷积核，也称为滤波器或掩模。图像卷积是通过一定大小的卷积核作用于图像的局部区域，将局部图像区域的像素值与卷积核中的数据做内积运算，来改变图像的外观或提取图像特征，这个过程可以通过滑动窗口的方式实现，即在图像上滑动卷积核，每次计算卷积核与图像窗口内像素的点乘和。这样可以遍历图像的每一个位置，并将卷积核与图像进行逐像素的卷积操作。图像卷积过程如图 3-10 所示。

首先，从左上角开始在输入矩阵上选择一个与阴影部分卷积核大小一致（2×2）的滑块，然后，将该滑块中的数值与卷积核中的数值做内积运算，完成一次后依次向右、向下滑动窗口，覆盖整个输入矩阵，获得输出矩阵。其结果为当前像素的灰度值。

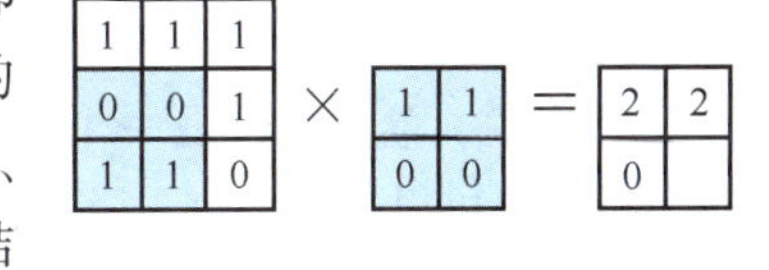

卷积核是一个小矩阵，其中包含了一组权重。通过调整卷积核中的权重，可以实现不同的图像处理效果。例如，一个边缘检测卷积核可以检测图像中的边缘，而一个模糊卷积核可以对图像进行模糊处理。在图像处理中，有很多算法是基于卷积操作的，例如，图像滤波、边缘提取都是对整幅图像进行卷积。由于图像是离散的，所以实际上是图像矩阵和一个卷积模板做了卷积操作。通常滤波的卷积模板权值和为 1，边缘提取的模板权值和为 0。

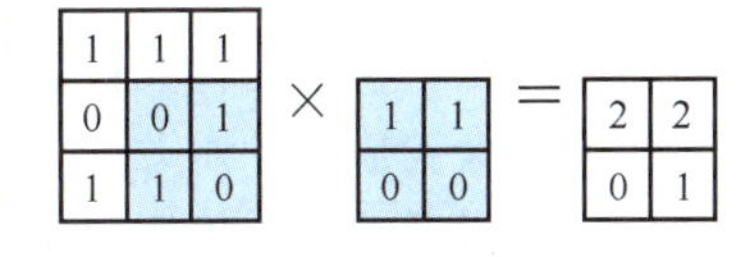

图 3-10　图像卷积过程

3.2.2　卷积定理

卷积是两个变量在某范围内相乘后求和的结果。设有两个函数 $f_1(t)$、$f_2(t)$，积分 $f(t)$ 称为 $f_1(t)$、$f_2(t)$ 的卷积积分，简称卷积，记为 $f(t)=f_1(t)*f_2(t)$，数学表达式为

$$f(t)=\int_{-\infty}^{\infty} f_1(x)f_2(t-x)\,\mathrm{d}x \tag{3-12}$$

卷积定理是指在傅里叶变换和卷积操作之间的关系定理，又称为卷积公式。它描述了两个信号的卷积结果可以通过它们的傅里叶变换的乘积得到。设 $X(k)$、$H(k)$ 都是傅里叶变换，其中 k 为频率，则它们卷积 $Y(k)$ 的傅里叶变换结果为

$$Y(k)=X(k)*H(k) \tag{3-13}$$

卷积定理表明，在频域中，两个函数的卷积等于它们的傅里叶变换的点乘。换言之，一个域中的卷积对应于另一个域中的乘积，例如，时域中的卷积对应于频域中的乘积。卷积定理包括空间域卷积和频率域卷积，卷积是空间域滤波和频率域滤波之间的纽带，即 2 个空间域信号的卷积等价于其频域信号的乘积，2 个信号频域上的卷积等价于空间域的乘积。卷积定理的重要性在于它提供了在频域中进行信号处理的便利性。传统的卷积操作在时域上进行，需要遍历信号的每一个时刻，并对每个时刻上的信号进行加权平均，这样的操作相对复杂且计算量较大。而卷积定理提供了一种高效的替代方案，即将信号转换到频域，进行点乘操作后再转换回时域。在频域中，点乘操作相当于两个信号的频谱逐点相乘，从而极大地简化了处理过程。同时，该性质对于理解信号的频率域处理方法特别重要，使得信号的空间域处理可以转换到频率域进行处理实现。

卷积定理在傅里叶变换和卷积操作之间建立了良好的关联，它可以通过在频域中进行傅里叶变换，利用点乘操作来实现卷积操作，从而提高计算效率。总结来说，卷积定理是一种非常有用的数学定理，它将信号的卷积操作与傅里叶变换相联系。通过卷积定理，可以在频域中进行信号处理，从而简化了处理过程。它对数字信号处理和图像处理领域有重要的意义。

3.2.3 数字图像卷积操作

数字图像是一个二维的离散信号，对数字图像做卷积操作实际上是利用卷积核（卷积模板）在图像上滑动，将图像点上的像素灰度值与对应的卷积核上的数值相乘，然后将所有相乘后的值相加，作为卷积核中间像素对应的图像上像素的灰度值，最终，卷积核会滑动完整幅图像。

通俗来说，卷积核就是一个二维的滤波器矩阵，在卷积运算中，卷积核的移动通常设定 step=1，但也可以进行修改。当卷积核移动到图像边缘时，需要向图像的边缘进行填充，这样更加方便获取到边缘特征信息。卷积核的计算是通过原图像乘以卷积核对应位置的数据然后相加。

图像中像素值变化陡峭的区域，在图像上表现为明暗变化明显的区域。将图像与高通滤波器做卷积时，明暗变化会被保留，而缓和的变化会被过滤，这在图像上表现为锐化效果，即图像的边缘被加强，而大色块的背景被过滤。同理，当图像与低通滤波器进行卷积时，效果相反。使用多种卷积核作用于图像时，可以得到不同频段的信号。因此，图像卷积的本质是提取图像不同“频段”的特征。

【例 3-6】 两幅图像进行卷积。

```
1 import numpy as np
2 import cv2
3 from matplotlib import pyplot as plt
4 #读取两幅图像
5 img1 = cv2.imread('D:/imaget/sign3.jpg',0)
6 img2 = cv2.imread('D:/imaget/street.jpg',0)
7 #调整大小
8 img1 = cv2.resize(img1,(img2.shape[1],img2.shape[0]))
```

```
9   #对图像进行傅里叶变换
10  f1 = np. fft. fft2(img1)
11  f2 = np. fft. fft2(img2)
12  #对频谱进行逐点相乘
13  f_mul = f1 * f2
14  #对结果进行傅里叶逆变换
15  result = np. fft. ifft2(f_mul)
16  result = np. real(result)
17  plt. subplot(131), plt. imshow(img1, cmap=' gray'), plt. title(' Image 1')
18  plt. subplot(132), plt. imshow(img2, cmap=' gray'), plt. title(' Image 2')
19  plt. subplot(133), plt. imshow(result, cmap=' gray'), plt. title(' Convolution Result')
20  plt. tight_layout()
21  plt. show()
```

【代码说明】

1）第 1~3 行导入库。

2）第 4~6 行读取两幅图像。

3）第 7~8 行调整大小。

4）第 9~11 行对图像进行傅里叶变换。

5）第 12~13 行对频谱进行逐点相乘。

6）第 14~16 行对结果进行傅里叶逆变换。

7）第 17~21 行绘制显示原始图像及卷积图像。

执行上述代码得到的图像如图 3-11 所示。

a)

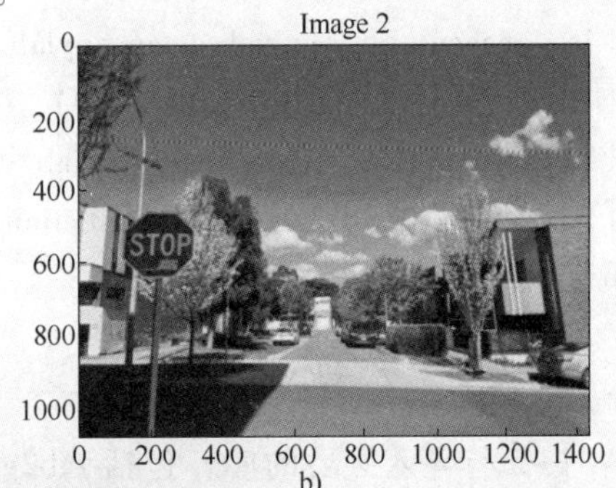

b)

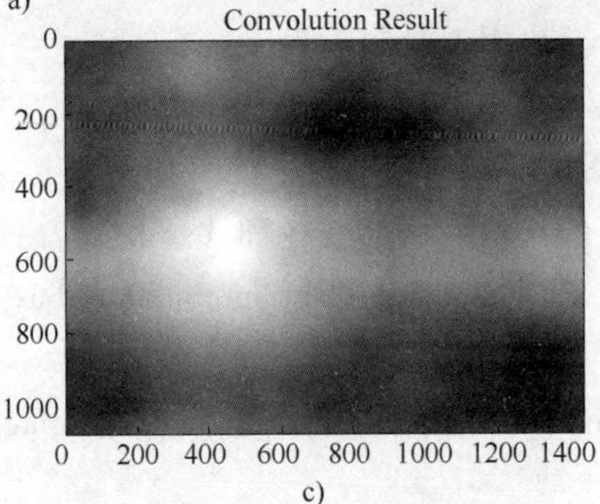

c)

图 3-11　卷积图像

a）原始图像 1　b）原始图像 2　c）图像 1 与图像 2 的卷积结果

图 3-11c 所示为图 3-11a、b 的卷积结果，图 3-11c 中每个像素值表示了对应位置上两幅原始图像像素乘积的总和。这意味着，图像中亮度较高的区域表示两个输入图像在该位置上的像素值较高，而亮度较低的区域表示两个输入图像在该位置上的像素值较低。

图像傅里叶变换的特点是把图像从空间域转换到频率域，即将空间域中复杂的卷积运算转化为频率域中简单的乘积运算。

【例 3-7】 使用 scipy. signal 模块的 convolve2d( ) 函数进行卷积。

```
1  from skimage. color import rgb2gray
2  from PIL import Image
3  import matplotlib. pylab as pylab
4  import imageio
5  from scipy import signal
6  im=rgb2gray(imageio. imread('D:/imaget/cameramang. jpg')). astype(float)
7  print(np. max(im))
8  print(im. shape)
9  blur_box_kernel=np. ones((3,3))/9
10 edge_laplace_kernel=np. array([[0,1,0],[1,-4,1],[0,1,0]])
11 im_blurred=signal. convolve2d(im,blur_box_kernel)
12 im_edges=np. clip(signal. convolve2d(im,edge_laplace_kernel),0,1)
13 fig,axes=pylab. subplots(ncols=3,sharex=True,sharey=True,figsize=(18,6))
14 axes[0]. imshow(im,cmap=pylab. cm. gray)
15 axes[0]. set_title('Original Image',size=20)
16 axes[1]. imshow(im_blurred,cmap=pylab. cm. gray)
17 axes[1]. set_title('Box Blur',size=20)
18 axes[2]. imshow(im_edges,cmap=pylab. cm. gray)
19 axes[2]. set_title('Laplace Edge Detection',size=20)
20 pylab. show()
```

【代码说明】

1）第 1~5 行导入必要的库，包括 rgb2gray 函数用于将图像转换为灰度图、Image 模块用于处理图像文件、pylab 模块用于绘制图表。

2）第 6 行读取图像并转换为灰度图像。

3）第 7~8 行打印灰度图像的最大值和形状。

4）第 9~10 行定义 3×3 的均值滤波器模板和 3×3 的拉普拉斯边缘检测模板。

5）第 11 行使用 convolve2d（）函数进行 im 与 blur_box_kernel 卷积，对图像均值滤波。

6）第 12 行使用 convolve2d（）函数进行 im 与 edge_laplace_kernel 卷积，对图像拉普拉斯边缘检测。

7）第 13 行使用 subplots（）函数创建带有多个子图的 Figure 对象。

8）第 14~20 行绘制原始图像、均值滤波后的图像和拉普拉斯边缘检测后的图像。

原始的 cameraman 图像是应用了盒模糊卷积和拉普拉斯核卷积后所生成的图像，如图 3-12 所示。

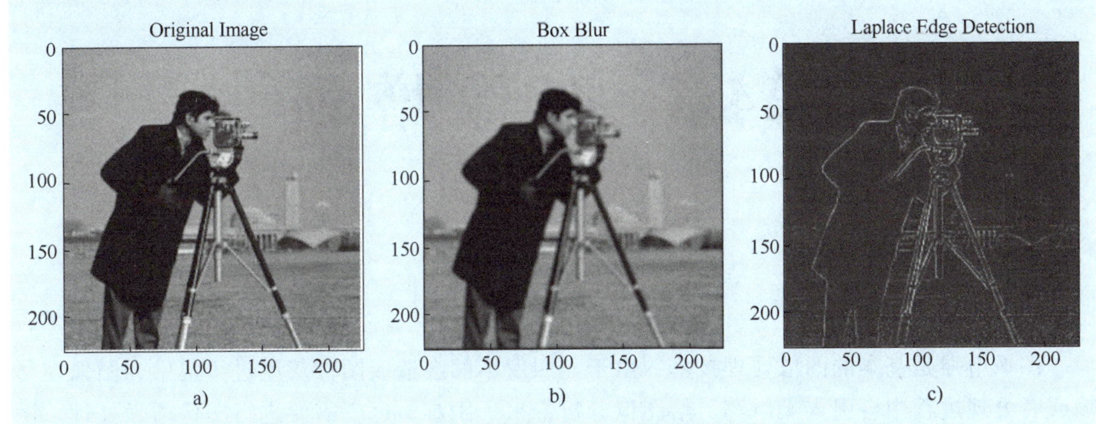

图 3-12 原始的 cameraman 图像应用了盒模糊卷积和拉普拉斯核卷积后所生成的图像

a）原始图像 b）盒模糊卷积 c）拉普拉斯核卷积

使用卷积定理，可以将图像转换到频域，对频谱进行操作后再转换回时域，从而实现对图像的处理。这种方法在一些场景下可以比直接在时域中进行卷积更加高效和灵活。例如，在进行图像处理时，可以使用卷积定理，将一幅图像分解为高频分量和低频分量，从而将原始图像通过傅里叶变换转换为频谱图像。这种处理方式可以更容易地做出准确的图像分析和处理。另外，在图像检测和识别的应用中，可以使用卷积定理，将输入图像转换成频谱图像，然后再使用特定的滤波器进行检测和识别。这种方法可以更好地实现图像识别和对象识别等任务。在数字图像处理中，卷积操作常被用于图像频域滤波、边缘检测、特征提取和去噪锐化等任务。

习题

1. 二维傅里叶变换有哪些性质？

2. 卷积定理的作用是什么？

3. 什么叫卷积核，怎样选择卷积核？

4. 编写程序，对图像进行傅里叶变换。

5. 使用 scipy. signal 模块的 convolve2d( ) 函数卷积图像。

6. 编写代码，使用 numpy. fft 计算图像的 DFT 的幅值和相位，最后用 ifft2( ) 重建图像，绘制原图、FFT 频谱幅度图、相位图和重建图像。

第4章 图像增强

图像增强是基本的图像处理技术，由于光照度不够会造成图像灰度过于集中，图像在传输或者处理过程中会引入噪声等，给图像分析带来了困难，这就需要进行图像增强处理。图像增强技术广泛应用于智能交通领域。图像增强同时可以作为特征点匹配、目标检测与识别、目标跟踪等图像处理算法的预处理算法。

4.1 概述

图像增强是指按照某种特定的需求，对图像进行加工，以得到对具体应用来说视觉效果更“好”、更“有用”的图像处理技术。图像增强的目的是提高图像的质量，或使特定的特征显得更加突出，增强处理后的图像具有比原图像更加清晰的细节，改善图像的视觉效果或使得图像变得更有利于计算机处理。图像增强与感兴趣物体的特性、图像具体应用的目的和要求相关，图像增强算法与技术应用有针对性。在实际应用中，针对某个应用场合的具体图像，可同时选几种适当的图像增强算法进行对比，从中选择视觉效果比较好、计算复杂性相对小，又能满足应用要求的图像增强方法。

图像增强按其变换处理所在的作用域不同而被分为空间域法和频率域法两大类。

1. 空间域法

空间域法在图像所在像素空间进行处理，根据每次是对单个像素进行处理，还是对小的子图像块（模板）进行处理，可分为两种图像增强：一种是基于像素的图像增强，也叫点处理，在增强过程中对每个像素的处理与其他像素无关；另一种是基于模板的图像增强，也叫空域滤波，在图像增强过程中的每次处理操作都是基于图像中的某个小的区域。常用的空间域法有图像的直接灰度变换、直方图修正、图像平滑和锐化处理等。

空间域图像增强方法的一般定义为

$$g(x,y)=T[f(x,y)] \tag{4-1}$$

式中，$f(x,y)$ 为输入的待增强的图像；$g(x,y)$ 为处理后的增强图像；T 为空间域变换函数，表示对原图像 $f(x,y)$ 在像素空间所进行的各种变换操作。当 T 操作定义在单个像素点 (x,y) 上时，T 称为点操作；如果 T 是定义在 (x,y) 的某个邻域上，则 T 称为模板操作。

2. 频率域法

频率域法是在图像的某种变换域内，对图像的变换值进行运算，然后通过逆变换获得图像增强效果。通常对图像进行傅里叶变换后，在频域上间接进行图像增强。这是一种间接处理方法。基于频域的图像增强算法的基础为卷积理论，是把图像视为波，然后利用信号处理手段来处理图像。

根据图像的频率特性分析，一般认为整个图像的对比度和动态范围取决于图像信息的低频成分，而图像中的边缘轮廓及细节取决于高频成分，因此可用二维数字滤波方法进行图像处理，例如，用高通滤波器有助于突出图像的边缘轮廓和图像细节，用低通滤波器可以减少图像噪声。

4.2 直接灰度变换

由于外部环境光照影响，或者由于成像设备的非线性和图像记录设备动态范围太窄等，获取到的图像可能不够理想，细节分辨不清，即对比度不足。对比度指的是一幅图像中明暗区域最亮的白和最暗的黑之间不同亮度层级的测量，即亮度的最大值与最小值之差。差异范围越大代表对比度越大，差异范围越小代表对比度越小。可以使用灰度变换方法解决对比度不足的问题。

直接灰度变换，也称为像素变换，用于对图像中每个像素的亮度值进行转换，可以用来增强图像的对比度，调整图像的亮度和暗度，以及增强或降低图像中特定颜色的强度。灰度变换运算将图像中的每个像素值 $f(x,y)$ 作为输入，应用一个数学函数 T 来生成输出值，该输出值将替换原始像素值。直接灰度变换在 (x,y) 处的输出强度只取决于同一点的输入强度。相同强度的像素得到相同的变换。直接灰度变换不会带来新的信息，也不可能导致信息的丢失，但可以改善视觉外观或者使其特征更容易检测。一些常见的强度变换包括灰度线性变换、图像反转、对数变换、幂律变换以及对比度拉伸和二值化等，这里主要介绍前四种。

4.2.1 灰度线性变换

图像的灰度线性变换是通过建立灰度映射来调整原始图像的灰度，从而改善图像的质量，凸显图像的细节，提高图像的对比度。灰度线性变换的计算公式为

$$g(x,y)=T(f(x,y))=\alpha f(x,y)+b \tag{4-2}$$

式中，$g(x,y)$ 表示灰度线性变换后的灰度值；$f(x,y)$ 表示变换前输入图像的灰度值；α 和 b 为线性变换方程的参数，分别表示斜率和截距。

当 $\alpha=1$、$b=0$ 时，保持原始图像。

当 $\alpha=1$、$b\neq 0$ 时，图像所有的灰度值上移或下移。

当 $\alpha=-1$、$b=255$ 时，原始图像的灰度值反转。

当 $\alpha>1$ 时，输出图像的对比度增强。

当 $0<\alpha<1$ 时，输出图像的对比度减小。

当 $\alpha<0$ 时，原始图像暗区域变亮，亮区域变暗，图像求补。

分段线性变换通常由一系列线性函数组成，每个函数定义了一个像素值范围内的变换规

则。具体而言，可以将图像的像素值范围分成若干个区间，并为每个区间定义一个线性函数。当对图像进行分段线性变换时，根据每个像素的值所属的区间，将其映射到对应区间的线性函数上进行变换。

用分段线性变换，将需要的图像细节灰度级拉伸，增强对比度，将不需要的细节灰度级进行压缩，典型的增强对比度的分段线性变换函数的3段线性变换，其数学表达式如下：

$$g(x,y)=\begin{cases}\dfrac{c}{a}f(x,y) & 0\leqslant f(x,y)<a\\ \dfrac{d-c}{b-a}[f(x,y)-a]+c & a\leqslant f(x,y)<b\\ \dfrac{M_g-d}{M_f-b}[f(x,y)-b]+d & b\leqslant f(x,y)\leqslant M_f\end{cases} \tag{4-3}$$

不同区域像素值变化图如图4-1所示。

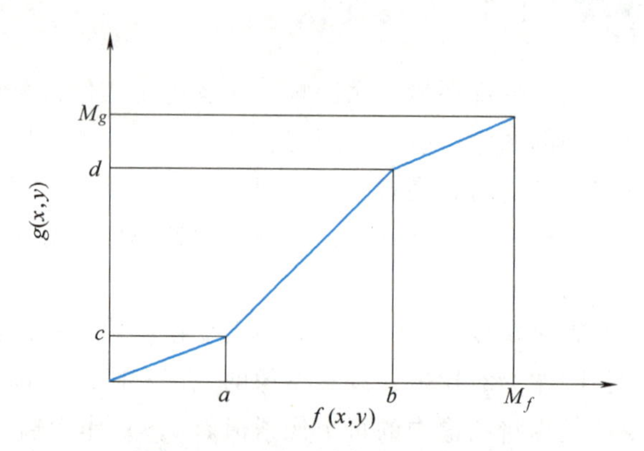

图 4-1　不同区域像素值变化图

常用的分段线性变换处理有：

(1) 增强对比度　可以将图像的灰度密集区域变换到较为宽广的范围，压缩不感兴趣区域的灰度范围。

(2) 阈值化　阈值设定，比阈值大的像素就是白，比阈值小的像素就是黑。经过阈值化处理后的图像变成了黑白二值图像，阈值化是灰度图像转换为二值图像的一种常用方法。

4.2.2　图像反转

图像反转是指通过将图像中所有像素的亮度值取反，将亮部变暗，暗部变亮，从而产生一种视觉效果，使得图像中的细节更加鲜明、突出。

图像反转可以应用于灰度图像和彩色图像。对于灰度图像，反转操作会将图像中的黑色变为白色，白色变为黑色。对于彩色图像，反转操作会将图像中的每个像素的三个通道（红、绿、蓝）的亮度值都取反。它的数学实现原理，即通过将每个像素值减去它的最大值再取绝对值得到反转后的像素值。

例如，对于一个灰度图像，如果它的像素值范围在0~255之间，那么反转后的像素值$g(x,y)$可以通过以下公式计算得到：

$$g(x,y)=-f(x,y)+255 \tag{4-4}$$

图像反转可以用于提高图像的可视化效果，使得一些特定的目标更加明显，图像反转可以使得结构和细节更加清晰可见。此方法适用于增强嵌入于图像暗色区域的白色或灰色细节。

【例4-1】　简单的图像反转代码。

```
1 import cv2
2 import matplotlib.pyplot as plt
```

```
img=cv2.imread('D:/imaget/down.tif',cv2.IMREAD_GRAYSCALE)
reversed_img=255-img
fig,axes=plt.subplots(1,2,figsize=(10,5))
axes[0].imshow(img,cmap='gray')
axes[0].set_title('Original Image')
axes[0].axis('off')
axes[1].imshow(reversed_img,cmap='gray')
axes[1].set_title('Reversed Image')
axes[1].axis('off')
plt.show()
```

【代码说明】

1）第 1~3 行导入需要的库，读取原始灰度图像。

2）第 4 行计算反转后的像素值。

3）第 5~12 行显示原始图像和反转后的图像。

图 4-2 所示为编程实现图像反转。

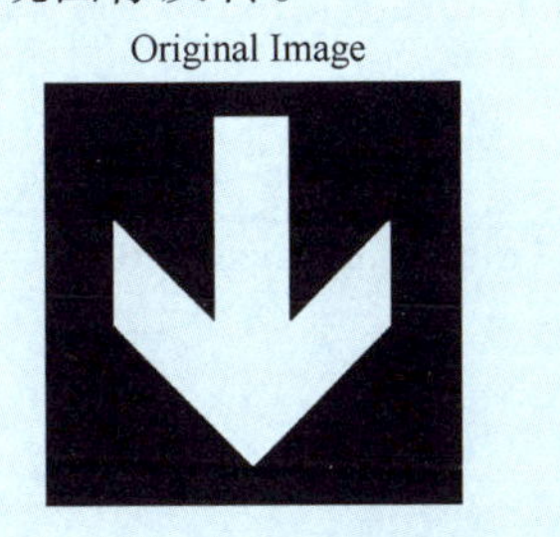

图 4-2　编程实现图像反转图

4.2.3　对数变换

对数变换是一种逐点强度变换，用于将图像进行一定灰度范围内的压缩或拉伸。即将灰度级值较低的像素值映射到较高的灰度级值上，以增强图像中低灰度级的细节，可以用于增强暗部细节，使暗部区域的细节更加清晰可见。在对数变换中，每个像素的亮度值被取对数，然后进行线性缩放，最终生成新的像素值。对数变换的点变换数学公式如下：

$$s=T(r)=c\log(1+r) \tag{4-5}$$

式中，r 是原始像素值；s 是经过对数变换后的像素值；c 是一个缩放因子，用于控制输出像素值的幅度。

对数变换实现了扩展低灰度值而压缩高灰度值的效果，由于对数曲线在像素值较低的区域斜率大，在像素值较高的区域斜率较小，所以图像经过对数变换后，较暗区域的对比度将有所提升。这种变换可用于增强图像的暗部细节，从而用来扩展被压缩的高值图像中的较暗像素。

现在使用 PIL 图像模块的 point() 函数进行对数变换，im=im.point(lambda i：255 * np.log(1+i/255))，并将此变换作用于"cameraman1.png"图像，对比对数变换前后的图像、直方图。

【例 4-2】 图像对数变换。

```
from PIL import Image
import matplotlib. pylab as plt
import numpy as np
im = Image. open( " D:/imaget/cameraman1. png" )
plt. figure( figsize = (10,8) )
plt. subplot(221) ,plt. imshow( im) ,plt. title(' Original Image ', size = 20) ,plt. axis(' off')
plt. subplot(222) ,plt. hist( np. array( im) . ravel( ) ,bins = 256 ,range = (0,256) )
plt. xlabel(' pixel value ', size = 20)
plt. ylabel(' frequency ', size = 20)
plt. title(' Histogram for Original Image ', size = 20)
im = im. point( lambda i: 255 * np. log( 1+i/255) )
plt. subplot(223) ,plt. imshow( im) ,plt. title(' Image after Log Transform ', size = 20) ,plt. axis
(' off')
plt. subplot(224) ,plt. hist( np. array( im) . ravel( ) ,bins = 256 ,range = (0,256) )
plt. xlabel(' pixel value ', size = 20)
plt. ylabel(' frequency ', size = 20)
plt. title(' Histogram of Image after Log Transform ', size = 20)
plt. tight_layout( )
plt. show( )
```

【代码说明】

1）第 1~3 行导入需要的库。

2）第 4 行读取图片 “cameraman1. png”。

3）第 5 行创建一个大小为（10,8）的画布。

4）第 6 行，子图为 2 行、2 列、1 位置，显示原始图像，设置标题为 “Original Image”，字号为 20，不显示坐标轴。

5）第 7~10 行，第 2 个子图显示原始图像的直方图，并设置 x 轴标签为像素值 “pixel value”，字号为 20，并设置 y 轴标签为频率 “frequency”，字号为 20，子图 2 的标题为 “Histogram for Original Image”。

6）第 11 行，使用 point( ) 函数进行对数变换。

7）第 12~17 行，显示对数变换后的图像及其直方图。

8）第 18 行，plt. tight_layout( ) 自动调整子图参数，避免子图标签文字重叠。

9）第 19 行，显示图像。

运行上述代码，输出结果如图 4-3 所示，可以看到在应用对数变换前后的原始图像及其颜色通道直方图。

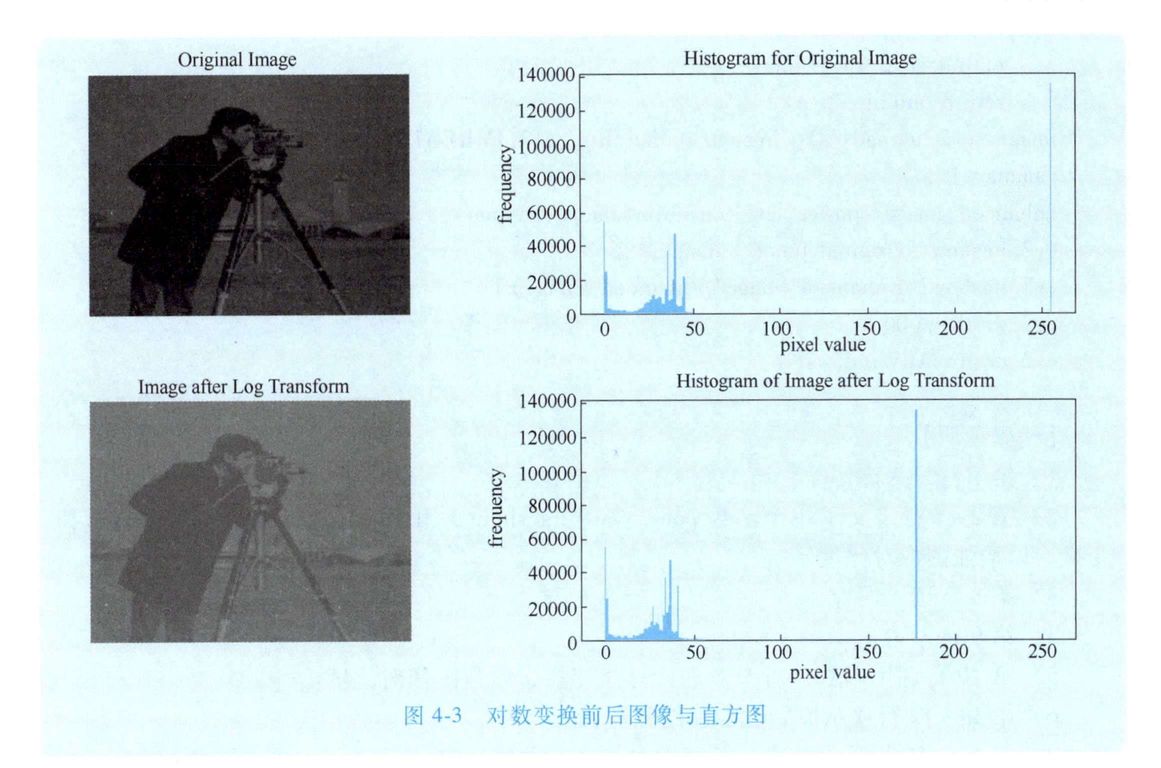

图 4-3 对数变换前后图像与直方图

4.2.4 幂律变换

幂律变换，也称伽马变换，是一种逐点强度变换，用于对图像的灰度级进行非线性映射。可增强低光照图像的对比度，以提高图像的可视化效果和目标检测的准确性。

在幂律变换中，每个像素的亮度值被取幂，然后进行非线性缩放，最终生成新的像素值。幂律变换的数学公式如下：

$$s = cr^{\gamma} \tag{4-6}$$

式中，r 是原始像素值；s 是经过幂律变换后的像素值；c 和 γ 是调整参数，是正常数，用于控制输出像素值的幅度和变换的形状。

当 $\gamma<1$ 时，函数变换曲线在正比函数线上方，提高图像灰度级，使图像变亮；当 $\gamma>1$ 时，函数变换曲线在正比函数线下方，降低图像灰度级，使得图像变暗。

直接灰度变换图像处理方法能有效提升图像的质量，能提供更好的感官效果。使用 PIL 的 point( ) 函数对灰度图像进行点变换。这里将应用幂律变换对具有 scikit-image 的 RGB 彩色图像进行变换，展示可视化变换对颜色通道直方图的影响。其实现代码如例 4-3 所示。

【例 4-3】 图像幂律变换。

```
1 import cv2
2 def power_law_transform(image,gamma):
3     LUT=np.zeros(256,dtype=np.uint8)
4     for i in range(256):
5         LUT[i]=np.clip(pow(i/255.0,gamma)*255.0,0,255)
```

```
6          output = cv2.LUT(image, LUT)
7          return output
8      image = cv2.imread('D:/imaget/station.jpg', cv2.IMREAD_GRAYSCALE)
9      gamma = 1.5
10     enhanced_image = power_law_transform(image, gamma)
11     cv2.imshow('Original Image', image)
12     cv2.imshow('Enhanced Image', enhanced_image)
13     cv2.waitKey(0)
14     cv2.destroyAllWindows()
```

【代码说明】

1）第 1 行导入库。

2）第 2~7 行定义了一个函数 power_law_transform，用于对输入的灰度图像进行幂律变换，以增强图像对比度。

3）第 8 行读入图像。

4）第 9 行 γ 取值 1.5。

5）第 10 行调用函数，对图像进行幂律变换，增强图像对比度。

6）第 11~12 行显示原始图像和增强图像。

7）第 13、14 行程序结束，等待键盘输入，关闭窗口。

幂律变换后的图片如图 4-4 所示，即原始图像和增强图像。

图 4-4　幂律变换 $\gamma=1.5$ 增强对比图

4.3 直方图修正

4.3.1 灰度直方图的含义

灰度直方图是表示一幅图像灰度分布情况的统计图表，直方图反映了图像中不同的灰度值出现的次数，展示像素在图像中的分布情况。直方图的横坐标是图像中各像素点的灰度级，一般用 S_k 表示，纵坐标是具有该灰度级的像素数 n_k 或出现这个灰度级的概率 $P(S_k)$，有

$$P(S_k)=n_k/n \tag{4-7}$$

式中，S_k 表示灰度值为 k 的灰度级；n_k 为图像中出现 S_k 灰度的像素数；n 是图像中像素总数。

因为 $P(S_k)$ 给出了对 S_k 出现概率的一个估计，所以直方图提供了图像的灰度值分布情况，给出了一幅图像所有灰度值的整体描述。

例如，假设存在一幅 6×6 像素的图像，统计其 1~6 灰度级的出现频率，并绘制如图 4-5 所示的图像直方图统计，其中横坐标表示灰度级，纵坐标表示灰度级出现的频率。

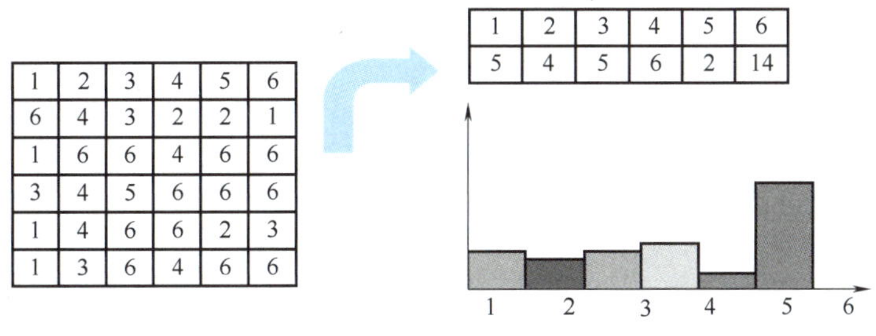

1	2	3	4	5	6
6	4	3	2	2	1
1	6	6	4	6	6
3	4	5	6	6	6
1	4	6	6	2	3
1	3	6	4	6	6

1	2	3	4	5	6
5	4	5	6	2	14

图 4-5 图像直方图统计

为了让图像各灰度级的出现频数形成固定标准的形式，可以通过归一化方法对图像直方图进行处理，将待处理的原始图像转换成相应的标准形式。假设变量 S 表示图像中像素灰度级，归一化处理后会将 S 限定在下述范围：

$$0 \leqslant S \leqslant 1 \tag{4-8}$$

在灰度级中，S 为 0 时表示黑色，S 为 1 时表示白色。对于一幅给定图像，每个像素值位于［0,1］区间之内，接着计算原始图像的灰度分布，用概率密度函数 $P(S)$ 实现。为了更好地进行数字图像处理，必须引入离散形式。在离散形式下，用 S_k 表示离散灰度级，$P(S_k)$ 代替 $P(S)$。

直方图仅能统计灰度像素出现的概率，但是反映不出该像素在图像中的二维坐标，即直方图的位置缺失性；一幅图像对应一个直方图，但一个直方图可能是多幅不同图像的直方图，即直方图与图像是一对多特性。如图 4-6a~c 所示，3 幅不同的图像具有相同的直方图。

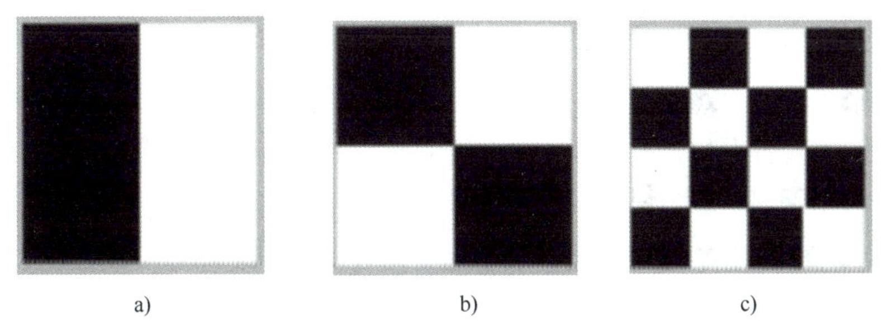

a)　　b)　　c)

图 4-6 具有相同直方图的不同图像

直方图与图像清晰度的关系：直方图反映了图像的清晰程度。不同明暗程度图像及其灰度直方图如图 4-7 所示。

分析偏暗图像、偏亮图像、低对比度图像和高对比度图像的直方图可知，在偏暗图像中，直方图的组成成分集中在灰度级低（暗）的一侧。类似地，偏亮图像的直方图则倾向于灰度级高的一侧。低对比度图像的直方图窄而集中于灰度级的中部。在高对比度的图像

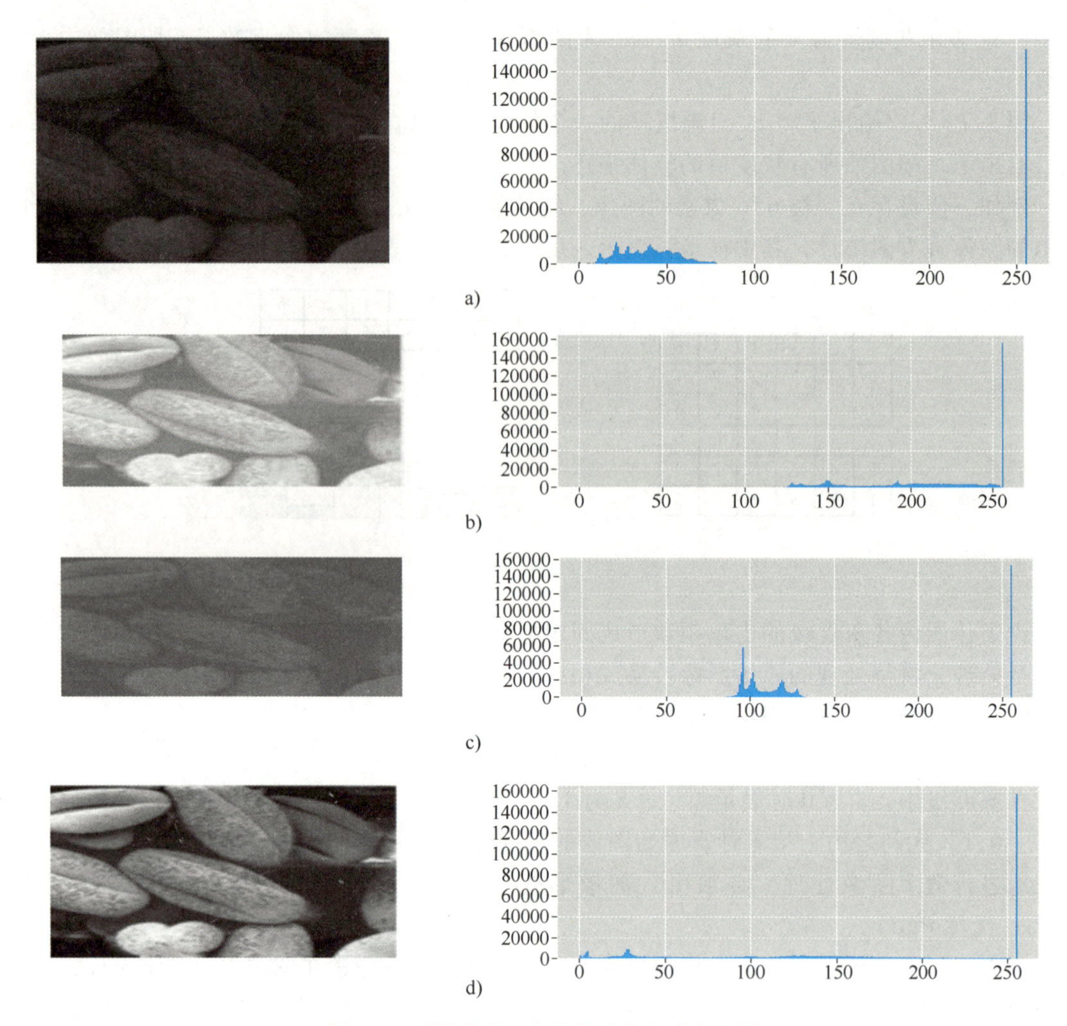

图 4-7　不同明暗程度图像及其灰度直方图

a）偏暗图像及其直方图　b）偏亮图像及其直方图

c）低对比度图像及其直方图　d）高对比度图像及其直方图

中，直方图的成分覆盖了灰度级很宽的范围。而且，像素的分布比较均匀，只有少量垂线比其他的高许多。当直方图均匀分布时，图像最清晰。由此，可以利用直方图处理技术改变图像中像素值的动态范围，达到使得图像清晰的目的。

【例 4-4】　不同明暗程度图像及其直方图显示代码。

```
1 from skimage import data
2 from skimage. color import rgb2gray
3 import numpy as np
4 from PIL import Image, ImageFont, ImageDraw, ImageFilter
5 import matplotlib. pyplot as plt
6 im = Image. open( "D:/imaget/seed1. png" )
7 im2 = Image. open( "D:/imaget/seed2. png" )
```

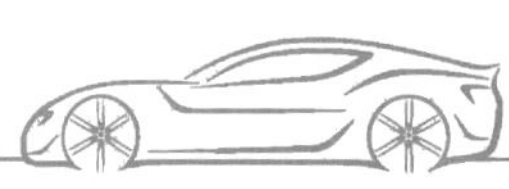

```
8  im3 = Image.open("D:/imaget/seed3.png")
9  im4 = Image.open("D:/imaget/seed4.png")
10 plt.style.use('ggplot')
11 plt.figure(figsize=(6,12))
12 plt.subplot(421)
13 plt.imshow(im,cmap='gray')
14 plt.axis('off')
15 plt.subplot(423)
16 plt.imshow(im2,cmap='gray')
17 plt.axis('off')
18 plt.subplot(425)
19 plt.imshow(im3,cmap='gray')
20 plt.axis('off')
21 plt.subplot(427)
22 plt.imshow(im4,cmap='gray')
23 plt.axis('off')
24 plt.subplot(422)
25 plt.hist(np.array(im).ravel(),bins=256,range=(0,256),alpha=0.5)
26 plt.axis('off')
27 plt.subplot(424)
28 plt.hist(np.array(im2).ravel(),bins=256,range=(0,256),alpha=0.5)
29 plt.axis('off')
30 plt.subplot(426)
31 plt.hist(np.array(im3).ravel(),bins=256,range=(0,256),alpha=0.5)
32 plt.axis('off')
33 plt.subplot(428)
34 plt.hist(np.array(im4).ravel(),bins=256,range=(0,256),alpha=0.5)
35 plt.axis('off')
36 #plt.hist(np.array(im_b).ravel(),bins=256,range=(0,256),color='b',alpha=0.5)
37 plt.xlabel('pixel value',size=20)
38 plt.ylabel('frequency',size=20)
39 #plt.title('不同明暗程度图像与直方图',size=20)
40 plt.show()
```

【代码说明】

1）第 1~5 行导入需要的库。

2）第 6~9 行打开不同明暗程度的 4 幅图像。

3）第 10 行画图时使用的图形风格。

4）第 11 行设置图的尺寸为 6×12，单位为 inch（1in=0.0254m）。

5）第 12~23 行，显示图像为 4 行、2 列，1、3、5、7 位置分别显示 4 幅原始图像的灰度图。

6）第 24~40 行，显示图像为 4 行、2 列，2、4、6、8 位置分别显示 4 幅原始图像的直方图。其中，第 25 行，显示 im 的直方图，np.array(im3).ravel()，做直方图所要用的数据，bins=256，直方图的柱数取 256，范围 range=(0, 256)，透明度 alpha=0.5。

4.3.2 对比度拉伸

图像对比度是通过灰度级范围来度量的，而灰度级范围可通过观察灰度直方图得到，灰度级范围越大代表对比度越高；反之，对比度越低，图像在视觉上给人的感觉是看起来不够清晰。

对比度拉伸，通常用于增强图像中低对比度的细节，通过对图像的灰度级进行缩放来实现对比度的增强，使图像中的不同灰度级之间的差异更加明显，使图像清晰，达到图像增强的目的。

在对比度拉伸中，将图像中的灰度级值映射到一个新的范围内，通常像素值的上下极限值是从 0~255。对于原始图像中的每个像素值 r，计算其在新范围内的对应值 s，公式如下：

$$s=\frac{(r-r\_min)(s\_max-s\_min)}{r\_max-r\_min}+s\_min \tag{4-9}$$

式中，r_min 和 r_max 分别是原始图像中的最小和最大像素值；s_min 和 s_max 是新范围的最小和最大值。

对比度拉伸操作以低对比度图像作为输入，需要从原始图像的累积分布函数（CDF）中找到一个合适的 m 值，将原始图像灰度级低于 m 值的像素变暗（向下限拉伸值）和灰度级高于 m 的像素变亮（向上限拉伸值），以输出高对比度的输出图像，从而增强图像的对比度。

【例 4-5】 对比度拉伸代码如下：

(1) 使用 PIL 作为点操作 先加载一幅 RGB 图像，并将其划分成不同的颜色，对比度拉伸的点变换函数通道，以可视化不同颜色通道像素值的直方图。实现代码如下所示：

```
1  im=Image.open("D:/imaget/sign4.jpg")
2  im_r,im_g,im_b=im.split()
3  plt.style.use('ggplot')
4  plt.figure(figsize=(15,5))
5  plt.subplot(121)
6  plt.imshow(im,cmap='gray')
7  plt.axis('off')
8  plt.subplot(122)
```

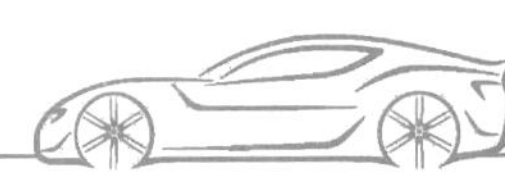

```
plt.hist(np.array(im_r).ravel(),bins=256,range=(0,256),color='r',alpha=0.5)
plt.hist(np.array(im_g).ravel(),bins=256,range=(0,256),color='g',alpha=0.5)
plt.hist(np.array(im_b).ravel(),bins=256,range=(0,256),color='b',alpha=0.5)
plt.xlabel('pixel value',size=20)
plt.ylabel('frequency',size=20)
plt.title('histogram of RGB channels sign4',size=20)
plt.show()
```

【代码说明】

1）第1~3行使用PIL库打开一张图片，将图像的R、G、B三个通道分离出来，设置使用ggplot样式的绘图。

2）第4行创建一个大小为15×5的绘图窗口。

3）第5~7行添加一个子图，显示原始图像，使用灰度色彩映射，关闭坐标轴显示。

4）第8~11行添加一个子图，绘制R、G、B三个通道的直方图，并设置透明度为0.5。

5）第12~15行设置 x 轴和 y 轴标签的字体大小为20，设置图像标题，字体大小为20。

运行上述代码，输出结果如图4-8所示。可以看到，输入的标志图像是低对比度图像，因为颜色通道直方图集中在一定的范围内（如右图所示），而不是分散在所有可能的像素值上。

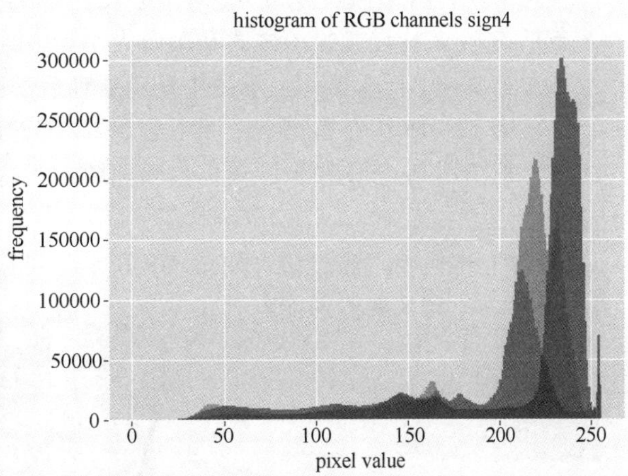

图4-8　RGB通道直方图

（2）点操作后的颜色通道直方图拉伸　ImageEnhance模块也可以用于对比度拉伸。如下代码展示如何使用对比度对象的enhance()方法来增强相同输入图像的对比度：

```
from PIL import Image,ImageEnhance
im=Image.open("D:/imaget/sign4.jpg")
def contrast(c):
    return 0 if c<70 else (255 if c>150 else (255*c-22950)/48)
```

```
5  im=im.point(contrast)
6  im_r,im_g,im_b= im.split()
7  plt.style.use('ggplot')
8  plt.figure(figsize=(15,5))
9  plt.subplot(121)
10 plt.imshow(im,cmap='gray')
11 plt.axis('off')
12 plt.subplot(122)
13 plt.hist(np.array(im_r).ravel(),bins=256,range=(0,256),color='r',alpha=0.5)
14 plt.hist(np.array(im_g).ravel(),bins=256,range=(0,256),color='g',alpha=0.5)
15 plt.hist(np.array(im_b).ravel(),bins=256,range=(0,256),color='b',alpha=0.5)
16 plt.xlabel('pixel value',size=20)
17 plt.ylabel('frequency',size=20)
18 plt.yscale('log',base=10)
19 plt.show()
```

【代码说明】

1）第1~2行导入所需模块，打开图像。

2）第3~4行定义对比度函数。

3）第5行应用对比度函数对图像进行点操作。

4）第6行将图像拆分为R、G、B三个通道。

5）第7~8行设置绘图样式和画布大小。

6）第9~11行在第一个子图中显示处理后的图像。

7）第12~15行在第二个子图中绘制R、G、B三个通道的直方图。

8）第16~19行设置坐标轴标签和标题，并将y轴的刻度设置为对数刻度，显示绘制结果。

运行上述代码，输出结果如图4-9所示。可以看到，经过点操作后，每个通道的直方图已经被拉伸到像素值的端点。

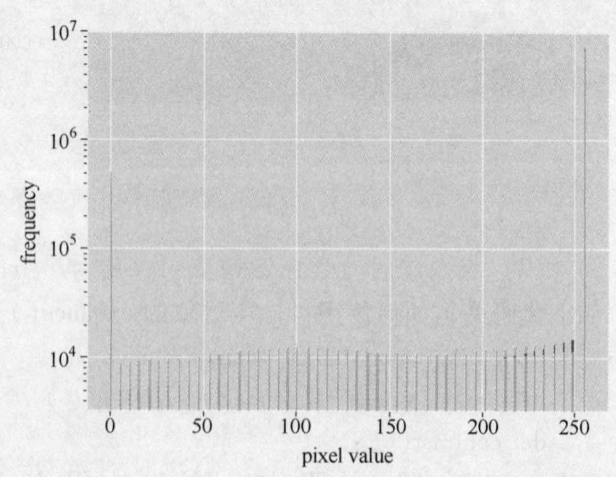

图4-9　直方图拉伸至端点效果图

(3) 图像对比度增强及颜色直方图拉伸 运行代码如下：

```
from PIL import Image,ImageEnhance
import numpy as np
import matplotlib.pyplot as plt
im=Image.open("D:/imaget/sign4.jpg")
contrast=ImageEnhance.Contrast(im)
im1=np.array(contrast.enhance(2))
plt.style.use('ggplot')
plt.figure(figsize=(15,5))
plt.subplot(121)
plt.imshow(im1,cmap='gray')
plt.axis('off')
plt.subplot(122)
plt.hist(np.array(im1[...,0]).ravel(),bins=256,range=(0,256),color='r',alpha=
0.5)
plt.hist(np.array(im1[...,1]).ravel(),bins=256,range=(0,256),color='g',alpha=
0.5)
plt.hist(np.array(im1[...,2]).ravel(),bins=256,range=(0,256),color='b',alpha=
0.5)
plt.xlabel('pixel value',size=20)
plt.ylabel('frequency',size=20)
plt.yscale('log',base=10)
plt.show()
```

【代码说明】

1）第1~4行导入必要的库，使用PIL库打开一张图片。

2）第5行创建一个对比度增强器。

3）第6行使用增强器对图像进行对比度增强，增强系数为2。

4）第7~9行设置使用的绘图样式，创建绘图窗口，添加一个子图。

5）第10~11行显示增强后的图像，使用灰度色彩映射，关闭坐标轴显示。

6）第12~18行添加一个子图，绘制增强后的R、G、B三个通道直方图，设置透明度为0.5。

7）第19~22行设置 x 轴和 y 轴标签的字体大小为20，将 y 轴刻度设置为对数刻度，设置图像标题，字体大小为20，显示绘图窗口。

运行上述代码，输出结果如图4-10所示。可以看到，输入图像的对比度增强，色彩通道直方图向端点拉伸。

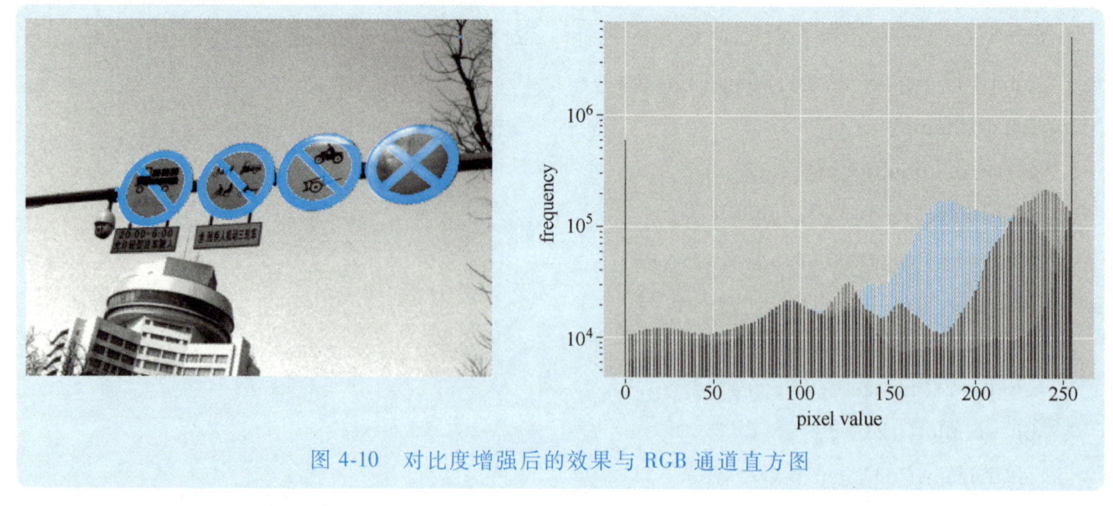

图 4-10　对比度增强后的效果与 RGB 通道直方图

4.3.3　直方图均衡化

直方图均衡化是指通过某种灰度映射，将原始图像的像素点均匀地分布在每一个灰度级上，其结果将产生一幅灰度级分布概率均衡的图像。直方图均衡化的中心思想是把原始图像的灰度直方图从比较集中的某个灰度区间，转变为全范围均匀分布的灰度区间，通过该处理，增加了像素灰度值的动态范围，从而达到增强图像整体对比度的效果，是空域增强中最常用、最简单有效的方法之一。

直方图均衡化算法步骤如下：

1）统计原图像的灰度级 S_k（$k=0,\ 1,\ \cdots,\ L-1$）。

2）统计原图像各灰度级的像素数 n_k。

3）根据原图像，计算灰度直方图：

$$P(S_k)=\frac{n_k}{n}\quad (k=0,1,\cdots,L-1) \tag{4-10}$$

式中，n 为总像素数；n_k 为灰度级为 S_k 的像素数。

4）计算原图像的累积直方图：

$$t_k = EH(S_k) = \sum_{i=0}^{k}\frac{n_i}{n} = \sum_{i=0}^{k}P(S_i)\quad (0 \leqslant S_k \leqslant 1, k = 0,1,\cdots,L - 1) \tag{4-11}$$

5）取整计算：

$$t_k=\text{int}\left[(L-1)t_k+\frac{k}{N}\right] \tag{4-12}$$

6）确定映射关系：

$$S_k\rightarrow U_k \tag{4-13}$$

7）统计新直方图各灰度级 t_k 的像素数目 n_k'。

8）计算新的直方图：

$$p(t_k)=\frac{n_k'}{n} \tag{4-14}$$

直方图均衡化的基本思想是将原始图像的直方图变换为均匀分布，实现直方图均衡化需要寻找一个灰度级变换函数 $T(S)$，使得

$$T_k = T(S_k) = \sum_{i=0}^{k} P_i(S_i) \quad 0 \leqslant S_k \leqslant 1, k = 0,1,2,\cdots,255 \tag{4-15}$$

【计算示例 4-1】　直方图均衡化计算。

直方图均衡化计算示例，假设有一幅图像，共有 64×64＝4096 个像素，8 个灰度级，原始图像各灰度级对应的概率分布见表 4-1，将其直方图均衡化，直方图均衡化计算步骤与结果见表 4-2。直方图均衡实例如图 4-11 所示。

表 4-1　原始图像各灰度级对应的概率分布

原始图像灰度级 S_k	0	1	2	3	4	5	6	7
原始图像各灰度级像素数 n_k	790	1023	850	656	329	245	122	81
概率 $P(S_k)$	0.19	0.25	0.21	0.16	0.08	0.06	0.03	0.02

表 4-2　直方图均衡化计算步骤与结果

序号	运算	步骤与结果							
1	列出原始图像灰度级 S_k	0	1	2	3	4	5	6	7
2	统计原始图像各灰度级像素 n_k	790	1023	850	656	329	245	122	81
3	计算原始直方图	0.19	0.25	0.21	0.16	0.08	0.06	0.03	0.02
4	计算累积直方图	0.19	0.44	0.65	0.81	0.89	0.95	0.98	1.00
5	新灰度值 $t_k=\text{int}[(L-1)t_k+0.5]$	1	3	5	6	6	7	7	7
6	确定映射对应关系 $S_k \rightarrow t_k$	0→1	1→3	2→5	3,4→6		5,6,7→7		
7	统计新图像各灰度级像素 n'_k	—	790	—	1023	—	850	985	448
8	计算新的直方图	—	0.19	—	0.25	—	0.21	0.24	0.11

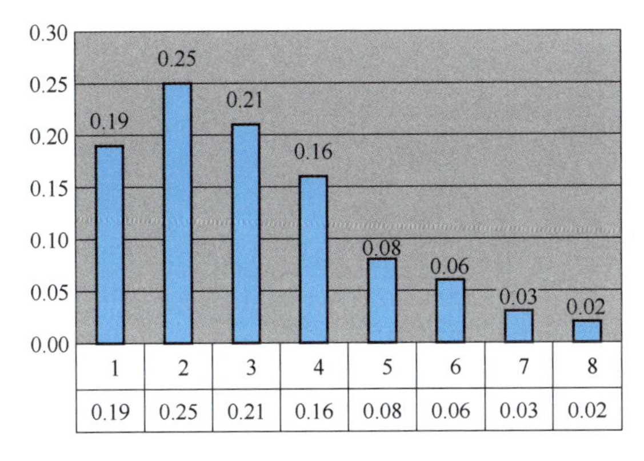

a)

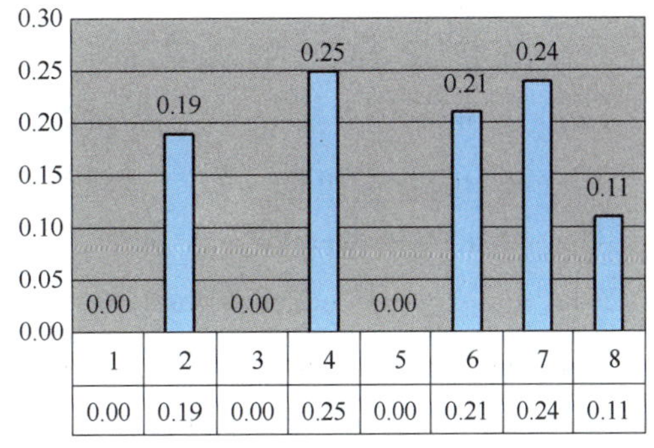

b)

图 4-11　直方图均衡实例

a）原始直方图　b）均衡后直方图

如下代码将实现使用不同的直方图处理技术，即基于 scikit-image 的对比度拉伸和直方图均衡化得到的图像增强进行比较。

【例 4-6】 基于 scikit-image 的对比度拉伸和直方图均衡化。代码如下：

```
import matplotlib
import matplotlib. pyplot as plt
import numpy as np
from skimage import data,img_as_float
from skimage import exposure,io
matplotlib. rcParams['font. size'] = 8
def plot_img_and_hist(image,axes,bins=256):
#Plot an image along with its histogram and cumulative histogram.
    image=img_as_float(image)
    ax_img,ax_hist=axes
    ax_cdf=ax_hist. twinx()
    ax_img. imshow(image,cmap=plt. cm. gray)
    ax_img. set_axis_off()
    ax_hist. hist(image. ravel(),bins=bins,histtype='step',color='black')
    ax_hist. ticklabel_format(axis='y',style='scientific',scilimits=(0,0))
    ax_hist. set_xlabel('Pixel intensity',size=15)
    ax_hist. set_xlim(0,1)
    ax_hist. set_yticks([])
    img_cdf,bins=exposure. cumulative_distribution(image,bins)
    ax_cdf. plot(bins,img_cdf,'r')
    ax_cdf. set_yticks([])
    return ax_img,ax_hist,ax_cdf
img=io. imread('D:/imaget/cameraman1. png')
p2,p98=np. percentile(img,(2,98))
img_rescale=exposure. rescale_intensity(img,in_range=(p2,p98))
img_eq=exposure. equalize_hist(img)
img_adapteq=exposure. equalize_adapthist(img,clip_limit=0. 03)
fig=plt. figure(figsize=(20,10))
axes=np. zeros((2,4),dtype=np. object)
axes[0,0]=fig. add_subplot(2,4,1)
for i in range(1,4):
```

```
32          axes[0,i]=fig.add_subplot(2,4,1+i,sharex=axes[0,0],sharey=axes[0,0])
33      for i in range(0,4):
34          axes[1,i]=fig.add_subplot(2,4,5+i)
35      ax_img,ax_hist,ax_cdf=plot_img_and_hist(img,axes[:,0])
36      ax_img.set_title('Low contrast image',size=20)
37      y_min,y_max=ax_hist.get_ylim()
38      ax_hist.set_ylabel('Number of pixels',size=20)
39      ax_hist.set_yticks(np.linspace(0,y_max,5))
40      ax_img,ax_hist,ax_cdf=plot_img_and_hist(img_rescale,axes[:,1])
41      ax_img.set_title('Contrast stretching',size=20)
42      ax_img,ax_hist,ax_cdf=plot_img_and_hist(img_eq,axes[:,2])
43      ax_img.set_title('Histogram equalization',size=20)
44      ax_img,ax_hist,ax_cdf=plot_img_and_hist(img_adapteq,axes[:,3])
45      ax_img.set_title('Adaptive equalization',size=20)
46      ax_cdf.set_ylabel('Fraction of total intensity',size=20)
47      ax_cdf.set_yticks(np.linspace(0,1,5))
48      fig.tight_layout()
49      plt.show()
```

【代码说明】

1）第 1~6 行导入库，设置字体大小。

2）第 7~22 行定义一个函数，用于显示图像及其直方图和累积直方图。

3）第 23 行将读取图像。

4）第 24~25 行对图像进行对比度拉伸。

5）第 26~27 行对图像进行直方图均衡，自适应直方图均衡。

6）第 28~30 行创建一个图像窗口，创建一个二维数组，用于存储各个子图对象。

7）第 31~34 行将子图对象存储在二维数组中。

8）第 35~49 行绘制原始图像及其直方图、对比度拉伸后的图像及其直方图、直方图均衡后的图像及其直方图、自适应直方图均衡后的图像及其直方图。

运行上述代码，输出结果如图 4-12 所示，低对比度原始图像、对比度拉伸、直方图均衡化和自适应均衡化及各自的像素分布情况。可以看到，自适应直方图均衡化后的图像的效果更好，因为前者使得输出图像的细节更加清晰。

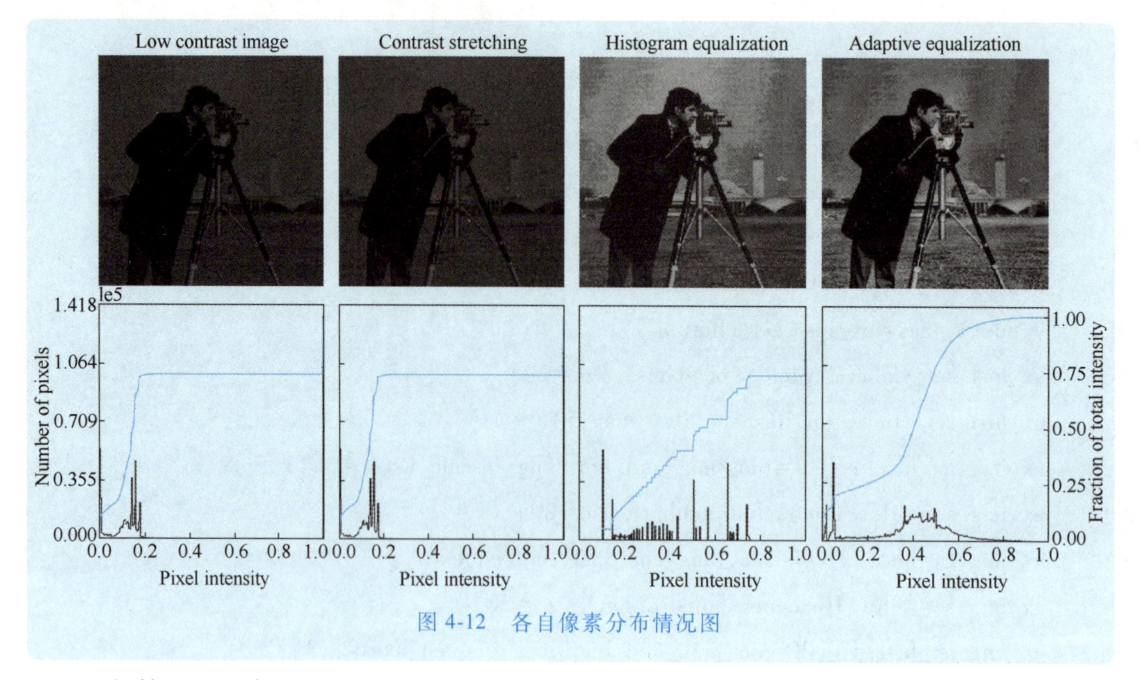

图 4-12　各自像素分布情况图

理想情况下，直方图均衡化实现了图像灰度的均衡分布，对提高图像对比度、提升图像亮度具有明显的作用。直方图均衡化虽然增强了图像的对比度，但是得到的是全局均衡化的直方图，不一定符合人的视觉特性，图像直方图均衡化对图像的增强效果不易控制。解决方法：直方图规定化。

4.3.4　直方图规定化

直方图规定化，或者称为直方图匹配，就是通过一个灰度映像函数，将原灰度直方图改造成所希望的直方图。数字图像直方图规定化的方法步骤如下：

1）对原直方图均衡化，即求其累积直方图 P_i：

$$P_i = \sum_{k=0}^{i} P_r(k) \quad i = 0,1,\cdots,L-1$$

2）对规定直方图均衡化，即求其累积直方图 P_j：

$$P_j = \sum_{l=0}^{j} P_z(l) \quad j = 0,1,\cdots,L-1$$

3）按 $P_i \to P_j$ 最靠近的原则进行 $i \to j$ 的变换。

4）求出 $i \to j$ 的变换函数，对原图像进行灰度变换 $j=T[i]$，其中 $P_r(i)$ 为原图像的直方图，$P_z(j)$ 为规定直方图，i 和 j 分别为原图像和期望直方图的灰度级，且具有相同的取值范围，即 i、j=0，1，…，L-1。

【计算示例 4-2】 直方图规定化计算。

对计算示例 4-1 所给的图像进行直方图规定化处理。给定的规定直方图见表 4-2。原始直方图见表 4-3。规定直方图见表 4-4。直方图修正运算步骤与结果见表 4-5。直方图规定化如图 4-13 所示。

表 4-3　原始直方图

图像灰度级 j	0	1	2	3	4	5	6	7
原始直方图	0. 19	0. 25	0. 21	0. 16	0. 08	0. 06	0. 03	0. 02

表 4-4　规定直方图

图像灰度级 j	0	1	2	3	4	5	6	7
规定直方图	0	0	0	0	0. 2	0. 3	0. 3	0. 2

表 4-5　直方图修正运算步骤与结果

序号	运算	步骤与结果							
1	列出图像灰度级 i,j	0	1	2	3	4	5	6	7
2	计算原始图像直方图 $P_r(i)$	0. 19	0. 25	0. 21	0. 16	0. 08	0. 06	0. 03	0. 02
3	列出规定直方图 $P_z(j)$	0	0	0	0	0. 2	0. 3	0. 3	0. 2
4	计算原始累积直方图 P_i	0. 19	0. 44	0. 65	0. 81	0. 89	0. 95	0. 98	1. 00
5	计算规定累积直方图 P_j	0	0	0	0	0. 20	0. 50	0. 80	1. 00
6	按照 $P_j \to P_i$ 找到 i 对应的 j	4	5	6	6	7	7	7	7
7	确定变换关系 $i \to j$	0→4	1→5	2,3→6		4,5,6,7→7			
8	求变换后的匹配的直方图 $P(j)$	0	0	0	0	0. 19	0. 25	0. 37	0. 19

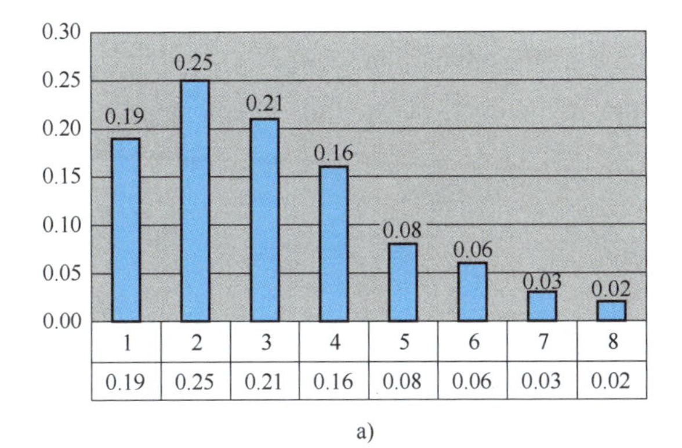

a)

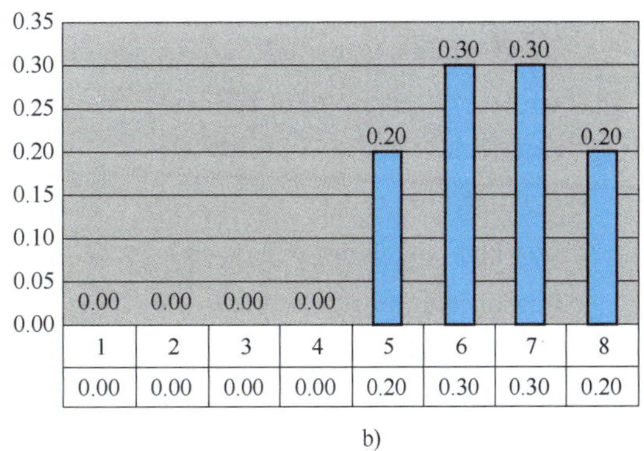

b)

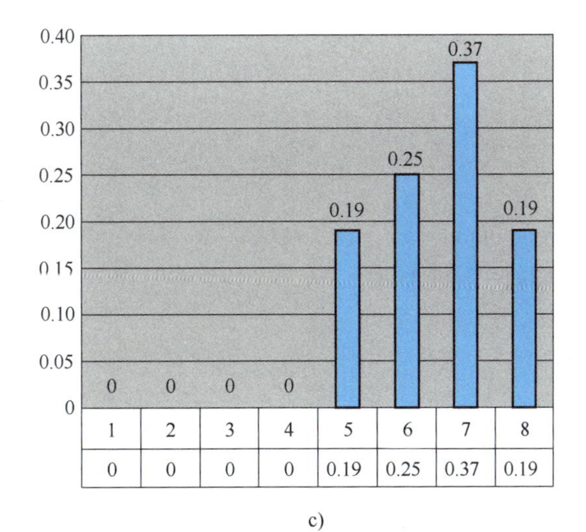

c)

图 4-13　直方图规定化

a）原始直方图　b）规定直方图　c）变换后的匹配直方图

【例 4-7】 如下 Python 程序实现直方图匹配。

```
import numpy as np
import matplotlib.pyplot as plt
from skimage.color import rgb2gray
from skimage.io import imread
def cdf(im):
    histogram,_=np.histogram(im.flatten(),bins=256,range=[0,256])
    cdf=histogram.cumsum()
    cdf_normalized=cdf/cdf[-1]
    return cdf_normalized
def hist_matching(c,c_t,im):
    pixels=np.arange(256)
    new_pixels=np.interp(c,c_t,pixels)
    im=np.reshape(new_pixels[im.ravel()],im.shape).astype(np.uint8)
    return im
im=(rgb2gray(imread('D:/imaget/car.jpg'))* 255).astype(np.uint8)
im_t=(rgb2gray(imread('D:/imaget/leaves.png'))* 255).astype(np.uint8)
c=cdf(im)
c_t=cdf(im_t)
im=hist_matching(c,c_t,im)
fig=plt.figure(figsize=(20,12))
plt.subplot(2,3,1)
plt.imshow(im,cmap='gray')
plt.title('Input Image')
plt.subplot(2,3,2)
plt.imshow(im_t,cmap='gray')
plt.title('Template Image')
plt.subplot(2,3,3)
p=np.arange(256)
plt.plot(p,c,'r.-',label='input')
plt.plot(p,c_t,'b.-',label='template')
plt.legend(prop={'size': 15})
plt.title('CDF',size=20)
c1=cdf(im)
plt.subplot(2,3,4)
plt.imshow(im,cmap='gray')
plt.title('Output Image with Hist. Matching')
plt.subplot(2,3,5)
```

```
38 plt.plot(np.arange(256),c,'r.-',label='input')
39 plt.plot(np.arange(256),c_t,'b.-',label='template')
40 plt.plot(np.arange(256),c1,'g.-',label='output')
41 plt.legend(prop={'size':15})
42 plt.title('CDF',size=20)
43 plt.tight_layout()
44 plt.show()
```

【代码说明】

1）第1~4行导入库。

2）第5~9行定义函数cdf，用于计算输入图像的累积分布函数（CDF）。首先使用np.histogram计算图像的直方图，然后使用cumsum方法计算累积和，最后进行归一化处理。

3）第10~14行定义函数hist_matching，用于进行直方图匹配。根据输入图像和模板图像的CDF，使用np.interp函数找到最接近的像素匹配，并将新像素值映射到输入图像上。

4）第15~16行读取输入图像和模板图像，并使用rgb2gray将它们转换为灰度图像。注意，需要将图像的路径修改为适合自己的文件路径。

5）第17~18行计算输入图像和模板图像的CDF。

6）第19~44行创建一个图形窗口，创建一个子图，并显示输入图像、模板图像、输入图像和模板图像的CDF曲线、经过直方图匹配后的输出图像，绘制输入图像、模板图像和输出图像的CDF曲线，使用灰度色彩映射，显示图像。

直方图匹配与增强效果图如图4-14所示。

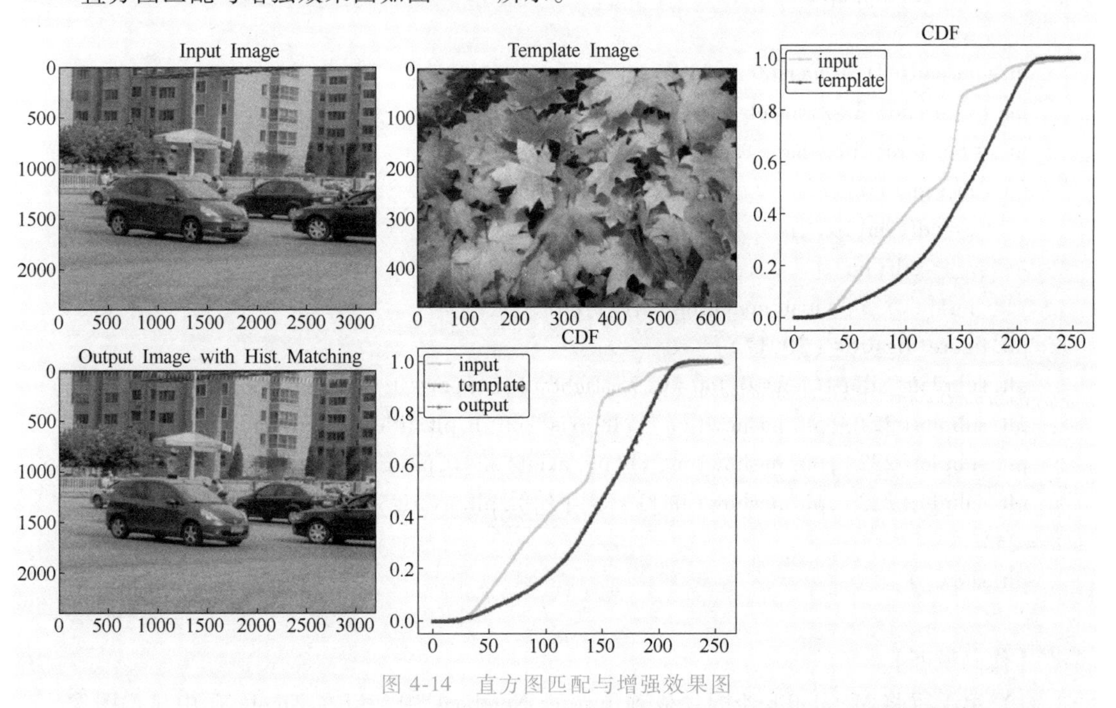

图4-14　直方图匹配与增强效果图

【例 4-8】 RGB 颜色通道直方图匹配算法代码。

```
%matplotlib inline
from skimage.exposure import cumulative_distribution
from skimage.io import imread
from skimage.color import rgb2gray
import matplotlib.pylab as plt
import numpy as np
def hist_matching(c,c_t,im):
    b=np.interp(c,c_t,np.arange(256))
    pix_repl={i:b[i] for i in range(256)}
    mp=np.arange(0,256)
    for (k,v)in pix_repl.items():
        mp[k]=v
    s=im.shape
    im=np.reshape(mp[im.ravel()],im.shape)
    im=np.reshape(im,s)
    return im
def cdf(im):
    c,b=cumulative_distribution(im)
    for i in range(b[0]):
        c=np.insert(c,0,0)
    for i in range(b[-1]+1,256):
        c=np.append(c,1)
    return c
im=imread('D:/imaget/car.jpg').astype(np.uint8)
im_t=imread('D:/imaget/leaves.png')
im1=np.zeros(im.shape).astype(np.uint8)
for i in range(3):
    c=cdf(im[...,i])
    c_t=cdf(im_t[...,i])
    im1[...,i]=hist_matching(c,c_t,im[...,i])
plt.figure(figsize=(20,17))
plt.subplots_adjust(left=0,top=0.95,right=1,bottom=0,wspace=0.05,hspace=0.05)
plt.subplot(221),plt.imshow(im),plt.axis('off'),plt.title('Input Image',size=25)
plt.subplot(222),plt.imshow(im_t),plt.axis('off'),plt.title('Template Image',size=25)
plt.subplot(223),plt.imshow(im1[...,:3]),plt.axis('off'),plt.title('Output Image',
size=25)
plt.show()
```

【代码说明】

1）第 1 行将 Matplotlib 绘图集成到 Jupyter Notebook 中，以在 Notebook 中显示图像。

2）第 2~6 行导入模块。

3）第 7 行定义函数 hist_matching，直方图匹配算法，即该函数接收原始图像和模板图像的 cdf 值以及原始图像本身作为参数。

4）第 8 行将 c 映射到 c_t 对应的灰度级上，即在输入图像的 cdf 中查找与模板图像的 cdf 最接近的匹配像素，将其作为映射像素。

5）第 9 行创建一个字典 pix_ repl，用字典 pix_ repl 存储每个像素值的替代值。

6）第 10 行定义灰度级映射函数 mp，将每个像素值在输入图像中替换为其在输出图像中的相应值，创建输出图像。

7）第 11~12 行将替代值赋给 mp 中相应的灰度级。

8）第 13 行将 mp 映射到输入图像上，返回匹配后的图像。

9）第 14~16 行将图像数组展开，然后用字典替换像素，最后重新形成图像数组。

10）第 17~18 行定义函数 cdf，接收输入图像并返回其累积分布函数，计算图像的 cdf 值。

11）第 19~23 行将累积分布函数前面和后面的概率值设为 0 和 1，以便在后续计算中使用。

12）第 24~25 行使用 imread 函数读取输入图像和模板图像，astype 方法将它们转换为无符号 8 位整数。

13）第 26 行初始化输出图像，其形状与输入图像相同。

14）第 27~30 行对于每个通道，计算输入图像和模板图像的 CDF，使用 hist_ matching 函数将输入图像的直方图匹配到模板图像的直方图，创建输出图像。

15）第 31~37 行使用 subplot 函数创建 2×2 的子图网格，显示输入图像、模板图像和输出图像。

RGB 颜色通道直方图匹配效果图如图 4-15 所示。

图 4-15　RGB 颜色通道直方图匹配效果图

4.4 图像平滑

图像平滑的目的是消除噪声。图像平滑空间域常用的方法有邻域平均值法、中值滤波法等。因为噪声频率多在高频段，图像平滑频率域常用频域低通滤波法。

4.4.1 邻域平均法

邻域平均法：假设相邻的像素点之间具有相关性，这个像素点的值可以用相邻像素点值的平均值来代替，以实现图像滤波。其数学表达式为

$$g(i,j)=\sum f(i,j)/N,(i,j)\in M \tag{4-16}$$

邻域平均法就是对含噪声的原始图像 $f(x,y)$ 的每个像素点取一个邻域 S，构成一个滤波模板，计算 S 中所有像素灰度级的平均值，作为邻域平均处理后的图像 $g(x,y)$ 的像素值。即

$$g(x,y)=\frac{1}{M}\sum_{(i,j)\in S}f(i,j) \tag{4-17}$$

式中，S 是预先确定的邻域；M 为邻域 S 中像素的个数。

邻域平均法是一种线性滤波方法，通过对图像中的每个像素及其邻域像素进行平均来减小噪声和细节。对于图像中的每个像素，将其邻域内的像素值进行平均计算，并将结果作为平滑后的像素值。邻域的大小由一个称为内核（kernel）或窗口的矩阵定义。内核可以是不同大小和形状的矩形、圆形或其他形状。通常，内核的大小是一个奇数，以便确保有一个中心像素。平均滤波器可以有效地平滑噪声，但同时也会导致图像细节的模糊。

【例 4-9】 邻域平均滤波代码。

```
1  import cv2
2  import numpy as np
3  import matplotlib.pyplot as plt
4  def saltPepper(image,salt,pepper):
5      height=image.shape[0]
6      width=image.shape[1]
7      pertotal=salt+pepper
8      noiseImage=image.copy()
9      noiseNum=int(pertotal * height * width)
10     for i in range(noiseNum):
11         rows=np.random.randint(0,height-1)
12         cols=np.random.randint(0,width-1)
13         if (np.random.randint(0,100)< salt * 100):
14             noiseImage[rows,cols]=255
15         else:
16             noiseImage[rows,cols]=0
```

```
17        return noiseImage
18    def matplotlib_multi_pic1(images):
19        plt.figure(figsize=(15,12))
20        for i in range(len(images)):
21            img=images[i]
22            title ="("+str(i+1)+")"
23            plt.subplot(2,3,i+1)
24            plt.imshow(img,cmap="gray")
25            plt.title(title,fontsize=10)
26            plt.xticks([])
27            plt.yticks([])
28        plt.show()
29    if __name__ =="__main__":
30        image=cv2.imread("D:\imaget\sign2.jpg",cv2.IMREAD_GRAYSCALE)
31        imageNoise=saltPepper(image,0.1,0.1)
32        imageAver3=cv2.blur(imageNoise,(3,3))
33        imageAver5=cv2.blur(imageNoise,(5,5))
34        imageAver7=cv2.blur(imageNoise,(7,7))
35        imageAver9=cv2.blur(imageNoise,(9,9))
36        images=[image,imageNoise,imageAver3,imageAver5,imageAver7,imageAver9]
37        matplotlib_multi_pic1(images)
```

【代码说明】

1）第1~3行导入所需的库，包括OpenCV用于图像处理、Numpy用于数组操作，以及Matplotlib的pyplot模块用于图像显示。

2）第4~17行是一个用于生成椒盐噪声的函数。它接收输入图像、盐噪声比例（salt）和胡椒噪声比例（pepper）作为参数。函数首先获取图像的高度和宽度，然后计算噪声像素的总数。接下来，它在图像上随机选择噪声像素位置，并根据盐噪声和胡椒噪声的比例，将这些像素设置为白色（255）或黑色（0）。最后，函数返回添加了椒盐噪声的图像。

3）第18~28行是一个用于显示多个图像的函数。它接收一个图像列表作为输入。函数使用plt.figure(figsize=(15,12))来设置整个图像的大小为15in宽和12in高。然后，使用循环遍历图像列表，并使用plt.subplot创建子图，其中2表示行数，3表示列数，$i+1$表示子图的索引。接下来，使用plt.imshow显示图像，使用cmap="gray"将图像以灰度颜色映射显示。然后，使用plt.title设置子图的标题，使用plt.xticks([])和plt.yticks([])隐藏坐标轴。最后，使用plt.show()显示图像。

4）第29~37行首先使用cv2.imread读取图像文件并以灰度格式加载图像。然后，使用saltPepper函数将椒盐噪声添加到图像中，返回添加噪声后的图像。接下来，使用cv2.blur

函数对添加噪声的图像进行平滑处理，分别使用（3，3）、（5，5）、（7，7）和（9，9）的内核大小进行平均滤波。最后，将原始图像、添加噪声后的图像和平滑后的图像存储在一个图像列表中，然后调用 matplotlib_multi_pic1 函数显示这些图像。平均滤波效果图如图 4-16 所示。

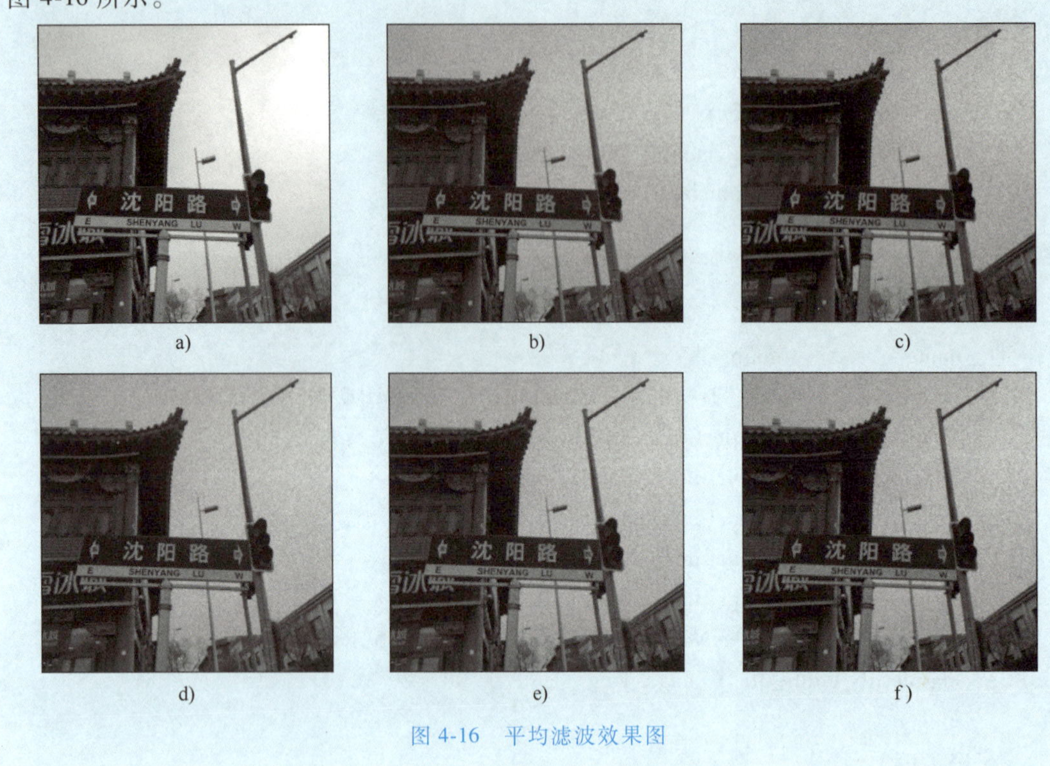

图 4-16 平均滤波效果图

图 4-16 所示为用邻域平均法所产生的平滑效果，图 4-16a 所示是原始图像，图 4-16b 所示是添加噪声后的图片。图 4-16c~f 所示是采用邻域平均法进行平滑处理的图，其中图 4-16c 中进行邻域平均时的邻域半径为 3，图 4-16d 中进行邻域平均时的邻域半径为 5，图 4-16e 中进行邻域平均时的邻域半径为 7，图 4-16f 中进行邻域平均时的邻域半径为 9。由图 4-16 可以看出，图像平滑的直观效果是图像的噪声得以消除或衰减，但同时图像变得比处理前模糊了，特别是图像边缘和细节部分，并且所选的邻域半径越大，平滑作用越强，图像就越模糊。

在实际处理过程中，选择合适的阈值是非常重要的。若阈值选得太大，则会减弱噪声的去除效果；若阈值太小，则会增强图像平滑后的模糊效应。选择阈值需要根据图像的特点做具体分析，如果事先知道一些噪声的灰度级范围等先验知识，将有助于阈值的选择。

4.4.2 中值滤波法

中值滤波是一种非线性处理技术，目的是保护图像边缘的同时去除噪声。

中值滤波法是以需要平滑的像素点为中心，对其周围各方向邻域窗口内的像素点和中心像素点进行灰度值排序，选取中间值代替该点的灰度值，重复上述操作对图像中的其余像素点进行中值滤波处理，从而抑制孤立噪声点，最终达到平滑的效果，其定义公式如下：

$$f(i,j)=\text{median}\{s_{f(i,j)}\} \tag{4-18}$$

中值滤波算法的处理步骤如下。

1）选取实验所需的中值滤波模板。

2）对模板图像邻域内的所有像素点进行从小到大排序。

3）根据式（4-18）得到模板内像素的中间值，用中值替换中心点的灰度值。

实际上，在进行中值平滑时，根据需要应挑选适宜形状及尺寸的滑动模板。

在实际使用窗口时，窗口的尺寸一般先取 3 再取 5，依次增大直到滤波效果满意为止。对于有较长轮廓线物体的图像，采用方形或圆形窗口较合适；对于包含尖角物体的图像采用十字形窗口较合适。使用二维中值滤波要保持图像中有效的细线状物体，如果图像中点、线和尖角细节较多，则不宜采用中值滤波。

【例 4-10】 中值滤波代码。

```
1  import cv2
2  import numpy as np
3  import matplotlib. pyplot as plt
4  def AddSaltPepperNoise( image,probability):
5      noisy_image=image. copy()
6      height,width=noisy_image. shape[ :2]
7      num_noise_pixels=int(probability * height * width)
8      for _ in range(num_noise_pixels):
9          x=np. random. randint(0,width)
10         y=np. random. randint(0,height)
11         noisy_image[y,x]=0 if np. random. rand()< 0. 5 else 255
12     return noisy_image
13 def MedianFilter(image,k=3):
14     smoothed_image=cv2. medianBlur(image,k)
15     return smoothed_image
16 image_path ="D:\imaget\car. jpg"
17 image=cv2. imread(image_path,cv2. IMREAD_GRAYSCALE)
18 noisy_image=AddSaltPepperNoise(image,probability=0. 3)
19 smoothed_image=MedianFilter(noisy_image,k=3)
20 plt. figure(figsize=(15,13))
21 plt. subplot(1,2,1)
22 plt. imshow(noisy_image,cmap='gray')
23 plt. title('Noisy Image')
24 plt. xticks([])
25 plt. yticks([])
26 plt. subplot(1,2,2)
27 plt. imshow(smoothed_image,cmap='gray')
```

```
28 plt.title('Smoothed Image (Median Filter)')
29 plt.xticks([])
30 plt.yticks([])
31 plt.show()
```

【代码说明】

1）第1~3行导入所需的库。

2）第4~12行定义函数AddSaltPepperNoise，用于向图像添加椒盐噪声。函数接受两个参数：image为输入图像，probability为噪声概率。函数首先创建一个与输入图像相同大小的副本。然后根据概率计算噪声像素点的数量。接下来，在副本图像上随机选择像素位置，并根据随机数生成器决定是添加胡椒噪声（值为0）还是盐噪声（值为255）。

3）第13~15行定义函数MedianFilter，用于对图像进行中值滤波平滑。函数接受两个参数：image为输入图像，k为滤波器大小（默认为3）。函数使用OpenCV的cv2.medianBlur函数对输入图像进行中值滤波，将平滑后的图像作为结果返回。

4）第16~18行读取文件，将椒盐噪声添加到输入图像中，设置噪声概率为0.3。

5）第19行对带有椒盐噪声的图像进行中值滤波平滑，设置滤波器大小为3。

6）第20~31行显示图像。

中值滤波效果图如图4-17所示。

图4-17　中值滤波效果图

4.4.3　频域低通滤波法

频域低通滤波法：频域低通滤波用于将频域中高频成分从信号中滤除，只保留低频成分。这种滤波方法通过对信号进行傅里叶变换，将信号从时域转换到频域，然后在频域中对信号进行滤波操作，最后再通过傅里叶逆变换将信号从频域恢复到时域。

图像的边缘以及噪声干扰在图像的频域上对应于图像傅里叶变换中的高频部分，而图像的背景区则对应于低频部分，因此可以用频域低通滤波法去除图像的高频部分，以去掉噪声使图像平滑。

低通滤波法的一般形式可以写为

$$G(u,v)=H(u,v)F(u,v) \tag{4-19}$$

式中，$F(u,v)$ 是含噪图像的傅里叶变换；$G(u,v)$ 是平滑后图像的傅里叶变换；$H(u,v)$ 是传递函数。

利用 $H(u,v)$ 使 $F(u,v)$ 的高频分量得到衰减，得到 $G(u,v)$ 后再经过傅里叶逆变换就可以得到所希望的图像 $g(x,y)$。低通滤波法的系统框图如图 4-18 所示。

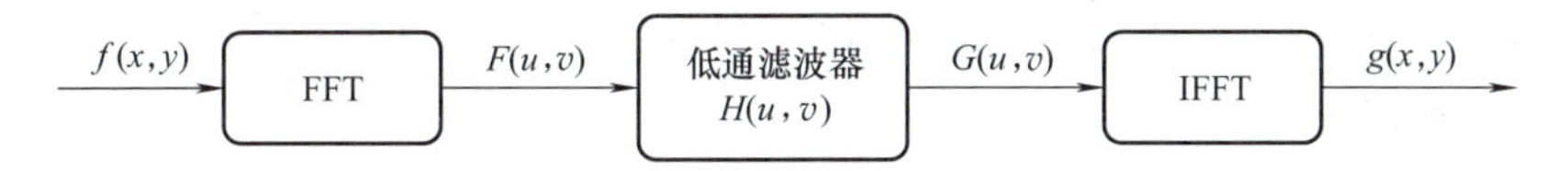

图 4-18 低通滤波法的系统框图

选择不同的 $H(u,v)$ 可产生不同的平滑效果，常用的四种传递函数，分述如下。

(1) 理想低通滤波器（ILPF） 一个理想的低通滤波器的传递函数由下式表示：

$$H(u,v)=\begin{cases}1 & D(u,v)\leqslant D_0\\0 & D(u,v)>D_0\end{cases} \tag{4-20}$$

式中，D_0 是一个事先设定的非负量，称为理想低通滤波器的截止频率；$D(u,v)$ 代表从频率平面的原点到 (u,v) 点的距离。

理想低通滤波器在消除噪声的同时会导致图像变模糊，且截止频率 D_0 越低，滤除噪声越彻底，高频分量损失就越严重，图像就越模糊。

(2) 巴特沃思低通滤波器（BLPF） 一个 n 阶巴特沃思低通滤波器的传递系数为

$$H(u,v)=\frac{1}{1+\left[\frac{D(u,v)}{D_0}\right]^{2n}} \tag{4-21}$$

巴特沃思低通滤波器又称作最大平坦滤波器。巴特沃思低通滤波器传递函数特性曲线 $H(u,v)$ 尾部保留有较多的高频，因此对噪声的平滑效果不如理想低通滤波器。一般情况下，常将 $H(u,v)$ 下降到最大值的某一分数值的那一点，定义为截止频率。

(3) 指数低通滤波器（ELPF） 指数低通滤波器的传递函数 $H(u,v)$ 表示为

$$H(u,v)=\mathrm{e}^{-\left[\frac{D(u,v)}{D_0}\right]^n} \tag{4-22}$$

由于指数低通滤波器具有比较平滑的过渡带，因此平滑后的图像“振铃”现象也不明显。指数低通滤波器与巴特沃思低通滤波器相比，它具有更快的衰减特性，所以经指数低通滤波器滤波的图像比巴特沃思低通滤波器处理的图像稍微模糊一些。

(4) 梯形低通滤波器（TLPF） 梯形低通滤波器的传递函数介于理想低通滤波器和具有平滑过渡带的低通滤波器之间。它的传递函数为

$$H(u,v)=\begin{cases}0 & D(u,v)<D_0\\ \dfrac{1}{D_1-D_0}[D(u,v)-D_0] & D_0\leqslant D(u,v)\leqslant D_1\\ 1 & D(u,v)>D_1\end{cases} \tag{4-23}$$

在规定 D_0 和 D_1 时，要满足 $D_0<D_1$ 的条件。一般为了方便起见，把 $H(u,v)$ 的第一个转折点 D_0 定义为截止频率，第二个变量 D_1 可以任意选取，只要满足 $D_0<D_1$ 的条件就可以了。

【例 4-11】 频域低通滤波法平滑代码。

```
import cv2
import numpy as np
import matplotlib.pyplot as plt
def LowPassFilter(image,cutoff_freq,filter_type='ideal',order=1):
    gray_image=cv2.cvtColor(image,cv2.COLOR_BGR2GRAY)
    f=np.fft.fft2(gray_image)
    fshift=np.fft.fftshift(f)
    rows,cols=gray_image.shape
    crow,ccol=int(rows/2),int(cols/2)
    if filter_type =='ideal':
        mask=np.zeros((rows,cols),np.uint8)
        mask[crow-cutoff_freq:crow+cutoff_freq,ccol-cutoff_freq:ccol+cutoff_freq]=1
    elif filter_type =='butterworth':
        mask=np.zeros((rows,cols),np.float32)
        for i in range(rows):
            for j in range(cols):
                dist=np.sqrt((i-crow)**2+(j-ccol)**2)
                mask[i,j]=1/(1+(dist/cutoff_freq)**(2*order))
    else:
        raise ValueError("Invalid filter type. Choose 'ideal' or 'butterworth'.")
    fshift_filtered=fshift * mask
    f_ishift=np.fft.ifftshift(fshift_filtered)
    img_back=np.fft.ifft2(f_ishift)
    img_back=np.abs(img_back)
    return img_back
image_path ="D:\imaget\car.jpg"
image=cv2.imread(image_path)
gray_image=cv2.cvtColor(image,cv2.COLOR_BGR2GRAY)
cutoff_freq=30
ideal_filtered=LowPassFilter(image,cutoff_freq,filter_type='ideal')
butterworth_filtered=LowPassFilter(image,cutoff_freq,filter_type='butterworth',order=1)
plt.figure(figsize=(15,5))
plt.subplot(1,3,1)
plt.imshow(gray_image,cmap='gray')
plt.title('Original Gray Image')
plt.xticks([])
plt.yticks([])
```

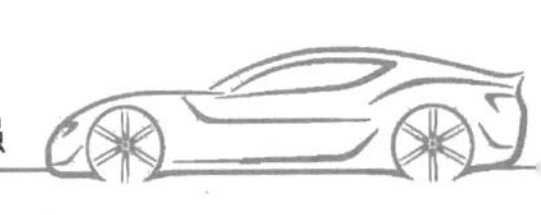

```
38  plt.subplot(1,3,2)
39  plt.imshow(ideal_filtered,cmap='gray')
40  plt.title('Ideal Low Pass Filter')
41  plt.xticks([])
42  plt.yticks([])
43  plt.subplot(1,3,3)
44  plt.imshow(butterworth_filtered,cmap='gray')
45  plt.title('Butterworth Low Pass Filter (Order=1)')
46  plt.xticks([])
47  plt.yticks([])
48  plt.show()
```

【代码说明】

1）第1~3行导入所需的库：cv2用于图像处理，numpy用于数值计算，matplotlib用于绘图。

2）第4~9行定义频域低通滤波函数LowPassFilter、接收图像、截止频率、滤波器类型和阶数等参数。将彩色图像转换为灰度图像，以便进行频域处理。对灰度图像进行傅里叶变换，将图像转换到频域。获取灰度图像的高度和宽度，用于构造频域滤波器。

3）第10~21行根据滤波器类型和截止频率，构造相应的频域滤波器，如理想低通滤波器或巴特沃思低通滤波器。应用滤波器，将滤波器应用于频域图像。

4）第22~26行对滤波后的频域结果进行逆变换，将图像转换回空域。取逆变换结果的绝对值，得到平滑后的图像。

5）第27~31行读取图像文件的路径。读取图像文件。将彩色图像转换为灰度图像。设置截止频率。使用理想低通滤波器对图像进行平滑处理，得到平滑后的图像。使用阶数为1的巴特沃思低通滤波器对图像进行平滑处理，得到平滑后的图像。

6）第32~48行创建一个图形窗口，并设置窗口大小。分别显示原始灰度图像、理想低通滤波器平滑后的图像和使用阶数为1的巴特沃思低通滤波器平滑后的图像。

频域低通滤波法平滑图如图4-19所示。

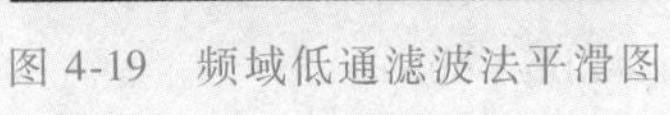
图4-19　频域低通滤波法平滑图

图4-19中的图像分别为原始图像、用理想低通滤波器和用阶数为1的巴特沃思低通滤波器进行平滑处理所得到的结果，比较发现，理想低通滤波器的结果中有较明显的振铃现

象，而巴特沃思低通滤波器的滤波效果较好。四种低通滤波器的比较见表 4-6。

表 4-6　四种低通滤波器的比较

类别	振铃程度	图像模糊程度	噪声平滑效果
理想低通滤波器	严重	严重	最好
梯形低通滤波器	较轻	轻	好
指数低通滤波器	无	较轻	一般
巴特沃思低通滤波器	无	很轻	一般

4.5 图像锐化

图像的锐化处理主要用于增强图像中的轮廓边缘、细节以及灰度跳变部分，形成完整的物体边界，达到将物体从图像中分离出来或将表示同一物体表面的区域检测出来的目的。与图像的平滑处理一样，图像的锐化也有空间域和频率域两种处理方法。这些算子通过计算像素周围区域的灰度值差异来表示图像的梯度。梯度的较大值通常对应着图像中的边缘或细节。

4.5.1 微分法

图像模糊的实质就是图像受到平均或积分运算，因此，空域的图像锐化，可以用它的反运算即“微分”来实现。图像的轮廓发生在灰度值有跳变的地方，即图像的轮廓出现在一阶微分的极值点处。或者在二阶微分的过 0 点处。若要突出图像的轮廓，可以获得图像的一阶微分或二阶微分，在原图像上进行强化，使得图像轮廓更加清晰。

【例 4-12】 微分法锐化代码。

```
import cv2
import numpy as np
import matplotlib.pyplot as plt
def ImageSharpening(image):
    sobelx=cv2.Sobel(image,cv2.CV_64F,1,0,ksize=3)
    sobely=cv2.Sobel(image,cv2.CV_64F,0,1,ksize=3)
    gradient_magnitude=np.sqrt(sobelx ** 2+sobely ** 2)
    sharpened_image=image-gradient_magnitude
    sharpened_image=np.clip(sharpened_image,0,255)
    return sharpened_image.astype(np.uint8)
image_path ="D:\imaget\sign3.jpg"
image=cv2.imread(image_path,cv2.IMREAD_GRAYSCALE)
sharpened_image=ImageSharpening(image)
plt.figure(figsize=(10,5))
plt.subplot(1,2,1)
```

```
plt.imshow(image,cmap='gray')
plt.title('Original Image')
plt.xticks([])
plt.yticks([])
plt.subplot(1,2,2)
plt.imshow(sharpened_image,cmap='gray')
plt.title('Sharpened Image')
plt.xticks([])
plt.yticks([])
plt.show()
```

【代码说明】

1）第 1~3 行导入所需的库。

2）第 4 行定义图像锐化函数。

3）第 5~6 行使用 Sobel 算子计算图像的水平和垂直梯度。

4）第 7~10 行计算梯度幅值，进行图像锐化，将梯度幅值从原始图像中减去，将锐化后的图像像素值限制在 0~255 之间，将数据类型转换为 uint8。

5）第 11~13 行读取图像并转换为灰度图像，对图像进行锐化处理。

6）第 14~25 行显示原始图像并显示锐化后的图像。

微分法锐化图如图 4-20 所示。

Original Image

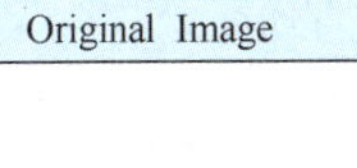

Sharpened Image

图 4-20 微分法锐化图

4.5.2 高通滤波法

图像中的边缘或线条与图像频谱中的高频分量相对应，因此采用高通滤波器让高频分量顺利通过而抑制低频分量，可以使图像的边缘或线条变得更清楚，从而实现图像的锐化。高通滤波同样可用空域和频域两种方法来实现。

1. 空域高通滤波

高通滤波在空间域是用卷积方法实现的，建立在离散卷积基础上的空间域高通滤波关系式为

$$g(x,y)=\sum_{m}\sum_{n}f(m,n)H(x-m+1,y-n+1) \tag{4-24}$$

式中，$g(x,y)$ 为锐化输出；$f(m,n)$ 为输入图像；$H(x-m+1,\ y-n+1)$ 为系统单位冲激响应阵列。

下面列出了几种常用的高通卷积模板：

$$\boldsymbol{H}_1=\begin{pmatrix}0 & -1 & 0\\ -1 & 5 & -1\\ 0 & -1 & 0\end{pmatrix}\quad \boldsymbol{H}_2=\begin{pmatrix}-1 & -1 & -1\\ -1 & 9 & -1\\ -1 & -1 & -1\end{pmatrix}\quad \boldsymbol{H}_3=\begin{pmatrix}1 & -2 & 1\\ -2 & 5 & -2\\ 1 & -2 & 1\end{pmatrix}$$

$$\boldsymbol{H}_4=\frac{1}{7}\begin{pmatrix}-1 & -2 & -1\\ -2 & 19 & -2\\ -1 & -2 & -1\end{pmatrix}\quad \boldsymbol{H}_5=\frac{1}{2}\begin{pmatrix}-2 & 1 & -2\\ 1 & 6 & 1\\ -2 & 1 & -2\end{pmatrix}$$

2. 频域高通滤波

频域高通滤波的方法形式上与频域低通滤波的方法类似，几种常用高通滤波器的传递函数见表 4-7。

表 4-7　几种常用高通滤波器的传递函数

滤波器名称	传递函数 $H(u,v)$
理想滤波器(IHPF)	$H(u,v)=\begin{cases}1 & D(u,v)\leqslant D_0\\ 0 & D(u,v)>D_0\end{cases}$
巴特沃思滤波器(BHPF)	$H(u,v)=\dfrac{1}{1+\left[\dfrac{D_0}{D(u,v)}\right]^{2n}}$
指数滤波器(EHPF)	$H(u,v)=\mathrm{e}^{-\left[\frac{D_0}{D(u,v)}\right]^{n}}$
梯形滤波器(THPF)	$H(u,v)=\begin{cases}0 & D(u,v)<D_0\\ \dfrac{1}{D_1-D_0}[D(u,v)-D_0] & D_0\leqslant D(u,v)\leqslant D_1\\ 1 & D(u,v)>D_1\end{cases}$

【例 4-13】　频域高通滤波法锐化代码。

```
1  import cv2
2  import numpy as np
3  import matplotlib.pyplot as plt
4  def HighPassFilter(image,cutoff_freq,filter_type='butterworth',order=1):
5      gray_image=cv2.cvtColor(image,cv2.COLOR_BGR2GRAY)
6      f=np.fft.fft2(gray_image)
7      fshift=np.fft.fftshift(f)
8      rows,cols=gray_image.shape
9      crow,ccol=int(rows/2),int(cols/2)
10     if filter_type =='butterworth':
```

```
11            mask=np.ones((rows,cols),np.float32)
12            for i in range(rows):
13                for j in range(cols):
14                    dist=np.sqrt((i-crow)**2+(j-ccol)**2)
15                    mask[i,j]=1/(1+(cutoff_freq/dist)**(2*order))
16        elif filter_type=='trapezoidal':
17            mask=np.zeros((rows,cols),np.float32)
18            mask[crow-cutoff_freq:crow+cutoff_freq,ccol-cutoff_freq:ccol+cutoff_freq]=1
19        else:
20            raise ValueError("Invalid filter type. Choose 'butterworth' or 'trapezoidal'.")
21        fshift_filtered=fshift * mask
22        f_ishift=np.fft.ifftshift(fshift_filtered)
23        img_back=np.fft.ifft2(f_ishift)
24        img_back=np.abs(img_back)
25        return img_back
26    image_path ="D:\imaget\car2.jpg"
27    image=cv2.imread(image_path)
28    cutoff_freq=30
29    order=1
30    gray_image=cv2.cvtColor(image,cv2.COLOR_BGR2GRAY)
31    butterworth_filtered=HighPassFilter(image,cutoff_freq,filter_type='butterworth',order=or-
32 der)
33    trapezoidal_filtered=HighPassFilter(image,cutoff_freq,filter_type='trapezoidal')
34    plt.figure(figsize=(15,5))
35    plt.subplot(1,3,1)
36    plt.imshow(gray_image,cmap='gray')
37    plt.title('Original Gray Image')
38    plt.xticks([])
39    plt.yticks([])
40    plt.subplot(1,3,2)
41    plt.imshow(butterworth_filtered,cmap='gray')
42    plt.title('Butterworth High Pass Filter (Order=1)')
43    plt.xticks([])
44    plt.yticks([])
45    plt.subplot(1,3,3)
46    plt.imshow(trapezoidal_filtered,cmap='gray')
47    plt.title('Trapezoidal High Pass Filter')
48    plt.xticks([])
```

```
49    plt.yticks([])
50    plt.show()
```

【代码说明】

1）第1~3行导入所需的库。

2）第4行定义高通滤波器。

3）第5行将图像转换为灰度图。

4）第6~9行进行傅里叶变换。

5）第10~21行根据滤波器类型和参数创建滤波器掩模。

6）第22~25行对频谱进行滤波处理，进行傅里叶逆变换得到滤波后的图像。

7）第26~33行读取图像，设置高通滤波器参数，转换为灰度图像，计算巴特沃思高通滤波器处理结果，计算梯形高通滤波器处理结果。

8）第34~50行显示结果。

高通滤波法锐化图如图4-21所示。

Original Gray Image

Butterworth High Pass Filter(Order=1)

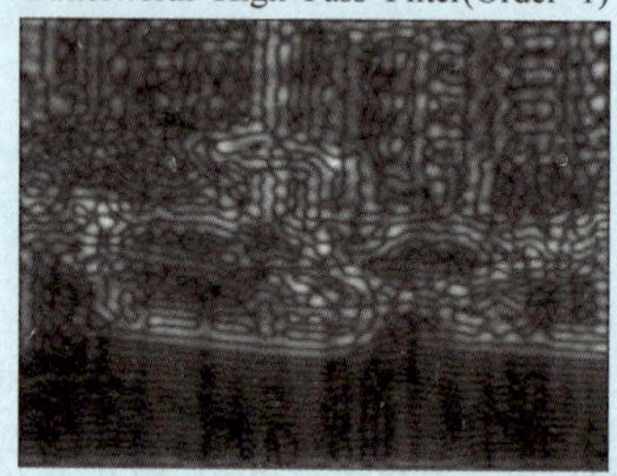

Trapezoidal High Pass Filter

图4-21　高通滤波法锐化图

如图4-21所示，“Original Gray Image”原始灰度图为1幅比较模糊的图像，“Butterworth High Pass Filter（Order=1）”图是用阶数为1的巴特沃思高通滤波器进行处理所得到的结果，“Trapezoidal High Pass Filter”图是用梯形高通滤波器进行处理所得到的结果。

习题

1. 给出把灰度范围（0,10）拉伸为（0,15），把灰度范围（10,20）移到（15,25），并把灰度范围（20,30）压缩为（25,30）的变换函数。

2. 有一种常用的图像增强技术是将高频增强和直方图均衡化结合起来以达到使边缘锐化的反差增强效果。试讨论这两种处理的先后顺序对增强效果有什么影响，并分析其原因。

3. 图像增强的主要目的有哪两个？常用的图像增强技术包括哪些？

4. 分析各种直接灰度变换，各适用于什么特点的图像进行增强？

5. 分析不同图像平滑法的特点。

6. 编写程序，对图像进行对比拉伸。

7. 编写程序，对图像进行平滑，比较均值滤波、中值滤波对图像的平滑效果。

8. 编写程序，对图像进行锐化，比较微分法与高通滤波法对图像锐化的效果。

第5章 图像复原

图像复原是图像处理的重要内容，图像复原的目的是尽可能恢复退化图像的本来面目。

本章主要介绍图像复原的基本概念、图像退化模型和图像复原方法，包括无约束的图像复原和有约束的图像复原算法、编程实现图像复原。

5.1 图像复原的基本概念

图像退化是指图像因为某种原因从正常变得不正常，典型的图像退化有图像模糊、图像失真和有噪声等。

图像复原就是尽可能恢复退化图像的本来面目，根据图像退化降质过程的某些先验知识，建立“退化模型”，运用和退化相反的过程，将退化图像复原。

常见的图像复原技术包括滤波、去噪、去模糊、插值和补全等。这些技术是利用数学和统计方法来分析图像中的特征和噪声，并尝试恢复原始图像的细节和结构。此外，还有一些高级技术，如基于深度学习的图像复原方法，可以通过训练神经网络模型来学习图像的复原过程，并在损坏的图像上应用所学到的知识来进行复原。需要注意的是，图像复原并不总能完美地恢复原始图像，尤其是在损伤非常严重或信息丢失非常严重的情况下。复原结果可能存在一定程度的误差或伪影。因此，在实际应用中，图像复原往往需要根据具体情况进行权衡和调整，以获得最佳的复原效果。

5.2 图像退化模型

图像复原处理的关键是建立退化模型，原图像 $f(x,y)$ 是通过一个系统 H 及加入一个外来加性噪声 $n(x,y)$ 而退化成一幅图像 $g(x,y)$ 的，如图 5-1 所示。

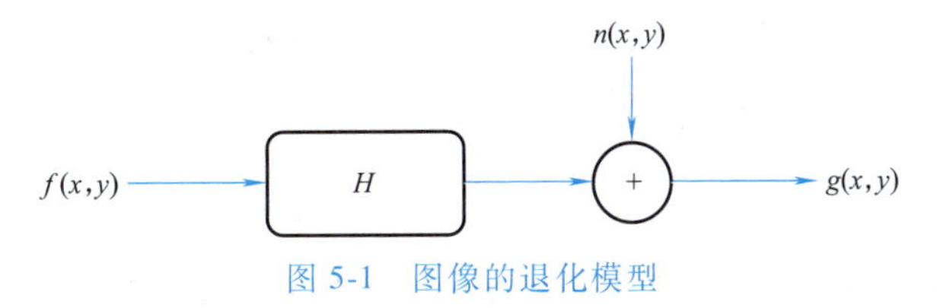

图 5-1 图像的退化模型

图像复原可以看成一个预测估计的过程，由已给出的退化图像 $g(x,y)$ 估计出系统参数H，从而近似地恢复出 $f(x,y)$。$n(x,y)$ 为一种统计性质的信息。

这样图像的退化过程的数学表达式就可以写为

$$g(x,y)=H[f(x,y)]+n(x,y) \tag{5-1}$$

$H[\cdot]$ 可理解为综合所有退化因素的函数或算子。

在不考虑加性噪声 $n(x,y)$ 时，图像退化的过程也可以看作一个变换 H，即

$$H[f(x,y)]\rightarrow g(x,y) \tag{5-2}$$

由 $g(x,y)$ 求得 $f(x,y)$，就是寻求逆变换 H^{-1}，使得 $H^{-1}[g(x,y)]\rightarrow f(x,y)$

图像复原的过程，就是根据退化模型及原图像的某些知识，设计一个恢复系统 $p(x,y)$，以退化图像 $g(x,y)$ 作为输入，该系统应使输出的恢复图像 $\hat{f}(x,y)$，按某种准则最接近原图像 $f(x,y)$，图像的退化及复原的过程如图 5-2 所示。

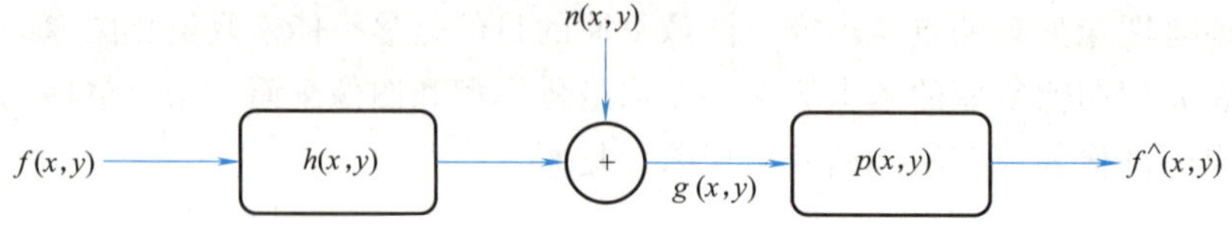

图 5-2　图像退化及复原的过程

其中，$h(x,y)$ 和 $p(x,y)$ 分别称为成像系统和恢复系统的冲激响应。

系统 H 的分类方法很多，可分为线性系统和非线性系统、时变系统和非时变系统、集中参数系统和分布参数系统、连续系统和离散系统等。

线性系统就是具有均匀性和相加性的系统。当不考虑加性噪声 $n(x,y)$ 时，即令 $n(x,y)=0$，则图 5-1 所示系统可表示为

$$g(x,y)=H[f(x,y)] \tag{5-3}$$

两个输入信号 $f_1(x,y)$、$f_2(x,y)$ 对应的输出信号为 $g_1(x,y)$、$g_2(x,y)$，如果有

$$H[k_1f_1(x,y)+k_2f_2(x,y)]=H[k_1f_1(x,y)]+H[k_2f_2(x,y)] \tag{5-4}$$

成立，则系统 H 是一个线性系统，k_1、k_2 为常数。

线性系统的这种特性为求解多个激励情况下的输出响应带来很大方便。

如果一个系统的参数不随时间变化，即称为时不变系统或非时变系统，否则，该系统为时变系统。与此相对应，对二维函数来说，如果满足式（5-5），则 H 是空间不变系统（位置不变系统）。

$$H[f(x-\alpha,y-\beta)]=g(x-\alpha,y-\beta) \tag{5-5}$$

式中，α、β 分别是空间位置的位移量，表示图像中的任一点通过该系统的响应只取决于在该点的输入值，而与该点的位置无关。

由上可见，如果系统 H 有式（5-4）和式（5-5）的关系，就是线性和空间位置不变的系统。数字图像复原处理主要采用线性的空间不变复原技术。

5.2.1　连续的退化模型

首先将线性系统理论中的单位冲激信号 $\delta(x)$ 推广到二维，有

$$\begin{cases}\int_{-\infty}^{+\infty}\int_{-\infty}^{+\infty}\delta(x,y)\mathrm{d}x\mathrm{d}y=1\\ \delta(x,y)=0 \qquad\qquad x\neq 0,y\neq 0\end{cases} \tag{5-6}$$

如果二维单位冲激信号沿 x 轴和 y 轴分别有位移 x_0、y_0，则

$$\begin{cases}\int_{-\infty}^{+\infty}\int_{-\infty}^{+\infty}\delta(x-x_0,y-y_0)\mathrm{d}x\mathrm{d}y=1\\ \delta(x-x_0,y-y_0)=0 \qquad\qquad x\neq 0,y\neq 0\end{cases} \tag{5-7}$$

$\delta(x,y)$ 具有取样特性，由式（5-6）和式（5-7）很容易得到

$$\int_{-\infty}^{+\infty}\int_{-\infty}^{+\infty}f(x,y)\delta(x,y)\mathrm{d}x\mathrm{d}y=f(0,0) \tag{5-8}$$

$$\int_{-\infty}^{+\infty}\int_{-\infty}^{+\infty}f(x,y)\delta(x-x_0,y-y_0)\mathrm{d}x\mathrm{d}y=f(x_0,y_0) \tag{5-9}$$

此外，任意二维信号 $f(x,y)$ 与 $\delta(x,y)$ 卷积的结果就是该二维信号本身，即

$$f(x,y)*\delta(x,y)=f(x,y) \tag{5-10}$$

而任意二维信号 $f(x,y)$ 与 $\delta(x-x_0,y-y_0)$ 卷积的结果就是该二维信号产生相应位移后的结果，即

$$f(x,y)*\delta(x-x_0,y-y_0)=f(x-x_0,y-y_0) \tag{5-11}$$

由二维卷积的定义，有

$$f(x,y)=f(x,y)*\delta(x,y)=\int_{-\infty}^{+\infty}\int_{-\infty}^{+\infty}f(\alpha,\beta)\delta(x-\alpha,y-\beta)\mathrm{d}\alpha\mathrm{d}\beta \tag{5-12}$$

考虑退化模型中的 H 是线性空间不变系统，因此，根据线性系统理论，系统 H 的性能就完全由其单位冲激响应 $h(x,y)$ 来表征，即

$$h(x,y)=H[\delta(x,y)] \tag{5-13}$$

而线性空间不变系统 H 对任意输入信号 $f(x,y)$ 的响应则为该信号与系统的单位冲激响应的卷积，有

$$\begin{aligned}H[f(x,y)]&=f(x,y)*h(x,y)\\&=\int_{-\infty}^{+\infty}\int_{-\infty}^{+\infty}f(\alpha,\beta)\delta(x-\alpha,y-\beta)\mathrm{d}\alpha\mathrm{d}\beta\end{aligned} \tag{5-14}$$

在不考虑加性噪声的情况下，上述退化模型的响应为

$$g(x,y)=H[f(x,y)]=\int_{-\infty}^{+\infty}\int_{-\infty}^{+\infty}f(\alpha,\beta)\delta(x-\alpha,y-\beta)\mathrm{d}\alpha\mathrm{d}\beta \tag{5-15}$$

由于系统 H 是空间不变的，则它对移位信号 $f(x-x_0,y-y_0)$ 的响应为

$$f(x-x_0,y-y_0)*h(x,y)=g(x-x_0,y-y_0) \tag{5-16}$$

在有加性噪声的情况下，上述线性退化模型可以表示为

$$g(x,y)=f(x,y)*h(x,y)+n(x,y) \tag{5-17}$$

当然，在上述情况中，都假设噪声与图像中的位置无关。

5.2.2　离散的退化模型

先考虑一维情况。假设对两个函数 $f(x)$ 和 $h(x)$ 进行均匀采样，其结果放到尺寸为 A 和 B 的两个数组中。对 $f(x)$，x 的取值范围是 0、1、2、…、$A-1$；对 $h(x)$，x 的取值范围是 0、1、2、…、$B-1$。可以利用离散卷积来计算 $g(x)$。为了避免卷积的各个周期重叠（设

每个采样函数的周期为 M)，可取 $M\geqslant A+B-1$，并将函数用零扩展补齐。用 $f_e(x)$ 和 $h_e(x)$ 来表示扩展后的函数，有

$$f_e(x)=\begin{cases}f(x,y) & 0\leqslant x\leqslant A-1\\0 & A-1\leqslant x\leqslant M-1\end{cases}\tag{5-18}$$

$$h_e(x)=\begin{cases}h(x) & 0\leqslant x\leqslant B-1\\0 & B-1\leqslant x\leqslant M-1\end{cases}\tag{5-19}$$

则它们的卷积为

$$g_e(x)=\sum_{m=0}^{M-1}f_e(m)h_e(x-m)\quad x=0,1,2,\cdots,M-1\tag{5-20}$$

因为 $f_e(x)$ 和 $h_e(x)$ 的周期为 M，$g_e(x)$ 的周期也为 M。引入矩阵表示法，则上式可写为

$$\boldsymbol{g}=\boldsymbol{HF}\tag{5-21}$$

其中

$$\boldsymbol{g}=\begin{pmatrix}g_e(0)\\g_e(1)\\\vdots\\g_e(M-1)\end{pmatrix}\tag{5-22}$$

$$\boldsymbol{f}=\begin{pmatrix}f_e(0)\\f_e(1)\\\vdots\\f_e(M-1)\end{pmatrix}\tag{5-23}$$

$$\boldsymbol{H}=\begin{pmatrix}h_e(0) & h_e(-1) & \cdots & h_e(-M+1)\\h_e(1) & h_e(0) & \cdots & h_e(-M+2)\\\vdots & \vdots & & \vdots\\h_e(M-1) & h_e(M-2) & \cdots & h_e(0)\end{pmatrix}\tag{5-24}$$

根据 $h_e(x)$ 的周期性可知，$h_e(x)=h_e(x+M)$，所以上式又可以写成

$$\boldsymbol{H}=\begin{pmatrix}h_e(0) & h_e(M-1) & \cdots & h_e(1)\\h_e(1) & h_e(0) & \cdots & h_e(2)\\\vdots & \vdots & & \vdots\\h_e(M-1) & h_e(M-2) & \cdots & h_e(0)\end{pmatrix}\tag{5-25}$$

这里 $\boldsymbol{H}$ 是一个循环矩阵，即每行最后一项等于下一行的最前一项，最后一行最后一项等于第一行最前一项。

将一维结果直接推广到二维，有

$$f_e(x,y)=\begin{cases}f(x,y) & 0\leqslant x\leqslant A-1,0\leqslant y\leqslant B-1\\0 & A\leqslant x\leqslant M-1,B\leqslant y\leqslant N-1\end{cases}\tag{5-26}$$

$$h_e(x,y)=\begin{cases}h(x,y) & 0\leqslant x\leqslant C-1,0\leqslant y\leqslant D-1\\0 & C\leqslant x\leqslant M-1,D\leqslant y\leqslant N-1\end{cases}\tag{5-27}$$

与一维情况类似，对二维情况有

$$g_e(x,y)=\sum_{m=0}^{M-1}\sum_{n=0}^{N-1}f_e(m,n)h_e(x-m,y-n) \tag{5-28}$$

$$x=0,1,2,\cdots,M-1;y=0,1,2,\cdots,N-1$$

如果考虑噪声，将 $M\times N$ 的噪声项加上，上式可写为

$$g_e(x,y)=\sum_{m=0}^{M-1}\sum_{n=0}^{N-1}f_e(m,n)h_e(x-m,y-n)+n_e(m,n) \tag{5-29}$$

$$x=0,1,2,\cdots,M-1;y=0,1,2,\cdots,N-1$$

引入矩阵表示法，有

$$\boldsymbol{g}=\boldsymbol{HF}+\boldsymbol{n}=\begin{pmatrix}\boldsymbol{H}_0 & \boldsymbol{H}_{M-1} & \cdots & \boldsymbol{H}_1\\ \boldsymbol{H}_1 & \boldsymbol{H}_0 & \cdots & \boldsymbol{H}_2\\ \vdots & \vdots & & \vdots\\ \boldsymbol{H}_{M-1} & \boldsymbol{H}_{M-2} & \cdots & \boldsymbol{H}_0\end{pmatrix}\begin{pmatrix}f_e(0)\\ f_e(1)\\ \vdots\\ f_e(MN-1)\end{pmatrix}+\begin{pmatrix}n_e(0)\\ n_e(1)\\ \vdots\\ n_e(MN-1)\end{pmatrix} \tag{5-30}$$

其中每个 $\boldsymbol{H}_i$ 是由扩展函数 $h_e(x,y)$ 的第 i 行得来，即

$$\boldsymbol{H}_i=\begin{pmatrix}h_e(i,0) & h_e(i,N-1) & \cdots & h_e(i,1)\\ h_e(i,1) & h_e(i,0) & \cdots & h_e(i,2)\\ \vdots & \vdots & & \vdots\\ h_e(i,N-1) & h_e(i,N-2) & \cdots & h_e(i,0)\end{pmatrix} \tag{5-31}$$

因为 $\boldsymbol{H}$ 中的每块是循环标注的，所以这里 $\boldsymbol{H}_i$ 是一个循环矩阵。

5.3 图像复原方法

按照图像复原的目标函数中是否添加约束项，图像复原方法可分为无约束的图像复原和有约束的图像复原。以下主要介绍无约束的反向滤波法和约束还原法的维纳滤波。

5.3.1 反向滤波法

反向滤波法又叫逆滤波复原法。如果退化图像为 $g(x,y)$，原始图像为 $f(x,y)$，在不考虑噪声的情况下，其退化模型表示为

$$g(x,y)=\int_{-\infty}^{+\infty}\int_{-\infty}^{+\infty}f(\alpha,\beta)h(x-\alpha,y-\beta)\mathrm{d}\alpha\mathrm{d}\beta \tag{5-32}$$

由傅里叶变换卷积定理可知下式成立：

$$G(u,v)=H(u,v)F(u,v) \tag{5-33}$$

式中，$G(u,v)$、$H(u,v)$、$F(u,v)$ 分别是退化图像 $g(x,y)$、点扩散函数 $h(x,y)$、原始图像 $f(x,y)$ 的傅里叶变换。进一步有

$$F(u,v)=\frac{G(u,v)}{H(u,v)} \tag{5-34}$$

这就是说，如果已知退化图像的傅里叶变换和“滤波”传递函数，就可以求得原始图像的傅里叶变换，经傅里叶逆变换就可以求得原始图像，这里 $G(u,v)$ 除以 $H(u,v)$ 起到了

反向滤波的作用。

在有噪声的情况下，反向滤波原理可写成

$$G(u,v)=H(u,v)F(u,v)+N(u,v) \tag{5-35}$$

$$F(u,v)=\frac{G(u,v)}{H(u,v)}-\frac{N(u,v)}{H(u,v)} \tag{5-36}$$

式中，$N(u,v)$ 为噪声 $n(x,y)$ 的傅里叶变换。反向滤波法的代码如下：

【例 5-1】 反向滤波。

1. 图像频谱

代码如下：

```
1  import numpy as np
2  import cv2
3  import matplotlib. pyplot as plt
4  plt. rcParams['font. sans-serif'] = ['SimHei']
5  x = cv2. imread(r"D:\imaget\lane1. jpg")
6  x = cv2. cvtColor(x, cv2. COLOR_BGR2GRAY)
7  x1 = x. astype(float)
8  r, r1 = x1. shape
9  y1 = np. fft. fftshift(np. fft. fft2(x1))
10 r, r1 = y1. shape
11 plt. figure(figsize = (20, 17))
12 plt. subplot(121)
13 plt. imshow(x1, cmap = 'gray')
14 plt. title('原始的图像')
15 plt. subplot(122)
16 plt. imshow(np. abs(y1), vmin = 0, vmax = 250000, cmap = 'gray')
17 plt. title('原始的图像频谱')
```

【代码说明】

1）第 1~4 行导入所需的库，设置 Matplotlib 的字体为中文宋体。

2）第 5~7 行读取图像，将彩色图像转换为灰度图像，将灰度图像转换为浮点数类型。

3）第 8 行获取图像的灰度矩阵 **x1** 的形状，并将行数和列数分别赋值给变量 r 和 $r1$。

4）第 9~10 行对灰度图像进行二维快速傅里叶变换（FFT），使用 Numpy 的 fft2 函数计算傅里叶变换，然后使用 fftshift 函数将零频率移到图像的中心。获取傅里叶变换后的频域图像 $y1$ 的形状，并将行数和列数分别赋值给变量 r 和 $r1$。

5）第 11~17 行显示原始图像与频谱。

原始图像与频谱图如图 5-3 所示。

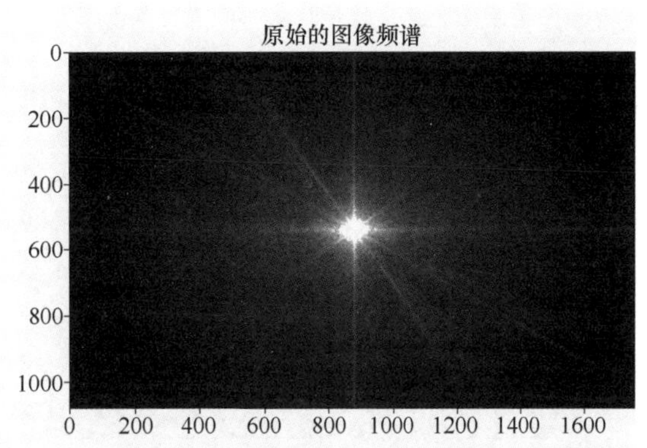

图 5-3 原始图像与频谱图

2. 图像退化

代码如下：

```
1  m=np.arange(1,r+1)
2  m1=np.arange(1,r1+1)
3  m,m1=np.meshgrid(m,m1)
4  noise=20 * np.random.normal(0,0.008,(r,r1))
5  plt.figure(figsize=(20,17))
6  plt.subplot(1,2,1)
7  plt.imshow(noise,cmap='gray')
8  plt.title('白噪声')
9  a=21/100
10 b=21/100
11 t=88/100
12 f=np.ones((r,r1))
13 g=(m-r/2-1) * a+(m1-r1/2-1) * b+np.finfo(float).eps
14 f=t * np.sin(np.pi * g) * np.exp(-1j * np.pi * g)/(np.pi * g)
15 h=f.T * y1
16 tu=np.abs(np.fft.ifft2(h))+noise
17 plt.subplot(1,2,2)
18 plt.imshow(tu,cmap='gray')
19 plt.title('退化的图像')
```

【代码说明】

1）第 1~4 行生成网格空间，添加高斯噪声。

2）第 5~11 行显示白噪声，设置移动参数。

3）第 12~16 行，计算退化函数，进行反向滤波和添加噪声。

4）第 17~19 行显示退化图像与频谱。

白噪声与退化图像图如图 5-4 所示。

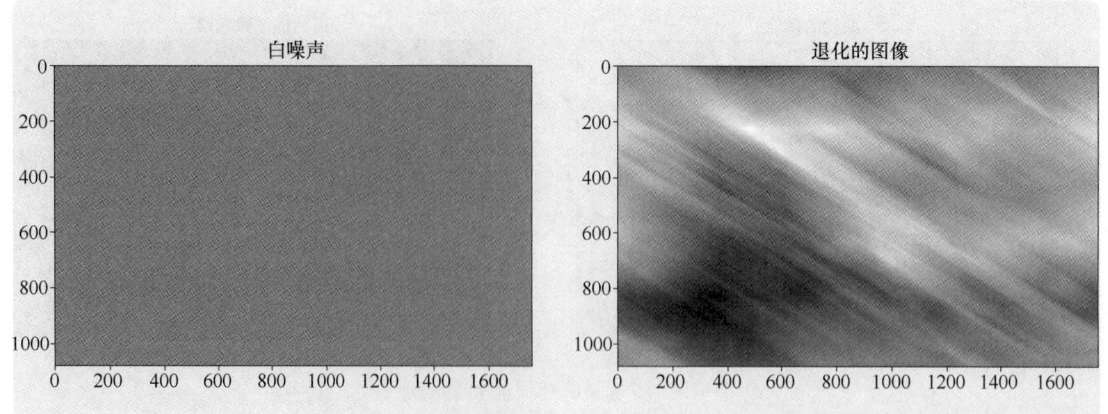

图 5-4　白噪声与退化图像图

3. 图像反向滤波复原

代码如下：

```
1 y1=h/f.T
2 plt.figure(figsize=(20,17))
3 plt.subplot(121)
4 plt.imshow(x1,cmap='gray')
5 plt.title('原始的图像')
6 plt.subplot(122)
7 plt.imshow(np.abs(np.fft.ifft2(y1)),cmap='gray')
8 plt.title('反向滤波的结果')
```

【代码说明】

1）第 1 行进行逆滤波估计。

2）第 2~8 行显示原始图像与反向滤波结果。

原始图像与反向滤波图如图 5-5 所示。

图 5-5　原始图像与反向滤波图

5.3.2 约束还原法

1. 一般原理

反向滤波法中，求恢复图像$\hat{f}$时，只是要求$H\hat{f}$在最小二乘意义下最接近于g，不做任何约束和规定，所以反向滤波法又称为非约束还原法。但很多时候，为了在数学上更容易处理，常附加某种约束条件和特殊规定。

若知道原始图像的某种线性变换Qf具有某种性质或满足某个关系$Qf=d$，则在这种情况下，估计准则是在约束$\|Q\hat{f}\|^2=\|d\|^2$下使$J(\hat{f})=\|g-H\hat{f}\|^2=\|n\|^2$最小。同时，这个问题也等价于在约束$\|n\|^2=\|g-H\hat{f}\|^2$下使$\|Q\hat{f}\|^2-\|d\|^2$最小。

这是一个条件极值的问题，可用拉格朗日乘数法来处理，即寻找一个$\hat{f}$，使下述准则函数为最小：

$$J(\hat{f})=\|Q\hat{f}\|^2-\|d\|^2+\lambda(\|g-H\hat{f}\|^2-\|n\|^2) \tag{5-37}$$

式中，λ为一常数，即拉格朗日系数。

式（5-37）对$\hat{f}$求导并令结果为零，有

$$\frac{\partial J(\hat{f})}{\partial \hat{f}}=2\boldsymbol{Q}^{\mathrm{T}}\boldsymbol{Q}\hat{f}-2\lambda\boldsymbol{H}^{\mathrm{T}}(g-\boldsymbol{H}\hat{f})=0 \tag{5-38}$$

可推得

$$\hat{f}=\left(\boldsymbol{H}^{\mathrm{T}}\boldsymbol{H}+\frac{1}{\lambda}\boldsymbol{Q}^{\mathrm{T}}\boldsymbol{Q}\right)^{-1}\boldsymbol{H}^{\mathrm{T}}g=(\boldsymbol{H}^{\mathrm{T}}\boldsymbol{H}+\gamma\boldsymbol{Q}^{\mathrm{T}}\boldsymbol{Q})^{-1}\boldsymbol{H}^{\mathrm{T}}g \tag{5-39}$$

式中，$\gamma=\frac{1}{\lambda}$，对于不同的原始图像知识，可获得不同的$\boldsymbol{Q}$，求得的解具有不同的形式。

【例 5-2】 约束还原法。

约束还原法的代码如下：

```
1  import numpy as np
2  import matplotlib.pyplot as plt
3  from PIL import Image
4  plt.rcParams['font.sans-serif'] = ['SimHei']
5  def constrained_restoration(image_path, alpha=0.1, beta=0.01, iterations=100):
6      img = Image.open(image_path)
7      img = img.convert("L")
8      original_image = np.array(img)
9      kernel_size = 5
10     kernel = np.ones((kernel_size, kernel_size))/(kernel_size * kernel_size)
11     degraded_image = np.round(np.convolve(original_image.flatten(), kernel.flatten(),
12 mode='same')).reshape(original_image.shape).astype(np.uint8)
13     restored_image = degraded_image.copy()
14     for _ in range(iterations):
```

```
15            gradient=np.gradient(restored_image)
16            restored_image=(degraded_image+alpha * gradient[0])/(1+alpha * np.sqrt
17    (np.square(gradient[0])+np.square(gradient[1]))+beta)
18        plt.figure(figsize=(12,4))
19        plt.subplot(1,3,1)
20        plt.imshow(original_image,cmap='gray')
21        plt.title('原始图像')
22        plt.axis('off')
23        plt.subplot(1,3,2)
24        plt.imshow(degraded_image,cmap='gray')
25        plt.title('退化图像')
26        plt.axis('off')
27        plt.subplot(1,3,3)
28        plt.imshow(restored_image,cmap='gray')
29        plt.title('约束还原法复原图像')
30        plt.axis('off')
31        plt.tight_layout()
32        plt.show()
33    constrained_restoration(r"D:\imaget\car.jpg")
```

【代码说明】

1）第 1~4 行导入所需的库，设置 Matplotlib 的字体为中文宋体。

2）第 5 行定义约束还原函数。

3）第 6~8 行读取图像，转换为灰度图像。

4）第 9~10 行，创建退化核。

5）第 11~13 行添加模拟退化效果，初始化复原图像。

6）第 14~17 行迭代进行约束还原，计算梯度，更新复原图像。

7）第 18~33 行显示原始图像、退化图像和复原图像。

原始图像、退化图像与约束还原法复原图像如图 5-6 所示。

图 5-6　原始图像、退化图像与约束还原法复原图像

2. 维纳滤波

维纳滤波是重要的最小二乘法约束还原法的图像复原方法，维纳滤波器的输出与期望输出之间的均方误差为最小，维纳滤波也称为最小均方误差滤波，它能处理被退化函数退化和被噪声污染的图像。维纳滤波方法建立在图像和噪声都是随机变量的基础之上，目标是找到未污染图像的一个估计，使得它们之间的均方误差最小。在假设噪声和图像不相关，其中一个或另一个有零均值且估计中的灰度级是退化图像中灰度级的线性函数的条件下，均方误差函数的最小值在频率域为

$$
\begin{aligned}
\hat{F}(u,v) &= \left[\frac{H^*(u,v)S_f(u,v)}{S_f(u,v)|H(u,v)|^2+S_\eta(u,v)}\right]G(u,v) \\
&= \left[\frac{H^*(u,v)}{|H(u,v)|^2+\dfrac{S_\eta(u,v)}{S_f(u,v)}}\right]G(u,v) \\
&= \left[\frac{1}{H(u,v)}\frac{|H(u,v)|^2}{|H(u,v)|^2+\dfrac{S_\eta(u,v)}{S_f(u,v)}}\right]G(u,v)
\end{aligned} \tag{5-40}
$$

$H(u,v)$ 为退化函数，$H^*(u,v)$ 为 $H(u,v)$ 的复共轭；$|H(u,v)|^2=H(u,v)H^*(u,v)$；$S_\eta(u,v)=|N(u,v)|^2$=噪声的功率谱；$S_f(u,v)=|F(u,v)|^2$=未退化图像的功率谱；$H(u,v)$ 为退化函数的傅里叶变换；$G(u,v)$ 为退化后图像的傅里叶变换。

从上面的公式可以发现，如果没有噪声，即 $S_\eta(u,v)=0$，此时维纳滤波变为直接逆滤波；如果有噪声，那么 $S_\eta(u,v)$ 如何估计将成为问题，同时 $S_f(u,v)$ 的估计也将成为问题。在实际应用中假设退化函数已知，如果噪声为高斯白噪声，则 $S_\eta(u,v)$ 为常数，但 $S_f(u,v)$ 通常难以估计。一种近似的解决办法是用一个系数 K 代替 $S_\eta(u,v)/S_f(u,v)$，由式（5-40）可得

$$
\hat{F}(u,v) = \left[\frac{1}{H(u,v)}\frac{|H(u,v)|^2}{H(u,v)|^2+K}\right]G(u,v) \tag{5-41}
$$

在实际应用中，根据处理的效果选取合适的 K 值。

【例 5-3】 维纳滤波复原图像。

使用维纳滤波复原图像的代码如下：

```
1  from skimage import color, data, restoration
2  import scipy.fftpack as fp
3  from skimage.metrics import peak_signal_noise_ratio as compare_psnr
4  from skimage.io import imread
5  import numpy as np
6  import matplotlib.pylab as plt
7  from matplotlib.ticker import LinearLocator, FormatStrFormatter
8  def convolve2d(im, psf, k):
9      M, N = im.shape
```

```
10        freq=fp.fft2(im)
11        psf=np.pad(psf,(((M-k)//2,(M-k)//2+1),((N-k)//2,(N-k)//2+1)),
12  mode='constant')
13        freq_kernel=fp.fft2(fp.ifftshift(psf))
14        return np.abs(fp.ifft2(freq * freq_kernel))
15    im=color.rgb2gray(imread('D:/imaget/car.jpg'))
16    k=5
17    psf=np.ones((k,k))/k * * 2
18    im1=convolve2d(im,psf,k)
19    im1 +=0.9 * im.std() * np.random.standard_normal(im.shape)
20    im2,_=restoration.unsupervised_wiener(im1,psf)
21    im3=restoration.wiener(im1,psf,balance=0.25)
22    fig,axes=plt.subplots(nrows=2,ncols=2,figsize=(20,12),sharex=True,sharey=True)
23    plt.gray()
24    axes[0,0].imshow(im),axes[0,0].axis('off'),axes[0,0].set_title('Original image',
25  size=20)
26    axes[0,1].imshow(im1),axes[0,1].axis('off'),axes[0,1].set_title('Noisy blurred im-
27  age:PSNR={:.3f}'.format(compare_psnr(im,im1)),size=20)
28    axes[1,0].imshow(im2),axes[1,0].axis('off'),axes[1,0].set_title('Self tuned Wiener
29  restoration:PSNR={:.3f}'.format(compare_psnr(im,im2)),size=20)
30    axes[1,1].imshow(im2),axes[1,1].axis('off'),axes[1,1].set_title('Wiener restora-
31  tion:PSNR={:.3f}'.format(compare_psnr(im,im3)),size=20)
32    fig.tight_layout()
33    plt.show()
```

【代码说明】

1）第1~7行导入所需的库，设置Matplotlib的字体为中文宋体。

2）第8~14行，定义函数convolve2d（im，psf，k），在频域中执行卷积。构建点扩散函数，并将其作为卷积核对图像进行模糊处理。

3）第15行，读取图像，转换为灰度图像。

4）第16~17行，设置$k=5$，生成*psf*。

5）第18行，对读取的图像进行卷积。

6）第19行，对图像添加噪声，获得退化图像。

7）第20行，在退化图像上应用无监督维纳滤波器，并将卷积核作为输入来修复图像。

8）第21行，在退化图像上应用无监督维纳滤波器，并将卷积核以及balance参数作为输入来修复图像。

9）第22~33行，显示原始图像、退化图像和复原图像。

原始图像、退化图像与维纳滤波复原图如图 5-7 所示。

Original image

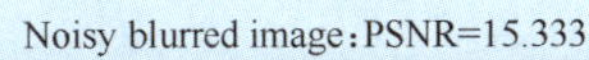

Self tuned Wiener restoration: PSNR=22.073

Wiener restoration: PSNR=23.199

图 5-7　原始图像、退化图像与维纳滤波复原图

习题

1. 对于一幅退化图像，采用何种方法复原图像比较好？为什么？

2. 分析、比较反向滤波法与约束还原法的特点。

3. 选取一幅模糊图像，或对一幅正常图像进行模糊处理，然后用 Python 进行反向滤波法与约束还原法复原实验。

4. 怎样进行图像复原，图像复原与图像增强有哪些不同？

第6章　形态学图像处理

数学形态学是基于图像形状的操作，主要针对的是二值图像，它利用特定形状的构造元件（相当于信号滤波）在图像上不断移动，然后利用基本的形态计算检查是否能把这种构造元件很好地置于图像内部。形态学图像处理的应用可以简化图像数据，保持它们基本的形状特性，并除去不相干的结构。形态学的操作分为腐蚀、膨胀、开运算和闭运算，上述操作的不同组合有助于对于图像的处理与分类。

二值图像（例如剪影像或轮廓图）就是只具有两个灰度级的图像，是数字图像的一个重要子集，它通常是对灰度图像进行分割产生的。如果初始的分割不能够达到预定的目标，对二值图像的后续处理通常能提高其质量。

对二值图像进行数学形态学图像处理，它以图像的形态特征为研究对象，描述图像的基本特征和基本结构，也就是描述图像中元素与元素、部分与部分之间的关系。通常形态学图像处理表现为一种邻域运算形式，采用邻域结构元素的方法，在每个像素位置上，邻域结构元素与二值图像对应的区域进行特定的逻辑运算，逻辑运算的结果为输出图像的相应像素。

6.1　腐蚀和膨胀

6.1.1　腐蚀

腐蚀（erosion）是一种基本的形态学操作，它可以缩小前景对象的大小，平滑对象边界，并删除图形和小的对象。图像腐蚀就是原始图像中的高亮部分被腐蚀，效果图拥有比原图更小的高亮区域。其中有两个比较关键的输入对象，一个是二值图像，另一个是卷积核。

卷积核是腐蚀中的关键，卷积核的中心点逐个扫描原始图像中的每一个像素点，被扫描到的原始图像中的像素点，只有当卷积核对应的元素值均为 1 时，其值才为 1，否则其值修改为 0。

腐蚀操作如图 6-1 所示，用 1 个 3×3 的正方形作为结构元素，对图像中的每一个像素 x 做如下处理：像素 x 置于结构元素的中心，根据结构元素的大小，遍历所有被结构元素

覆盖的其他像素，修改像素 x 的值为所有像素中最小的值，这样操作的结果会将原始图像外围的突出点加以腐蚀。背景为黑色，目标为白色，结构元素将白色目标腐蚀的结果如图 6-1c 所示。

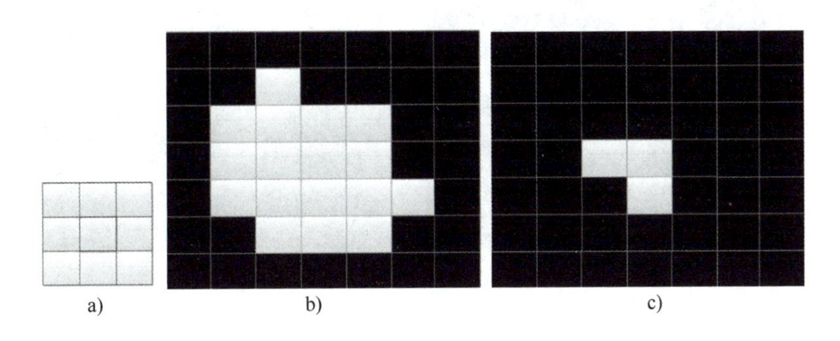

图 6-1　腐蚀操作

a）结构元素　b）原始图像　c）腐蚀后的图像

如下代码展示了如何使用函数来计算二值图像的快速形态腐蚀，代码如下：

【例 6-1】 使用函数来计算二值图像的快速形态腐蚀。

```
1  import cv2 as cv
2  import numpy as np
3  import matplotlib. pyplot as plt
4  plt. rcParams['font. sans-serif'] = ['SimHei']
5  source = cv. imread(r"D:\imaget\left. tif")
6  kernel = np. ones((20,20), np. uint8)
7  dst = cv. erode(source, kernel, iterations = 1)
8  fig, axs = plt. subplots(1,2, figsize = (8,5))
9  axs[0]. imshow(source)
10 axs[0]. set_title('原始图像')
11 axs[1]. imshow(dst)
12 axs[1]. set_title('腐蚀后图像')
13 plt. tight_layout()
14 plt. show()
```

【代码说明】

1）第 1~4 行导入所需的库，设置 Matplotlib 的字体为中文宋体。

2）第 5~6 行读取图像，设置卷积核。

3）第 7 行进行图像腐蚀，迭代 1 次。

4）第 8~14 行创建子图，显示原始图像与腐蚀后的图像。

原始图像和腐蚀图像图如图 6-2 所示。

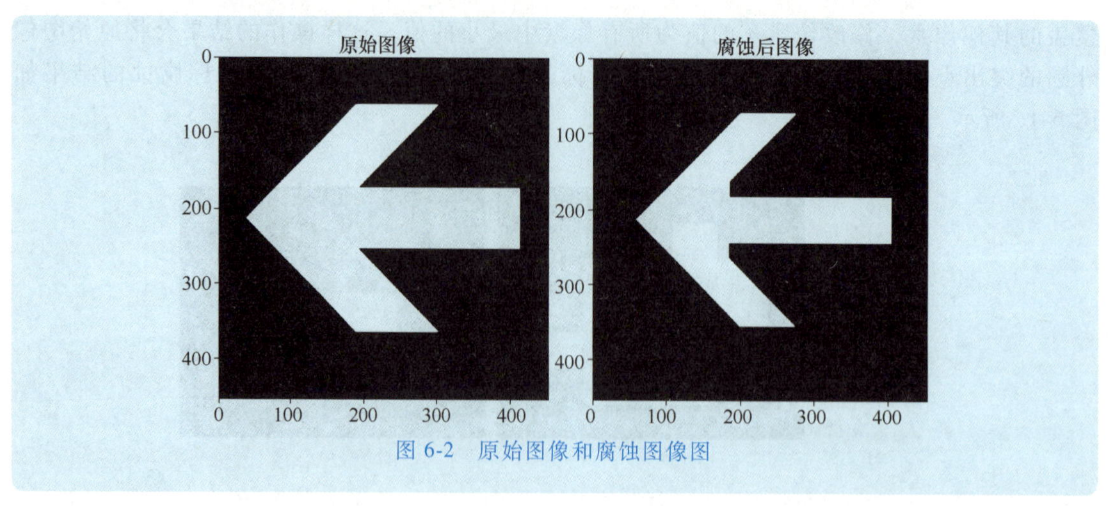

图 6-2　原始图像和腐蚀图像图

6.1.2　膨胀

膨胀操作如图 6-3 所示，膨胀操作是将图像的轮廓加以膨胀，操作方法与腐蚀操作类似，也是用结构元素，对图像的每个像素做遍历处理，不同之处在于膨胀操作修改像素的值是所有像素中最大的值，膨胀操作的结果将原始图像外围的突出点连接并向外延伸。结构元素将白色目标膨胀如图 6-3c 所示。

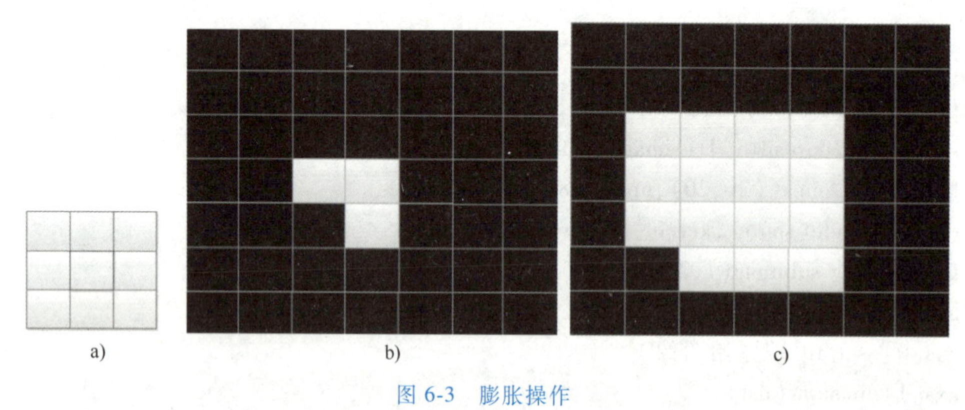

图 6-3　膨胀操作

a）结构元素　b）原始图像　c）膨胀后的图像

【例 6-2】　膨胀图像。

```
1 import cv2 as cv
2 import numpy as np
3 import matplotlib. pyplot as plt
4 plt. rcParams['font. sans-serif'] = ['SimHei']
5 source = cv. imread(r"D:\imaget\left. tif", cv. IMREAD_GRAYSCALE)
6 kernel = np. ones((10,10), np. uint8)
7 dst = cv. dilate(source, kernel, iterations = 1)
8 source_rgb = cv. cvtColor(source, cv. COLOR_GRAY2RGB)
```

```
9  dst_rgb = cv.cvtColor(dst,cv.COLOR_GRAY2RGB)
10 fig,axs = plt.subplots(1,2,figsize = (8,5))
11 axs[0].imshow(source_rgb)
12 axs[0].set_title('原始图像')
13 axs[1].imshow(dst_rgb)
14 axs[1].set_title('膨胀后图像')
15 plt.tight_layout()
16 plt.show()
```

【代码说明】

1）第 1~4 行导入所需的库，设置 Matplotlib 的字体为中文宋体。

2）第 5~6 行读取图像，设置卷积核大小为 10。

3）第 7 行进行图像膨胀，迭代 1 次。

4）第 8~9 行将 BGR 图像转换为 RGB 图像。

5）第 10~16 行创建子图，显示原始图像和膨胀后的图像。

原始图像和膨胀后图像图如图 6-4 所示。

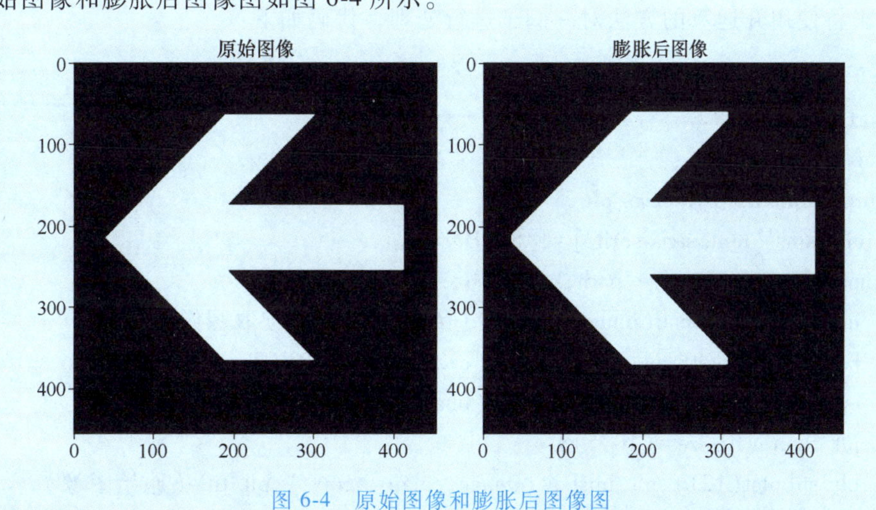

图 6-4　原始图像和膨胀后图像图

6.2　开运算和闭运算

开运算（Opening）是一种形态学运算，可以表示为先腐蚀后膨胀运算的组合，它从二值图像中删除小对象。相反，闭运算（Closing）是另一种形态学运算，可以表示为先膨胀后腐蚀运算的组合，它从二值图像中填充小洞。这两个运算都是对偶运算。

6.2.1　开运算

开运算一般能平滑图像的轮廓，削弱狭窄部分，去掉较细的突出。图像开运算是图像依次经过腐蚀、膨胀处理的过程，图像被腐蚀后将去除噪声，但同时也压缩了图像，接着对腐

蚀过的图像进行膨胀处理，可以在保留原有图像的基础上去除噪声。设 A 是原始图像，B 是结构元素图像，则集合 A 被结构元素 B 做开运算，记为 $A \circ B$，其定义为

$$A \circ B = (A - B) \oplus B \tag{6-1}$$

开运算是对图像先腐蚀，再膨胀，其中腐蚀与膨胀使用的结构元素是一样大小的。开运算如图 6-5 所示。

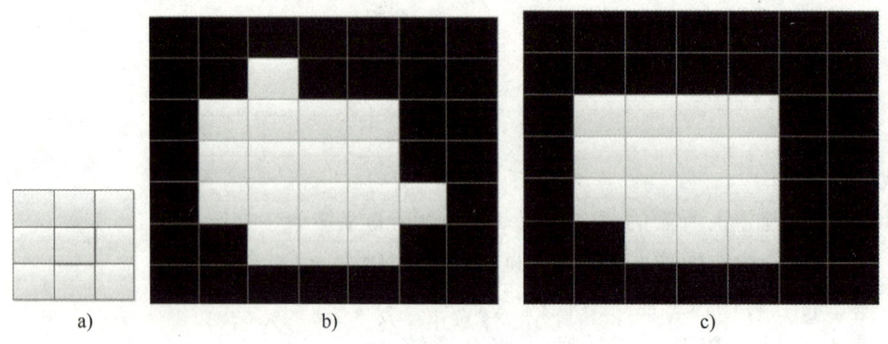

图 6-5　开运算

a）结构元素　b）原始图像　c）开运算后的图像

接下来将使用开运算的方法对一例子进行处理，代码如下：

【例 6-3】　开运算。

```
1  import cv2
2  import numpy as np
3  import matplotlib. pyplot as plt
4  plt. rcParams['font. sans-serif'] = ['SimHei']
5  def image_opening(image_path, kernel_size):
6      image = cv2. imread(image_path, 0)    # 以灰度模式读取图像
7      kernel = cv2. getStructuringElement(cv2. MORPH_RECT, kernel_size)
8      opened_image = cv2. morphologyEx(image, cv2. MORPH_OPEN, kernel)
9      plt. figure(figsize = (10,5))
10     plt. subplot(121), plt. imshow(image, cmap = 'gray'), plt. title('原始图像')
11     plt. xticks([]), plt. yticks([])
12     plt. subplot(122), plt. imshow(opened_image, cmap = 'gray'), plt. title('开运算后图像')
13     plt. xticks([]), plt. yticks([])
14     plt. show()
15 image_path = r"D:\imaget\right-noise1. jpg"
16 kernel_size = (10,10)    # 内核大小为 5×5
17 image_opening(image_path, kernel_size)
```

【代码说明】

1）第 1~4 行导入所需的库，设置 Matplotlib 的字体为中文宋体。

2）第 5 行定义图像开运算函数。

3）第 6 行读取图像，以灰度模式读取图像。

4）第 7 行创建结构元素（内核）。

5）第 8 行执行图像开运算。

6）第 10~14 行创建子图，显示原始图像与膨胀后的图像。

7）第 15 行读取图像。

8）第 16 行设内核大小。

9）第 17 行调用图像开运算函数。

原始图像与开运算处理图如图 6-6 所示。

图 6-6　原始图像与开运算处理图

由图 6-6 可看出在经过开运算后，即先腐蚀后膨胀，能够消除图像区域外的小白点（噪声）。

6.2.2　闭运算

图像闭运算是图像依次经过膨胀、腐蚀处理的过程。图像先膨胀，后腐蚀，它有助于关闭前景物体内部的小孔，或物体上的小黑点。

设 A 是原始图像，B 是结构元素图像，则集合 A 被结构元素 B 做开运算，记为 $A \cdot B$，其定义为

$$A \cdot B = (A \oplus B) - B \tag{6-2}$$

A 被 B 闭运算就是 A 被 B 膨胀后的结果再被 B 腐蚀。

闭运算是对图像先膨胀，再腐蚀，通常能够将靠近的图块连成一个无凸起的连通域。闭运算如图 6-7 所示。

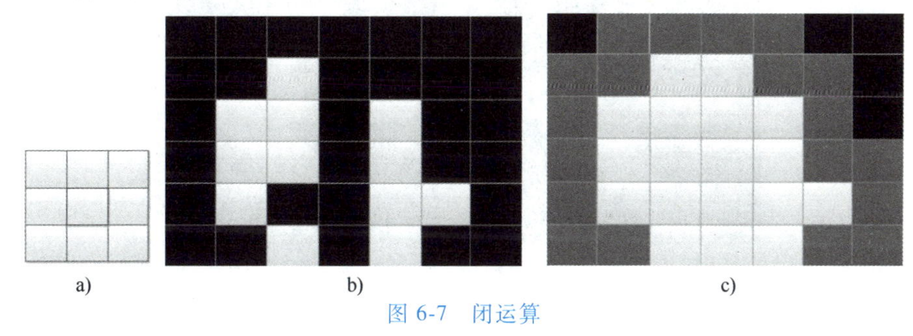

图 6-7　闭运算

a）结构元素　b）原始图像　c）闭运算后的图像

代码如下：

【例 6-4】 闭运算。

```
import cv2
import numpy as np
import matplotlib.pyplot as plt
plt.rcParams['font.sans-serif'] = ['SimHei']
def image_closing(image_path,kernel_size):
    image=cv2.imread(image_path,0)
    kernel=cv2.getStructuringElement(cv2.MORPH_RECT,kernel_size)
    closed_image=cv2.morphologyEx(image,cv2.MORPH_CLOSE,kernel)
    plt.figure(figsize=(10,5))
    plt.subplot(121),plt.imshow(image,cmap='gray'),plt.title('原始图像')
    plt.xticks([]),plt.yticks([])
    plt.subplot(122),plt.imshow(closed_image,cmap='gray'),plt.title('闭运算后图像')
    plt.xticks([]),plt.yticks([])
    plt.show()
image_path=r"D:\imaget\right-noise2.jpg"
kernel_size=(10,10)
image_closing(image_path,kernel_size)
```

【代码说明】

1）第 1~4 行导入所需的库，设置 Matplotlib 的字体为中文宋体。

2）第 5 行定义图像闭运算函数。

3）第 6 行读取图像，以灰度模式读取图像。

4）第 7 行创建结构元素（内核）。

5）第 8 行执行图像闭运算。

6）第 9~14 行创建子图，显示原始图像与膨胀后的图像。

7）第 15~17 行输入图像路径和内核大小，调用函数进行图像闭运算。

原始图像与闭运算处理图如图 6-8 所示。

图 6-8 原始图像与闭运算处理图

由图 6-8 可看出在经过闭运算后，即先膨胀后腐蚀，能够消除图像区域内的小黑点（噪声）。

6.3　形态学图像处理交通领域编程实现

6.3.1　利用开、闭运算实现斑马线清洗

开运算和闭运算可以用于按顺序从二值图像中（如小的前景对象）去噪。运算可以用于清洗斑马线图像的预处理步骤。如下代码演示了如何实现斑马线清洗：

【例 6-5】　开闭运算实现斑马线清洗。

```
import matplotlib.pyplot as plt
from skimage.io import imread
from skimage.color import rgb2gray
from skimage.morphology import binary_opening,binary_closing,disk
from skimage.morphology import white_tophat,black_tophat,square,binary_erosion
im=rgb2gray(imread(r'D:/imaget/bmx_0.3.jpg'))
im[im <= 0.6]=0
im[im > 0.6]=1
im_o=binary_opening(im,square(3))
im_c=binary_closing(im,square(3))
im_oc=binary_closing(binary_opening(im,square(2)),square(2))
plt.figure(figsize=(20,10))
plt.subplot(221)
plt.imshow(im)
plt.title('original',size=20)
plt.axis('off')
plt.subplot(222)
plt.imshow(im_o)
plt.title('opening',size=20)
plt.axis('off')
plt.subplot(223)
plt.imshow(im_c)
plt.title('closing',size=20)
plt.axis('off')
plt.subplot(224)
plt.imshow(im_oc)
plt.title('opening+closing',size=20)
plt.axis('off')
plt.show()
```

【代码说明】

1）第1~5行导入所需的库。

2）第6行读取图像，并将其转换为灰度图像。

3）第7~8行这两行代码将灰度图像中灰度值小于或等于0.6的像素设为0（背景），将灰度值大于0.6的像素设为1（前景）。

4）第9~11行执行了开运算和闭运算。binary_opening函数用于执行开运算操作，它将前景对象的小区域去除。binary_closing函数用于执行闭运算操作，它填充前景对象的小空洞。

5）第12~29行显示图像。

开闭运算处理结果图如图6-9所示。

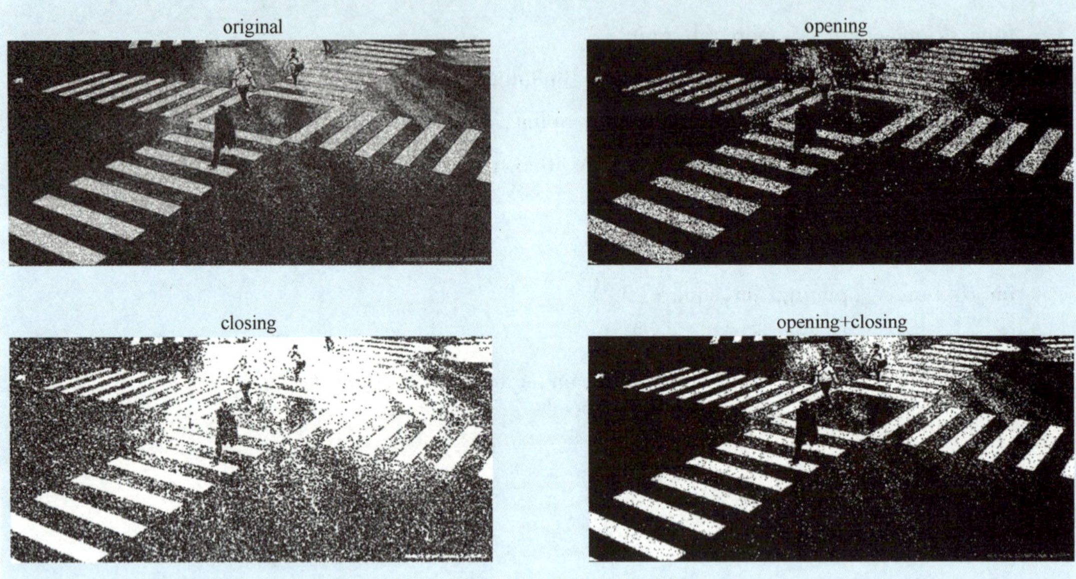

图6-9　开闭运算处理结果图

可以看到，交替应用开运算和闭运算对斑马线噪声二值图像进行了清洗。

6.3.2　形态学对比度增强

形态学对比度增强滤波器通过只考虑由结构元素定义的邻域中的像素，对每个像素进行操作。它用邻域内的局部最小或局部最大像素替换中心像素，这取决于原始像素最接近哪个像素。如下代码显示了使用形态学对比度增强滤波器和曝光模块的自适应直方图均衡化得到的输出结果的比较，这两个滤波器都是局部的。

【例6-6】　利用形态学进行对比度增强。

```
1 import numpy as np
2 from skimage. filters. rank import enhance_contrast,equalize
3 from skimage import exposure
4 image = rgb2gray(imread('D:/imaget/stair. jpg'))
```

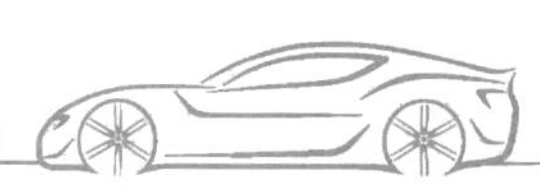

```
sigma=0.05
noisy_image=np.clip(image+sigma * np.random.standard_normal(image.shape),0,1)
enh=enhance_contrast(noisy_image,disk(5))
leq=equalize(noisy_image,disk(5))
eq=exposure.equalize_adapthist(noisy_image)
geq=exposure.equalize_hist(noisy_image)
fig,ax=plt.subplots(1,3,figsize=[18,14],sharex='row',sharey='row')
ax1,ax2,ax3=ax.ravel()
ax1.imshow(noisy_image,cmap=plt.cm.gray)
ax1.set_title('Original')
ax1.axis('off')
ax1.set_adjustable('box')
ax2.imshow(enh,cmap=plt.cm.gray)
ax2.set_title('Local morphological contrast enhancement')
ax2.axis('off')
ax2.set_adjustable('box')
ax3.imshow(eq,cmap=plt.cm.gray)
ax3.set_title('Adaptive Histogram equalization')
ax3.axis('off')
ax3.set_adjustable('box')
```

【代码说明】

1）第1~3行导入所需的库。

2）第4~6行读取图像，并将其转换为灰度图像，向原始图像添加高斯噪声。

3）第7~10行对噪声图像进行形态学对比增强和直方图均衡化。

4）第11~24行显示原始图像、局部形态学对比度增强图像和自适应直方图均衡化图像。形态学对比度增强图如图6-10所示。

图6-10　形态学对比度增强图

习题

1. 图像腐蚀操作对图像的哪些特征产生影响？如何选择合适的腐蚀结构元素？
2. 图像膨胀操作对图像的哪些特征产生影响？如何选择合适的膨胀结构元素？
3. 简述开运算操作的流程，开运算处理能够解决图像的什么问题？
4. 简述闭运算操作的流程，闭运算处理能够解决图像的什么问题？
5. 编写程序，利用开闭运算实现斑马线清洗。

第7章　图像分割

图像分割是指将图像分成若干互不重叠的各具特性的区域，使得同一个子区域内的特征具有一定相似性，不同子区域的特征呈现较为明显的差异，并提取出感兴趣目标的一种技术和过程。

图像分割是图像理解和图像分析的重要步骤之一。在对图像的研究和应用中，人们往往仅对图像中的某些部分感兴趣，这部分常常被称作目标或前景（其他部分称为背景），它们一般对应图像中特定的、具有独特性质的区域。为了识别和分析图像中的目标，需要利用图像分割将它们从图像中分类、提取出来。图像分割可以在不同的级别上进行，包括像素级、区域级和对象级分割。像素级分割是将每个像素标记为属于不同类别或对象的过程，例如将图像中的某个像素标记为前景或背景。区域级分割是将图像划分为不同的连通区域，每个区域内的像素具有相似的特征。对象级分割是在图像中识别和分割特定的对象或实体，例如在交通场景中，分割出行人、车辆或交通标志。

7.1　阈值分割

阈值分割是基于图像像素灰度值的阈值进行分类。阈值分割的基本原理是根据像素灰度值与预先设定的阈值进行比较，将像素分为两个类别：大于阈值的像素归为一类，小于或等于阈值的像素归为另一类，这种二值化阈值分割的结果可以形成图像中的前景（目标）和背景两个区域。

阈值分割的关键步骤是阈值的选择，阈值可以根据图像的特点和应用需求进行手动选择，也可以通过自动阈值选择算法进行自动确定。常用的自动阈值选择算法包括 Otsu 算法、基于最大类间方差和基于双峰分析的方法等。

阈值分割方法的优点是简单易用，计算速度快，适用于简单的图像分割任务。然而，阈值分割方法对光照变化、噪声和图像复杂性较高的情况可能不够鲁棒，无法处理具有多个目标或前景区域的情况。在处理复杂情况时，可能需要结合其他分割技术或采用更复杂的算法。

7.1.1　基于阈值的二值化

图像二值化是将图像上所含点的灰度值设置为 0 或 255，使图像呈现出明显的黑白效

果。常用的二值化方法是基于阈值的二值化，利用阈值分割的方式，将256个亮度等级的灰度图像，通过适当的阈值选取而获得可以反映图像特征的二值化图像。二值化的处理使图像集合性质不再涉及像素的多级值，减少数据的处理和压缩量，能凸显出感兴趣目标的轮廓。为去除图像中无关的干扰信息，对分割阈值的选取尤为重要，根据不同阈值的设定，图像二值化的算法可分为固定阈值化处理和自适应阈值化处理两类。固定阈值化处理可设定某一阈值 T，用 T 将图像的数据分成两部分：大于或等于 T 的像素群和小于 T 的像素群，假设输入图像为 $f(x,y)$，输出图像为 $f'(x,y)$，可用下式表示，即

$$f'(x,y)=\begin{cases}255 & f(x,y)\geqslant T\\ 0 & f(x,y)<T\end{cases} \tag{7-1}$$

所有灰度大于或等于阈值的像素被判定为属于对象物体，小于阈值的像素点被排除在外，表示背景或者非物体区域。

7.1.2 Otsu 分割

Otsu 分割是一种自适应阈值分割方法，通过自动确定最佳阈值来实现图像的二值化。它是由 Otsu 在 1979 年提出的一种基于直方图的分割算法，该算法利用图像的灰度直方图，根据类间方差最大化的原则，寻找一个最佳的阈值，将图像分割为前景和背景两部分。

Otsu 分割的算法步骤如下：

1）计算图像的灰度直方图，并归一化。

2）初始化类间方差为 0，设置最佳阈值为 0。

3）对于每个可能的阈值 t（从 0 到最大灰度级），计算两个类别的权重、平均灰度和类间方差。

4）根据类间方差的大小更新最佳阈值。

5）使用最佳阈值对图像进行二值化。

Otsu 分割方法在处理灰度图像的前景和背景差异较大、噪声较少的情况下效果良好。它能够自适应地确定最佳阈值，避免了手动选择阈值的主观性，并且具有较好的分割效果。

在 OpenCV 中，使用 cv2. threshold( ) 函数实现基于阈值的二值化，而使用 cv2. THRESH_OTSU 常量可以应用 Otsu 分割算法自动确定最佳阈值。

【例 7-1】 使用 OpenCV 和 matplotlib 库对图像的阈值分割和直方图展示。

```
1  import cv2
2  import matplotlib. pyplot as plt
3  #读取加载图片
4  path = r" D:/imaget/xingren. jpg"
5  img = cv2. imread( path)
6  gray = cv2. cvtColor( img, cv2. COLOR_BGR2GRAY)
7  #简单二值化滤波
8  ret, th1 = cv2. threshold( gray, 127, 255, cv2. THRESH_BINARY)
9  #Otsu 滤波
10 ret2, th2 = cv2. threshold( gray, 0, 255, cv2. THRESH_BINARY+cv2. THRESH_OTSU)
```

```
11 #可视化
12 plt.figure(figsize=(12,8))
13 plt.subplot(221)
14 plt.imshow(gray,'gray')
15 plt.title('Original Image')
16 plt.axis('off')
17 #.ravel方法将矩阵转化为一维,画出灰度直方图
18 plt.subplot(222)
19 plt.hist(gray.ravel(),256)
20 plt.title('Histogram')
21 plt.subplot(223)
22 plt.imshow(th1,'gray')
23 plt.title('Simple Thresholding')
24 plt.axis('off')
25 plt.subplot(224)
26 plt.imshow(th2,'gray')
27 plt.title('Otsu Thresholding')
28 plt.axis('off')
29 plt.show()
```

【代码说明】

1）第1~2行导入所需的库：cv2用于图像处理，matplotlib用于图像展示和绘制直方图。

2）第3~6行读取图像并转换为灰度图像：使用cv2.imread()函数读取图像，然后使用cv2.cvtColor()函数将图像转换为灰度图像。

3）第7~8行进行简单滤波阈值分割：使用cv2.threshold()函数对灰度图像进行简单滤波阈值分割。将阈值设为127，大于或等于该阈值的像素设为255（白色），小于或等于该阈值的像素设为0（黑色）。

4）第9~11行进行Otsu滤波阈值分割：使用cv2.threshold()函数对灰度图像进行Otsu滤波阈值分割。通过传递cv2.THRESH_BINARY+cv2.THRESH_OTSU作为阈值类型，该方法会自动确定最佳阈值。

5）第12~29行绘制图像和直方图：使用matplotlib.pyplot库绘制图像和直方图。plt.subplot()函数用于创建子图，并使用plt.imshow()函数展示灰度图像、简单滤波阈值分割图像和Otsu滤波阈值分割图像。plt.hist()函数用于绘制灰度直方图。

阈值分割结果图如图7-1所示。

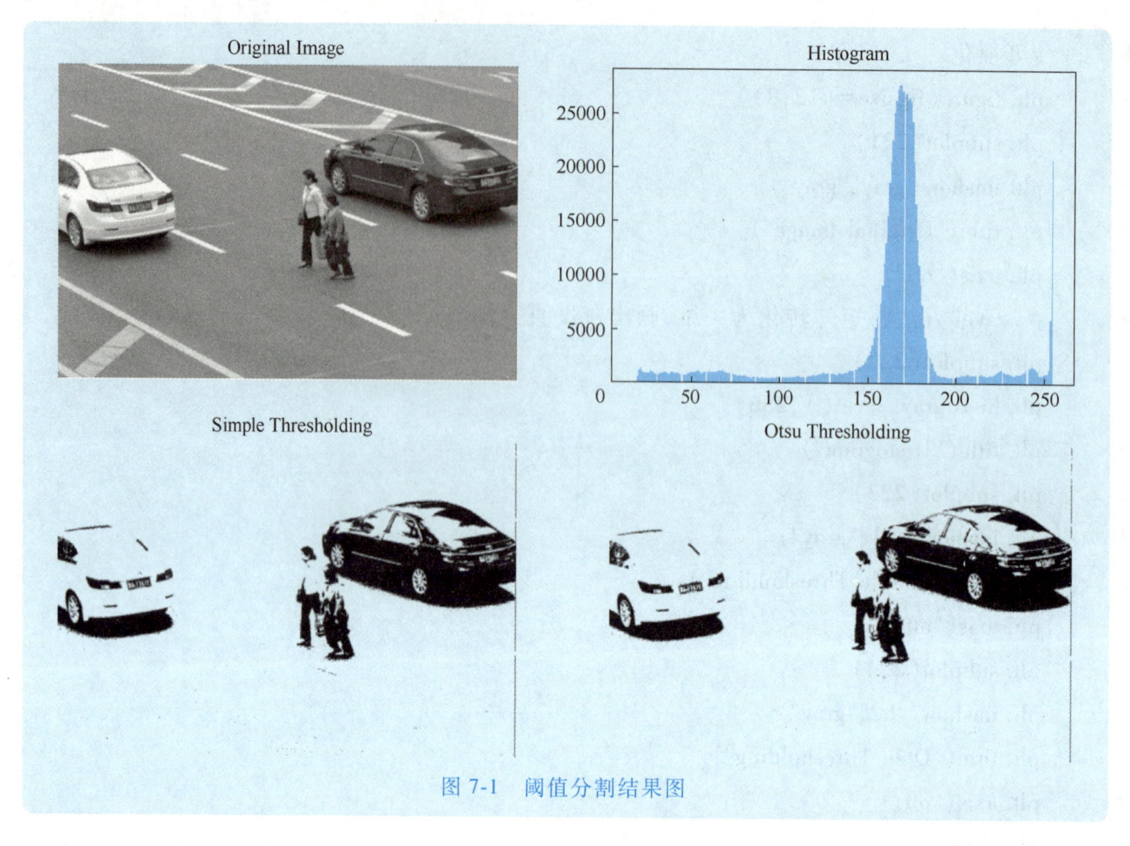

图 7-1 阈值分割结果图

7.2 边缘检测

图像边缘是指图像局部特性的不连续性，如灰度或结构等信息的突变处。图像边缘是指灰度图中梯度值显著变化，存在局部像素与周围像素不连续的点集合。在图像处理过程中，由于图像边缘存在大量有效信息，边缘是一个区域的结束，也是另一个区域的开始，利用该特征可以分割图像。因此边缘检测的结果将直接影响后续图像识别的效果。

边缘特征提取方法通常是利用边缘的位置、方向和强度等属性来提取特征的。这些特征可以是边缘的形状、长度和曲率等信息，也可以是与边缘相邻的像素值、颜色等特征。

7.2.1 基于梯度方法和零点交叉方法的边缘检测

图像的边缘有方向和幅度两种属性，边缘通常可以通过一阶导数或二阶导数检测得到，一阶导数是以最大值作为对应边缘的位置，而二阶导数则以过零点作为对应边缘的位置。在一幅图像 $f(x,y)$ 的位置处寻找边缘的强度和方向，选择的工具就是梯度。要得到一幅图像的梯度，则要求在图像的每个像素点位置处计算偏导数。因为在边缘处灰度值变化明显，根据这个特性可以对图像数据进行一阶求导数和二阶求导数，以达到检测出图像边缘细节的效果。

对于连续图像函数 $f(x,y)$，它在该点的梯度为向量，定义为

$$\nabla f(x,y)=(G_x,G_y)^{\mathrm{T}}=\left(\frac{\partial f}{\partial x},\frac{\partial f}{\partial y}\right)^{\mathrm{T}} \tag{7-2}$$

式中，G_x 和 G_y 分别为沿着 x 方向和 y 方向的梯度。其幅值 $|\nabla f(x,y)|$ 和方向角为

$$|\nabla f(x,y)| = \mathrm{mag}(\nabla f(x,y)) = (G_x^2+G_y^2)^{\frac{1}{2}} \tag{7-3}$$

$$\phi(x,y) = \arctan(G_y/G_x) \tag{7-4}$$

梯度的数值就是 $f(x,y)$ 在其最大变换率方向上的单位距离所增加的量。在对数字图像进行处理的过程中，可由差分代替微分来实现，即

$$|\nabla f(x,y)| = \{[f(x,y)-f(x+1,y)]^2+[f(x,y)-f(x,y+1)]^2\}^{\frac{1}{2}} \tag{7-5}$$

同样，二阶导数的计算表达式表示如下：

$$\nabla^2 f(x,y) = \frac{\partial^2 f(x,y)}{\partial x^2}+\frac{\partial^2 f(x,y)}{\partial y^2} \tag{7-6}$$

对于不同的滤波器模板得到的梯度是不同的，这也就衍生出很多算子，下面将详细介绍不同的边缘检测算子。

1. 一阶导数的边缘算子

通过模板作为核与图像的每个像素点做卷积和运算，然后选取合适的阈值来提取图像的边缘。常见的有 Roberts 算子、Prewitt 算子和 Sobel 算子。

（1）Roberts 算子　Roberts 算子是基于局部差分运算来确定边缘线条的梯度算法。其工作原理是基于差分的思想，利用对角线方向上的两相邻像素值作差运算，用求取到的结果近似代替梯度幅值，从而判断边缘点所处位置。具体表达式为

$$d_x(i,j)=f(i+1,j+1)-f(i,j)$$

$$d_y(i,j)=f(i,j+1)-f(i+1,j) \tag{7-7}$$

$$g(i,j)=\sqrt{[f(i+1,j+1)-f(i,j)]^2+[f(i+1,j)-f(i,j+1)]^2} \tag{7-8}$$

式中，$d_x(i,j)$、$d_y(i,j)$ 分别为图像水平方向和垂直方向的计算公式；$f(i,j)$、$f(i+1,j)$、$f(i,j+1)$、$f(i+1,j+1)$ 为 2×2 模板中像素的坐标位置；$g(i,j)$ 为边缘检测后输出图像的像素灰度值。

Roberts 算子的模板分为水平方向和垂直方向，Roberts 算子的模板如图 7-2 所示，从其模板可以看出，Roberts 算子能较好地增强正负 45°的图像边缘。

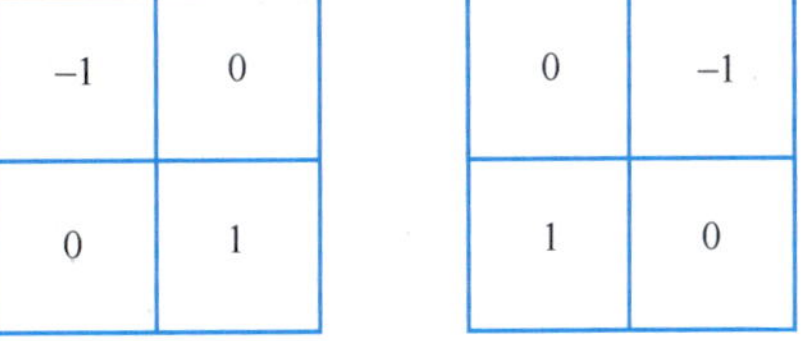

图 7-2　Roberts 算子模板图

Roberts 算子的优势是计算简便，运行速度快。但是，由于该算子极易受到噪声的影响，因此其对图像边缘的平滑处理较差。在检测比较宽的边缘信息时，需要做细化处理，导致图像边缘轻微模糊，对边缘信息的定位不够准确，所以 Roberts 算子常用来处理边缘明显且噪声较少的图像。

（2）Prewitt 算子　Prewitt 算子是一种利用一阶求导获取梯度值的检测方法，其工作原理是利用在 x 和 y 方向上，特定像素点邻域的像素灰度值产生的差分绝对值来实现图像的边缘提取。对于数字图像 $f(x,y)$，Prewitt 算子可用式（7-9）进行描述。该算子对噪声的敏感度较低，因此可以平滑部分噪声，清除部分伪边缘。

$$G(i)=\left|\begin{array}{l}[f(i-1,j-1)+f(i-1,j)+f(i-1,j+1)]-\\ [f(i+1,j-1)+f(i+1,j)+f(i+1,j+1)]\end{array}\right|$$
$$G(j)=\left|\begin{array}{l}[f(i-1,j+1)+f(i,j+1)+f(i+1,j+1)]-\\ [f(i-1,j-1)+f(i,j-1)+f(i+1,j-1)]\end{array}\right| \tag{7-9}$$

与 Roberts 算子相比，该算子加大卷积核模板，采用 3×3 的模板对图像的水平方向和垂直方向进行卷积操作。常用的 x、y 方向上的卷积模板如图 7-3 所示。通过模板对像素点邻域的 8 个像素点进行卷积，选取 x、y 方向处理后的最大值后，两者之和作为输出图像的像素值。分别用式（7-10）、式（7-11）来确定。当计算后的灰度值大于所设阈值，认为该点为图像的边缘点。

$$W(i,j)=\max[G(i),G(j)] \tag{7-10}$$
$$W(i,j)=|G(i)+G(j)| \tag{7-11}$$

式中，$G(i)$、$G(j)$ 分别为横向、纵向处理后的像素差值；$W(i,j)$ 为横纵向像素插值的最大值或绝对值之和。

Prewitt 算子检测边缘的方法的优点是计算量小，便于操作，能够抑制噪声，适用于灰度渐变、噪声含量小的道路图像，其劣势是可能会将某些灰度值较大的噪声点误判为边缘点，而部分幅值较小的边缘点却被丢失。

-1	0	1
-1	0	1
-1	0	1

-1	-1	-1
0	0	0
1	1	1

图 7-3 Prewitt 算子模板图

（3）Sobel 算子 Sobel 算子属于一阶差分算子，其工作原理与 Prewitt 算子类似，Sobel 算子对 x、y 方向分别使用不同的卷积模板进行边缘检测。同样利用 3×3 卷积模板来求出一阶导数 G_x、G_y 的近似值。以微分导数与局部平均相结合为基础，将该模板的矩阵与图像中的各个像素做卷积运算，设定一个像素阈值，根据梯度幅度值判断该像素点是否为检测对象的边缘点，标识图像中灰度值变化明显的点。各个像素点的梯度在数学上可用式（7-12）表达。

$$G_{f(x,y)}=\sqrt{G_x^2+G_y^2} \tag{7-12}$$

式中，$f(x,y)$ 是未经处理图像中的像素点在（x,y）坐标下的灰度值；G_x、G_y 分别为原图像水平方向（横轴）、垂直方向（纵轴）的卷积。

Sobel 算子是一种具有良好平滑图像功能的边缘检测技术，形式为滤波算子。相比于前两种检测方法，Sobel 算子有更好的抑制噪声能力以及边缘定位效果，对于灰度渐变和噪声较多的图像有较为理想的处理效果。该算子能够快速清除部分噪声的干扰，获得较为连续的边缘信息，并且在计算过程中，检测垂直方向上的像素点具有明显的优势。虽然该算子可以针对不同方向进行检测，但其没有将图像的主体和背景进行严格区分，所以提取的图像边缘信息并不满足实际需要。当对检测的精度要求不高时，可以采用此算子。其算子模板如图 7-4 所示。

-1	0	1
-2	0	2
-1	0	1

-1	-2	-1
0	0	0
1	2	1

图 7-4 Sobel 算子模板图

2. 二阶导数的边缘算子

依据二阶导数过零点，常见的有拉普拉斯（Laplacian）算子、Marr-Hildreth 算子和高斯拉普拉斯算子（LoG Operator），此类算子对噪声敏感。

（1）Laplacian 算子 Laplacian 算子是 n 维欧几里得空间中的一个二阶微分算子，常用于图像增强领域和边缘提取。它通过灰度差分计算邻域内的像素，通过计算像素点的二阶导数来检测图像中的边缘，具有旋转不变性，能够检测图像中的边缘的粗略位置和方向。

算法基本流程：

1）判断图像中心像素灰度值与它周围其他像素的灰度值，如果中心像素的灰度更高，则提升中心像素的灰度；反之降低中心像素的灰度，从而实现图像锐化操作。

2）在算法实现过程中，Laplacian 算子通过对邻域中心像素的四方向或八方向求梯度，再将梯度相加起来判断中心像素灰度与邻域内其他像素灰度的关系。

3）通过梯度运算的结果对像素灰度进行调整。Laplacian 算子分为四邻域和八邻域，模板如图 7-5 所示，四邻域是对邻域中心像素的四个方向求梯度，八邻域是对八个方向求梯度。

0	1	0
1	−4	1
0	1	0

a)

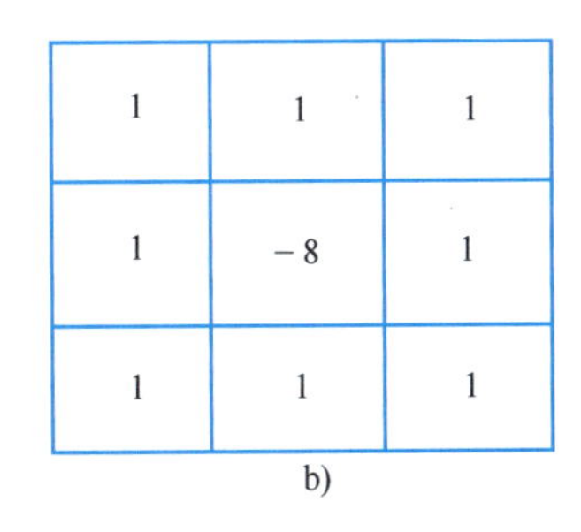

1	1	1
1	−8	1
1	1	1

b)

图 7-5 Laplacian 算子模板图

a）四邻域 Laplacian b）八邻域 Laplacian

通过 Laplacian 算子的模板可以发现：当邻域内像素灰度相同时，模板的卷积运算结果为 0；当中心像素灰度高于邻域内其他像素的平均灰度时，模板的卷积运算结果为正数；当中心像素的灰度低于邻域内其他像素的平均灰度时，模板的卷积为负数。对卷积运算的结果用适当的衰弱因子处理并加在原中心像素上，就可以实现图像的锐化处理。

（2）Marr-Hildreth 算子 Marr-Hildreth 算子结合了高斯滤波和拉普拉斯算子。它首先对图像进行高斯滤波平滑，然后应用拉普拉斯算子来检测边缘。Marr-Hildreth 算子可以产生具有边缘细节和边缘位置信息的边缘图像。

（3）高斯拉普拉斯算子 高斯拉普拉斯算子是将高斯平滑和拉普拉斯算子结合在一起。它首先对图像进行高斯滤波平滑，然后应用拉普拉斯算子来检测边缘。高斯拉普拉斯算子可以抑制噪声并检测边缘。

【例 7-2】 Sobel、Prewitt 和 Roberts 算子对图像边缘检测代码。

```
#导入所需的库
1 import cv2
2 import numpy as np
```

```
3   import matplotlib. pyplot as plt
4   #定义一个函数应用边缘检测算子并显示结果
5   def apply_edge_detection(image,kernel_x,kernel_y,title):
6       edges_x=cv2. filter2D(image,-1,kernel_x)
7       edges_y=cv2. filter2D(image,-1,kernel_y)
8       plt. figure(figsize=(12,4))
9       plt. subplot(1,3,1)
10      plt. imshow(image,cmap='gray')
11      plt. title('Original Image')
12      plt. axis('off')
13      plt. subplot(1,3,2)
14      plt. imshow(edges_x,cmap='gray')
15      plt. title(title+' x')
16      plt. axis('off')
17      plt. subplot(1,3,3)
18      plt. imshow(edges_y,cmap='gray')
19      plt. title(title+' y')
20      plt. axis('off')
21      plt. tight_layout()
22      plt. show()
23  #加载一张图像并应用 Sobel、Prewitt 和 Roberts 算子
24  image=cv2. imread('D:/imaget/lane. jpg',cv2. IMREAD_GRAYSCALE)
25  #定义 Sobel 算子
26  sobel_x=np. array([[-1,0,1],[-2,0,2],[-1,0,1]])
27  sobel_y=np. array([[1,2,1],[0,0,0],[-1,-2,-1]])
28  #定义 Prewitt 算子
29  prewitt_x=np. array([[-1,0,1],[-1,0,1],[-1,0,1]])
30  prewitt_y=np. array([[1,1,1],[0,0,0],[-1,-1,-1]])
31  #定义 Roberts 算子
32  roberts_x=np. array([[1,0],[0,-1]])
33  roberts_y=np. array([[0,1],[-1,0]])
34  #应用各算子
35  apply_edge_detection(image,sobel_x,sobel_y,'Sobel')
36  apply_edge_detection(image,prewitt_x,prewitt_y,'Prewitt')
37  apply_edge_detection(image,roberts_x,roberts_y,'Roberts')
```

【代码说明】

1）第 1~3 行导入了所需的库：cv2 用于图像处理，numpy 用于数组操作，matplotlib. pyplot 用于图像显示。

2）第4~22行定义一个名为apply_edge_detection的函数，它接受图像x方向和y方向的卷积核，以及一个标题作为参数。在函数内部，首先使用cv2.filter2D函数对图像应用x方向和y方向的卷积核，得到边缘图像。然后，使用matplotlib.pyplot库来创建一个包含原始图像、x方向和y方向边缘图像的绘图窗口，并显示这些图像。

3）第23~33行加载灰度图像，并定义Sobel、Prewitt和Roberts算子的卷积核。

4）第34~37行通过调用apply_edge_detection函数，分别应用Sobel、Prewitt和Roberts算子，并显示结果。

Sobel、Roberts和Prewitt算子对图像应用边缘检测如图7-6所示。

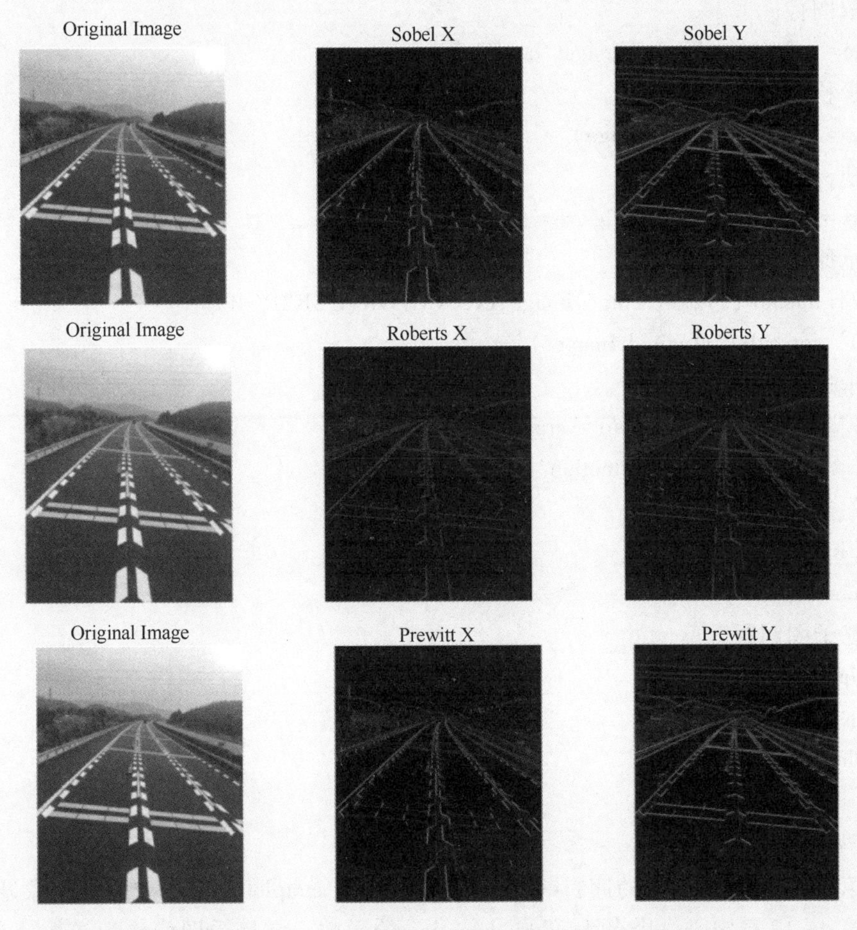

图7-6　Sobel、Roberts和Prewitt算子对图像应用边缘检测

【例7-3】　基于Laplacian算子的边缘检测，并在一张图中显示原始图像和边缘检测结果。

```
1 import cv2
2 import numpy as np
3 import matplotlib.pyplot as plt
4 def edge_detection(image):
```

```
5        #转换为灰度图像
6        gray = cv2.cvtColor(image, cv2.COLOR_BGR2GRAY)
7        #应用 Laplacian 算子
8        laplacian = cv2.Laplacian(gray, cv2.CV_64F)
9        #零交叉点检测
10       edges = np.zeros_like(laplacian)
11       edges[laplacian > 10] = 255
12       return edges
13   #读取图像
14   image = cv2.imread('D:/imaget/lane.jpg')
15   #边缘检测
16   edges = edge_detection(image)
17   #创建一个绘图窗口
18   fig, ax = plt.subplots(1, 2, figsize = (10, 5))
19   #显示原图像
20   ax[0].imshow(cv2.cvtColor(image, cv2.COLOR_BGR2RGB))
21   ax[0].set_title('Original Image')
22   #显示边缘图像
23   ax[1].imshow(edges, cmap = 'gray')
24   ax[1].set_title('Edge Detection')
25   #去除坐标轴
26   for a in ax:
27       a.axis('off')
28   #调整子图间距
29   plt.tight_layout()
30   #显示结果
31   plt.show()
```

【代码说明】

1）第 1~3 行导入所需的库：cv2 用于图像处理，matplotlib.pyplot 用于图像显示。

2）第 4~12 行定义一个名为 edge_detection 的函数，它接受图像作为参数。在函数内部，首先将图像转换为灰度图像，然后使用 cv2.Laplacian 函数应用 Laplacian 算子，得到边缘图像。创建一个与边缘图像大小相同的全零数组 edges，将边缘图像中大于零的像素位置对应的 edges 数组元素设置为 255。最后，返回边缘图像 edges。

3）第 13~14 行使用 cv2.imread 函数读取图像，并存储在变量 image 中。

4）第 15~16 行调用 edge_ detection 函数对图像进行边缘检测，将结果保存在变量 edges 中。

5）第 17~24 行使用 matplotlib.pyplot 库创建一个绘图窗口，其中包含一行两列的子

图。使用 imshow 函数显示原始图像和边缘图像，并设置标题。

6）第 25~31 行通过循环和 axis('off') 函数去除子图的坐标轴，使用 tight_layout 函数调整子图之间的间距，并使用 show 函数显示结果。

Laplacian 算子对图像应用边缘检测如图 7-7 所示。

图 7-7 Laplacian 算子对图像应用边缘检测

7.2.2 基于边缘连接的边缘检测

1. Canny 算子

在介绍基于边缘连接的边缘检测之前，先介绍其常用且经典的 Canny 算子，Canny 算子是一种常用的边缘检测算法，由 John F. Canny 于 1986 年提出，它是一种多步骤的算法，通过检测图像中的强度变化来提取出图像的边缘信息。

Canny 算子的主要步骤包括：

(1) 噪声抑制 首先，通过应用高斯滤波器对图像进行平滑处理，以减少图像中的噪声。高斯滤波器可以去除图像中的高频噪声，同时保留边缘的细节。

(2) 梯度计算 在平滑后的图像上，使用一阶偏导数（通常是 Sobel 算子）计算每个像素点的梯度幅值和方向。梯度的幅值表示图像中的强度变化，梯度的方向表示边缘的方向。

(3) 非极大值抑制 在梯度图像上执行非极大值抑制，以细化边缘。对于每个像素点，沿着梯度方向比较其幅值与相邻像素的幅值，只保留局部最大值，将其他非极大值抑制为零。

(4) 双阈值处理 根据设定的高阈值和低阈值，对非极大值抑制后的图像进行阈值化处理。高阈值用于确定强边缘，低阈值用于确定弱边缘。如果像素的梯度值高于高阈值，则被视为强边缘；如果梯度值介于高阈值和低阈值之间，则根据其是否与强边缘相连来确定是否为弱边缘。

(5) 边缘连接 最后一步是通过边缘连接来完善边缘结果。弱边缘只有与强边缘直接相连时才被保留，否则被消除。

Canny 算子的优点是能够准确地检测出图像中的边缘，且对噪声有较好的抑制效果。它

通过多个步骤的处理，能够提取出细线段，并且能够较好地保持边缘的连续性。然而，Canny 算子的计算复杂度较高，算法中的参数选择也对结果有较大影响，需要进行适当调整以适应不同的图像场景。

【例 7-4】 使用 Canny 算子检测图像的边缘。

```
import cv2
img=cv2.imread('D:/imaget/lane.jpg')
img_gray=cv2.cvtColor(img,cv2.COLOR_BGR2GRAY)        #转化为灰度图像
img_gaus=cv2.GaussianBlur(img_gray,(3,3),0)          #高斯滤波
#Canny 边缘检测,设置两个阈值分别为 100 和 200
edge_output=cv2.Canny(img_gaus,100,200)
cv2.imshow("Original",img)
cv2.imshow("canny",edge_output)
cv2.waitKey()
cv2.destroyAllWindows()
```

【代码说明】

1）第 1~3 行导入 cv2 库，读取图像，转化为灰度图像。

2）第 4 行图像高斯滤波。

3）第 5~6 行 Canny 算子边缘检测。

4）第 7~10 行显示原始图像和图像边缘，关闭窗口。

Canny 算子检测图像边缘如图 7-8 所示。

图 7-8 Canny 算子检测图像边缘

2. 基于边缘连接的边缘检测

基于边缘连接的边缘检测，用于在图像中找到目标对象的边缘或轮廓。边缘连接算法的基本思想是首先通过某种边缘检测算子（如 Sobel、Canny 等）在图像中检测出可能的边缘点。然后，通过将相邻的边缘点连接在一起，形成完整的边缘轮廓。

以下是基于边缘连接的边缘检测的基本步骤：

（1）图像预处理 通常会对输入图像进行预处理，如灰度化、高斯滤波等，以减少噪

声和图像中的细节信息。

（2）边缘检测 使用一种边缘检测算子（如 Sobel、Prewitt、Laplacian 等）对预处理后的图像进行处理，以检测出潜在的边缘点。这些算子会计算图像中每个像素的梯度强度和方向。

（3）非极大值抑制 在边缘检测的结果中，通过对局部最大值进行筛选，保留具有最大梯度值的像素，以获得更细化的边缘。

（4）高低阈值分割 通过设置高低阈值来将边缘连接起来。高阈值用于确定强边缘，而低阈值用于确定弱边缘。一般来说，高阈值选择较高的梯度值，低阈值是高阈值的一个比例。

（5）边缘连接 对于具有高梯度值的像素，如果其周围的像素之一被确定为强边缘，则将其与强边缘像素连接起来，形成连续的边缘线。

（6）边缘细化 通过对连接后的边缘进行细化操作，消除冗余的像素点，使边缘更加准确和连续。

基于边缘连接的边缘检测算法通常能够提取出图像中的主要边缘信息，并在很大程度上去除噪声和细节。然而，它也可能受到图像中强度变化不明显或者噪声较多的区域的影响，导致边缘检测结果不够理想。因此，在实际应用中，根据具体情况选择合适的边缘检测算法和参数设置非常重要。

7.3 Hough 变换

Hough 变换是一种特征提取技术，它是基于空间映射思想，把二值图像变换到 Hough 参数空间，将图像空间中的线段聚类一一映射到参数空间，从而形成峰值，完成目标的检测。Hough 变换的主要优点是能容忍特征边界描述中的间隙，并且相对不受图像噪声的影响。

7.3.1 Hough 变换原理

设图像在 x-y 空间中，在一条直线上的点在坐标系中表示为

$$y=k_0x+b \tag{7-13}$$

式中，k_0 为斜率值；b 为截距值；该式还可以转换为

$$b=-k_0x_0+y_0 \tag{7-14}$$

然而，图像空间和参数空间并不是在所有参数下都有映射关系，如果存在一条垂直于 x 轴的直线，k_0 值将近似无穷大，那么采用上式将无法找到其在参数空间中对应的点。为了解决这类问题，参数空间变换为用极坐标表示：

$$\rho=x\cos\theta+y\sin\theta \tag{7-15}$$

式中，ρ 是原点到直线的距离，θ 是该直线的法线与 x 轴的夹角，它们可以确定唯一一条直线，如图 7-9 所示。假设在图像坐标系中进行点集的变换，对于某一点（x_0,y_0），变换式如下：

$$\rho=x_0\cos\theta+y_0\sin\theta=A\sin(\alpha+\theta) \tag{7-16}$$

式中，$\alpha=\arctan(x_0/y_0)$；$A=\sqrt{x_0^2+y_0^2}$。

通过对偶关系，可以把图像坐标系中的一条直线变换成极坐标平面内的一个点，该点就是图像平面要检测的目标直线。

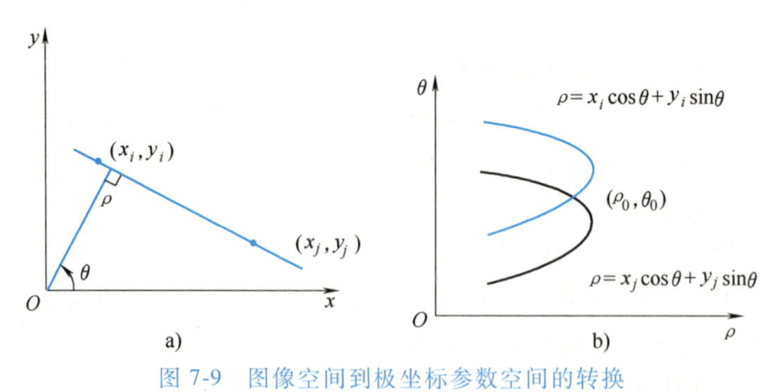

图 7-9　图像空间到极坐标参数空间的转换

a）极坐标参数空间　b）笛卡儿坐标映射到参数空间

Hough 变换是一个非常重要的检测间断点边界形状的方法，它通过将图像坐标空间变换到参数空间，来实现直线与曲线的拟合。相比于其他边缘识别手段，Hough 变换最大的优势是它的鲁棒性强，在区域边界含有局部间隙、有噪声干扰的情况下，仍能维持其检测的性能。在车道线的识别过程中，若出现噪声干扰或者部分特征结构中断等图像损坏现象，通常会采用 Hough 变换获得其他完好部分的参数，确定被损失的数据并进行修补。

7.3.2　图像 Hough 变换操作

在 OpenCV 中，Hough 变换分为 Hough 线变换和 Hough 圆变换，其中 Hough 线变换支持 3 种不同方法：标准 Hough 变换、多尺度 Hough 变换和累计概率 Hough 变换，包括提取图像中的直线和圆，调用 cv2. HoughLines( )、cv2. HoughLinesP( ) 和 cv2. HoughCircles( ) 实现。

1. 图像 Hough 线变换操作

1）标准 Hough 变换主要由 HoughLines( ) 函数实现。

2）多尺度 Hough 变换是标准 Hough 变换在多尺度下的变换，可以通过 HoughLines( ) 函数实现。

3）累计概率 Hough 变换是标准 Hough 变换的改进，它能在一定范围内进行 Hough 变换，计算单独线段的方向及范围，从而减少计算量，缩短计算时间，可以通过 HoughLinesP ( ) 函数实现。

在 OpenCV 中，通过函数 HoughLines( ) 检测直线，并且能够调用标准 Hough 变换 (SHT) 和多尺度 Hough 变换 (MSHT)。

【例 7-5】　使用 OpenCV 库函数 HoughLines( )检测直线。

```
1 import cv2
2 import numpy as np
3 from matplotlib import pyplot as plt
4 #读取图像
5 img=cv2.imread('D:/imaget/letterA.tif') #读取图像
6 #灰度变换
7 gray=cv2.cvtColor(img,cv2.COLOR_BGR2GRAY)
8 #转换为二值图像
```

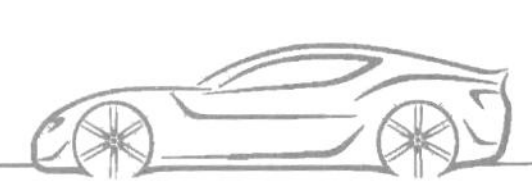

```
9    edges=cv2.Canny(gray,50,150)
10   #显示原始图像,边缘
11   plt.subplot(131),plt.imshow(img),plt.title(u'a)原始图像'),plt.axis('off')
12   plt.subplot(132),plt.imshow(edges,'gray'),plt.title(u'b)原始图像边缘'),plt.axis('off')
13   #Hough 变换检测直线
14   lines=cv2.HoughLines(edges,1,np.pi/180,160)
15   #转换为二维
16   line=lines[:,0,:]
17   #将检测的线在极坐标中绘制
18   for rho,theta in line[:]:
19   a=np.cos(theta)
20   b=np.sin(theta)
21   x0=a * rho
22   y0=b * rho
23   print(x0,y0)
24   x1=int(x0+1000 * (-b))
25   y1=int(y0+1000 * (a))
26   x2=int(x0-1000 * (-b))
27   y2=int(y0-1000 * (a))
28   print(x1,y1,x2,y2)
29   #绘制直线
30   cv2.line(img,(x1,y1),(x2,y2),(255,0,0),3)
31   #设置字体
32   plt.rcParams['font.sans-serif']=['SimHei']
33   #显示处理图像
34   plt.subplot(133),plt.imshow(img,'gray'),plt.title('c)结果图像')
35   plt.axis('off')
36   plt.show()
```

【代码说明】

1）第 1~3 行导入必要的库。

2）第 4~9 行读取图像，使用 cv2.cvtColor() 将彩色图像转换为灰度图像，用 Canny 算子提取边缘。

3）第 10~12 行显示原始图像，图像边缘。

4）第 13~14 行使用 Hough 变换检测直线，edges 是边缘检测得到的二值图像。参数 1 表示距离分辨率（单位为像素），np.pi/180 表示角度分辨率（单位为弧度），threshold 表示累加平面的阈值参数。

5）第 15~16 行转换为二维。

6）第 17~36 行将检测的线绘制在极坐标中，设置字体，显示图像。

OpenCV 标准 Hough 变换检测直线如图 7-10 所示。

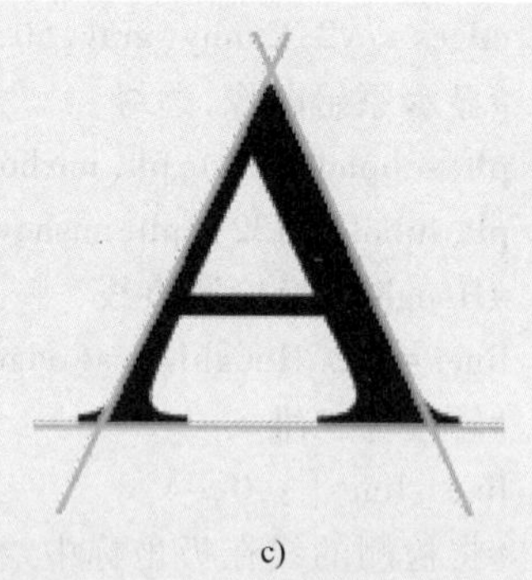

a) b) c)

图 7-10 OpenCV 标准 Hough 变换检测直线

a）原始图像 b）原始图像边缘 c）结果图像

标准 Hough 变换会计算图像中的每一个点，计算量比较大，另外它得到的是整条线 (r,θ)，并不知道原图中直线的端点。使用累计概率 Hough 变换，它是一种改进的 Hough 变换，调用 HoughLinesP( ) 函数实现。

【例 7-6】 调用 HoughLinesP( )函数检测图像中的直线,并将所有的直线绘制于原图像中。

```
1  import cv2
2  import numpy as np
3  from matplotlib import pyplot as plt
4  #读取图像
5  img=cv2.imread('D:/imaget/lane2.jpeg')
6  #灰度转换
7  gray=cv2.cvtColor(img,cv2.COLOR_BGR2GRAY)
8  #转换为二值图像
9  edges=cv2.Canny(gray,50,200)
10 #显示原始图像
11 plt.subplot(131),plt.imshow(img),plt.title(u'a)原始图像'),plt.axis('off')
12 plt.subplot(132),plt.imshow(edges,'gray'),plt.title(u'b)原始图像边缘'),plt.axis('off')
13 #Hough 变换检测直线
14 minLineLength=60
15 maxLineGap=10
16 lines=cv2.HoughLinesP(edges,1,np.pi/180,30,minLineLength,
17 maxLineGap)
18 #绘制直线
19 lines1=lines[:,0,:]
20 for x1,y1,x2,y2 in lines1[:]:
21 cv2.line(img,(x1,y1),(x2,y2),(255,0,0),2)
22 res=cv2.cvtColor(img,cv2.COLOR_BGR2RGB)
23 #设置字体
```

```
plt.rcParams['font.sans-serif']=['SimHei']
#显示处理图像
plt.subplot(133),plt.imshow(res),plt.title('c)结果图像'),plt.axis('off')
plt.show()
```

【代码说明】

1）第1~3行导入必要的库。

2）第4~9行读取图像，使用cv2.cvtColor()将彩色图像转换为灰度图像，用Canny算子提取边缘。

3）第10~12行显示原始图像和图像边缘。

4）第13~17行使用Hough变换检测直线，edges是边缘检测得到的二值图像。参数1表示距离分辨率（单位为像素），np.pi/180表示角度分辨率（单位为弧度），threshold是直线被接受的最小投票数，minLineLength是接受的线段的最小长度，maxLineGap是两条线段之间的最大间隙。

5）第18~27行将检测的线在极坐标中绘制，设置字体，显示图像。

OpenCV累计概率Hough变换检测直线如图7-11所示。

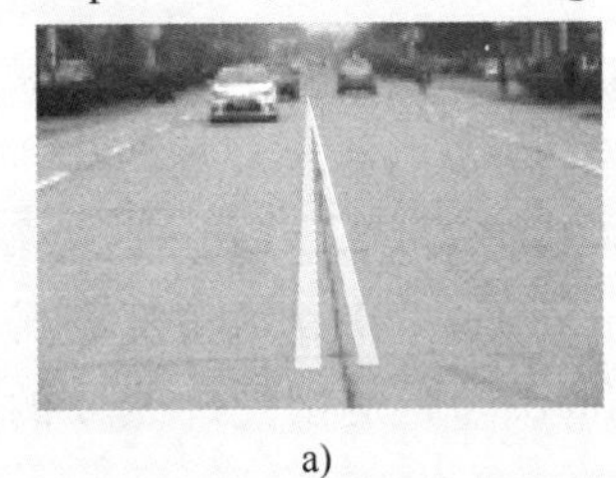

a)

b)

c)

图7-11　OpenCV累计概率Hough变换检测直线

a）原始图像　b）原始图像边缘　c）结果图像

HoughLinesP()函数检测图像中的直线，图7-11a所示为原始图像，图7-11b所示为检测出的直线，它有效地提取了线段的起点和终点。

【例7-7】　使用Python和OpenCV库进行基于边缘连接的边缘检测。

```
import cv2
import numpy as np
#读取图像
image=cv2.imread('D:\imaget\lane2.jpg')
#预处理
gray=cv2.cvtColor(image,cv2.COLOR_BGR2GRAY)   #转换为灰度图像
blur=cv2.GaussianBlur(gray,(5,5),0)   #高斯模糊
#边缘检测
edges=cv2.Canny(blur,50,150)   #Canny边缘检测
#Hough变换检测直线
lines=cv2.HoughLinesP(edges,1,np.pi/180,threshold=100,minLineLength=100,max-
LineGap=10)
```

```
13    #绘制直线
14    if lines is not None:
15        for line in lines:
16            x1,y1,x2,y2=line[0]
17            cv2.line(image,(x1,y1),(x2,y2),(0,255,0),2)
18    #显示结果
19    cv2.imshow('Original Image',image)
20    cv2.imshow('Edges',edges)
21    cv2.waitKey(0)
22    cv2.destroyAllWindows()
```

【代码说明】

1）第 1~4 行导入必要的库，其次使用 cv2.imread() 函数读取名为"lane2.jpg"的图像文件，将图像数据存储在变量 image 中。

2）第 5~7 行使用 cv2.cvtColor() 将彩色图像转换为灰度图像，方便后续处理。然后，应用 cv2.GaussianBlur() 进行高斯模糊，以减少图像中的噪声。

3）第 8~9 行使用 Canny 边缘检测算法，对经过高斯模糊处理的灰度图像进行边缘检测。阈值参数设置为 50 和 150，用于控制边缘检测的灵敏度。

4）第 10~12 行使用 Hough（霍夫）变换（详见 7.3 节）检测直线，edges 是边缘检测得到的二值图像。参数 1 表示距离分辨率（单位为像素），np.pi/180 表示角度分辨率（单位为弧度）。Threshold 是直线被接受的最小投票数，minLineLength 是接受的线段的最小长度，maxLineGap 是两条线段之间的最大间隙。

5）第 13~17 行遍历检测到的直线，将其绘制在原始图像上。使用 cv2.line() 函数绘制直线，线条颜色为（0,255,0）（绿色），线宽为 2。

6）第 18~22 行使用 cv2.imshow() 函数显示原始图像和边缘检测结果。cv2.waitKey(0) 等待按下任意键关闭窗口，最后用 cv2.destroyAllWindows() 关闭窗口。

基于边缘连接进行边缘检测结果图如图 7-12 所示。

图 7-12　基于边缘连接进行边缘检测的结果图

在这个示例中，首先将彩色图像转换为灰度图像，然后应用高斯模糊进行预处理。接下来，使用 Canny 算子检测图像中的边缘。然后，用 Hough 变换检测直线，通过设置适当的阈值、最小线段长度和最大线段间隙来筛选直线。最后，在原始图像上绘制检测到的直线。

阈值、最小线段长度和最大线段间隙是 Hough 变换中的参数，用于筛选检测到的直线。它们的设置可以根据具体的应用需求进行调整。

（1）阈值（threshold） 阈值参数用于确定直线被接受的最小投票数。投票数是指通过 Hough 变换检测到的直线上的像素点个数。较高的阈值会导致只有更明显的直线才会被接受，而较低的阈值会允许更多的直线通过筛选。根据图像的复杂程度和背景噪声的程度，可以逐渐调整阈值的值，以找到最佳的结果。

（2）最小线段长度（minLineLength） 该参数用于指定接受的线段的最小长度。根据应用场景，可以设置一个适当的值，以过滤掉过短的线段，只保留具有一定长度的直线。

（3）最大线段间隙（maxLineGap） 该参数用于指定两条线段之间的最大间隙，当线段之间的间隙小于该值时，它们会被连接成一条直线。较大的值可以允许更大的间隙被连接成一条直线，较小的值则会产生更多的短线段。根据具体需求，可以根据图像中直线的特征和间隙的大小，选择适当的最大线段间隙值。

为了找到最佳的参数值，可以尝试不同的参数组合，并观察结果。根据实际情况，可能需要多次迭代和调整参数，以达到最理想的边缘检测效果。

2. 图像 Hough 圆变换操作

Hough 圆变换的原理与 Hough 线变换很类似，只是将线的（r,θ）二维坐标提升为三维坐标，包括圆心点（x_center，y_center，r）和半径 r，从而一个圆的确定需要三个参数，通过三层循环实现，接着寻找参数空间累加器的最大（或者大于某一阈值）的值。随着数据量的增大，圆的检测将比直线更耗时，所以一般使用 Hough 梯度法减少计算量。

【例 7-8】 调用 OpenCV 中 cv2.HoughCircles( )函数检测圆。

```
1  import cv2
2  import numpy as np
3  from matplotlib import pyplot as plt
4  #读取图像
5  img=cv2.imread('D:/imaget/circle2.png')
6  #灰度转换
7  gray=cv2.cvtColor(img,cv2.COLOR_BGR2GRAY)
8  #显示原始图像
9  plt.subplot(121),plt.imshow(gray,'gray'),plt.title(u'a)原始图像')
10 plt.axis('off')
11 #Hough 变换检测圆
12 circles1=cv2.HoughCircles(gray,cv2.HOUGH_GRADIENT,1,20,param2=30)
13 print(circles1)
14 #提取为二维
15 circles=circles1[0,:,:]
```

```
16 #四舍五入取整
17 circles=np.uint16(np.around(circles))
18 #绘制圆
19 for i in circles[:]:
20 cv2.circle(img,(i[0],i[1]),i[2],(255,0,0),5) #画圆
21 cv2.circle(img,(i[0],i[1]),2,(255,0,255),10) #画圆心
22 #设置字体
23 plt.rcParams['font.sans-serif']=['SimHei']
24 plt.subplot(122),plt.imshow(img),plt.title('b)结果图像')
25 plt.axis('off')
26 plt.show()
```

【代码说明】

1）第1~3行导入必要的库。

2）第4~7行读取图像，使用cv2.cvtColor()将彩色图像转换为灰度图像。

3）第8~10行显示原始图像。

4）第11~17行使用HoughCircles变换检测圆，gray表示原始图像；cv2.HOUGH_GRADIENT表示方法；图像解析的反向比例，1为原始大小；20为圆心之间的最小距离；param2=30，检测阶段圆心的累加器阈值。

5）第18~26行将检测的圆绘制，设置字体，显示图像。

Hough变换检测圆如图7-13所示。

a)

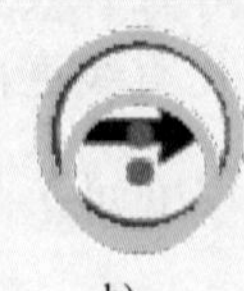

b)

图7-13　Hough变换检测圆

a）原始图像　b）结果图像

7.4 区域分割

区域分割是图像处理中的一种技术，用于将图像分割成不同的区域或对象。区域分割技术旨在将图像中具有相似特征（如颜色、纹理和形状等）的像素或像素组合在一起，并将它们与其他区域或对象区分开来。区域分割的目标是在图像中找到连续、相似的像素组成的区域，以实现图像的语义分割、物体识别、边缘检测和目标跟踪等应用。区域分割的主要算法有区域生长、分裂合并和分水岭分割算法等，下面对这3种区域分割法分别加以介绍。

7.4.1 区域生长

区域生长（Region Growing）是一种基于像素相似性的区域分割方法，它通过逐步生长

相邻像素，将具有相似特征的像素聚合成区域。区域生长方法基于以下假设：图像中相似的像素通常属于同一区域，因此可以通过像素之间的相似性来判断它们是否属于同一个区域。

区域生长方法的基本步骤如下：

（1）种子点选择　首先选择一个或多个种子点作为初始区域。种子点可以手动选择，也可以通过自动选择算法确定。通常情况下，种子点是具有代表性的像素，可以是图像中的某个明显特征点或具有特定属性的像素。

（2）相似性度量　定义像素之间的相似性度量方法。常用的相似性度量包括像素的颜色相似度、灰度差异和纹理特征等。通过计算种子点与待生长像素之间的相似性度量，判断待生长像素是否属于当前区域。

（3）生长规则　定义区域生长的规则。在每次生长迭代中，从当前区域的边界像素开始扩展，计算待生长像素与当前区域的相似性度量。如果相似性度量超过预定阈值，则将该像素添加到当前区域，并将其标记为已访问。

（4）生长迭代　迭代进行区域生长直到满足停止准则。停止准则可以是达到预定的区域大小、相似性度量的变化小于阈值、没有更多的待生长像素等。

（5）输出分割结果　最终得到的区域生长结果是由生长过程中添加到当前区域的像素组成的不同大小和形状的区域。

区域生长方法的优点是能够根据图像内在的相似性和连续性进行分割，对于较均匀、连续的区域具有较好的效果。它可以自适应地生长区域，避免了预设阈值的固定性。然而，区域生长方法也面临一些挑战，如对初始种子点的选择敏感、灰度不均匀或噪声干扰引起的错误生长、边界模糊导致的区域扩展等。因此，在实际应用中需要根据具体情况调整参数和策略，以获得准确的分割结果。

下面通过一个例子来进行详细解释，如图 7-14 所示。

1	8	0	3	9
5	7	5	2	6
4	6	6	5	2
1	5	8	3	8
6	2	4	9	4

a)

1	8	0	3	9
5	7	5	2	6
4	6	6	5	2
1	5	8	3	8
6	2	4	9	4

b)

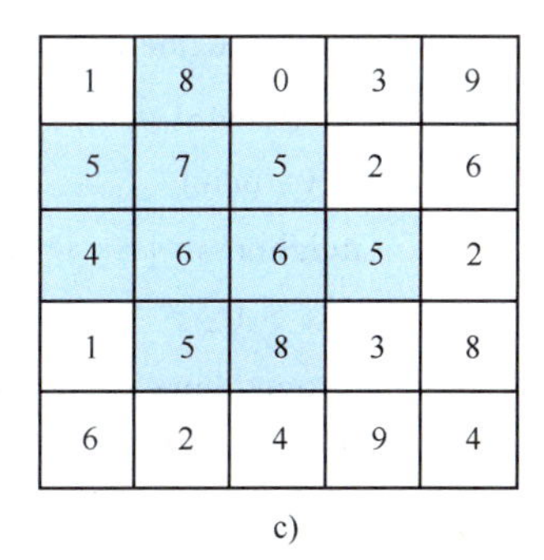

1	8	0	3	9
5	7	5	2	6
4	6	6	5	2
1	5	8	3	8
6	2	4	9	4

c)

图 7-14　区域生长示意图

在给定的示例中，图 7-14a 中表示选取的生长点，设定阈值为 2，如果像素的灰度差小于或等于 2，则将其合并到当前区域中。图 7-14b 中所有四个相邻像素的灰度差都不大于 2，因此将它们合并到当前区域中。图 7-14c 只有部分相邻像素满足条件，因此只合并满足条件的像素。区域周围的邻域中没有更多的像素满足条件，因此生长过程结束。最终得到的区域是由合并过程中添加到当前区域的像素组成的。基于区域增长的方法：从一个或多个种子点开始，通过迭代地合并具有相似属性的相邻像素，逐步扩展区域。这种方法适用于基于相似性的分割，如基于颜色或纹理的分割。

【例 7-9】 使用 Python 和 OpenCV 库进行区域生长的示例代码。

```
import cv2
import numpy as np
def region_growing(image,seed_point,threshold):
    height,width=image.shape[:2]
    visited=np.zeros((height,width),dtype=np.uint8)
    segmented=np.zeros((height,width),dtype=np.uint8)
    queue=[]
    queue.append(seed_point)
    visited[seed_point]=1
    seed_value=image[seed_point]
    while len(queue) > 0:
        current_point=queue.pop(0)
        segmented[current_point]=image[current_point]
        neighbors=get_neighbors(current_point,height,width)
        for neighbor in neighbors:
            if visited[neighbor] == 0:
                neighbor_value=image[neighbor]
                difference=abs(int(seed_value) - int(neighbor_value))
                if difference <= threshold:
                    queue.append(neighbor)
                    visited[neighbor]=1
    return segmented
def get_neighbors(point,height,width):
    x,y=point
    neighbors=[]
    if x > 0:
        neighbors.append((x-1,y))
    if x < height-1:
        neighbors.append((x+1,y))
    if y > 0:
        neighbors.append((x,y-1))
    if y < width-1:
        neighbors.append((x,y+1))
    return neighbors
#读取图像
image=cv2.imread('D:\imaget\lubiao.jpg',0)  #灰度图像
seed_point=(380,380)  #种子点坐标
```

```
38 threshold = 120 #阈值
39 segmented = region_growing(image, seed_point, threshold)
40 #显示结果
41 cv2.imshow('Original Image', image)
42 cv2.imshow('Segmented Image', segmented)
43 cv2.waitKey(0)
44 cv2.destroyAllWindows()
```

【代码说明】

这段代码实现了使用 OpenCV 和 Numpy 库进行图像分割的区域生长算法。它接受输入图像、种子点坐标和阈值作为参数。

1）第 1~2 行导入必要的库，包括 OpenCV(cv2) 和 Numpy。

2）第 3~22 行定义了 region_growing 函数。它接受图像、种子点和阈值作为输入。函数初始化图像的高度和宽度，并创建空数组用于存储已访问的点和分割后的图像。

创建一个队列，将种子点加入队列并标记为已访问。将种子点的值存储为种子值。进入主循环，直到队列为空为止。在循环中，从队列中获取当前点，并将其添加到分割图像中。调用 get_neighbors 函数获取当前点的相邻点。对于每个相邻点，检查是否已访问过。如果没有访问过，则获取相邻点的值，并计算种子值与相邻值之间的差异。如果差异小于或等于阈值，则将相邻点加入队列，标记为已访问，并继续进行下一轮循环。最后，返回分割后的图像。

3）第 23~34 行定义了 get_neighbors 函数，它接受一个点和图像的高度和宽度作为输入，然后返回给定点的相邻点。

4）第 35~39 行代码以灰度模式读取了名为 lubiao.jpg 的图像。定义了种子点坐标为(380, 380)、阈值为 120。调用 region_growing 函数，使用图像、种子点和阈值来获取分割后的图像。

5）第 40~44 行使用 OpenCV 的 imshow 函数显示原始图像和分割后的图像。

区域生长算法示例运行结果图如图 7-15 所示。

图 7-15 区域生长算法示例运行结果图

7.4.2 分裂合并

区域分裂合并法进行图像分割，它与区域生长法略有相似之处，但无须预先指定种子点，而是按某种一致性准则分裂或者合并区域。基于分裂合并的方法：将图像中每个像素作为一个初始的小区域，从一个初始区域开始，计算区域的不均匀性或差异度量，以判断是否分裂子区域；考虑相邻的区域对，并计算它们之间的相似度或合并准则，以判断是否合并为一个更大的区域，不断迭代进行区域分割。基于分裂合并的区域分割方法的基本步骤如下：

（1）初始化 将图像中的每个像素作为一个初始的小区域。

（2）分裂阶段 在分裂阶段，从图像中的一个初始区域开始，计算区域的不均匀性或差异度量，以确定是否将该区域分裂为更小的子区域。分裂可以根据像素的颜色、纹理和梯度等特征进行。如果区域不均匀性超过预定义的阈值，则将其分裂为多个子区域。

（3）合并阶段 在合并阶段，考虑相邻的区域对，并计算它们之间的相似度或合并准则。如果相邻区域之间的相似度超过预定义的阈值，则将它们合并为一个更大的区域。这个过程迭代地进行，直到无法再合并相邻区域为止。

（4）停止准则 停止分裂合并的条件可以是预定义的最大区域数或满足一定的合并准则。

（5）输出分割结果 最终得到的区域分割结果是由分裂和合并操作生成的不同大小和形状的区域。

基于分裂合并的区域分割方法的优点是能够根据图像内容和特征自适应地分割图像，而不需要事先设置具体的分割阈值。它可以应用于各种类型的图像，适应复杂的图像场景。

基于分裂合并的区域分割方法也存在一些挑战，如对初始化过程的依赖性、对分裂和合并准则的选择，以及对算法的计算复杂性要求等。因此，在具体应用中需要根据实际情况选择合适的参数和策略来获得良好的分割结果。

下面通过一个例子来进行详细解释，如图 7-16 所示。

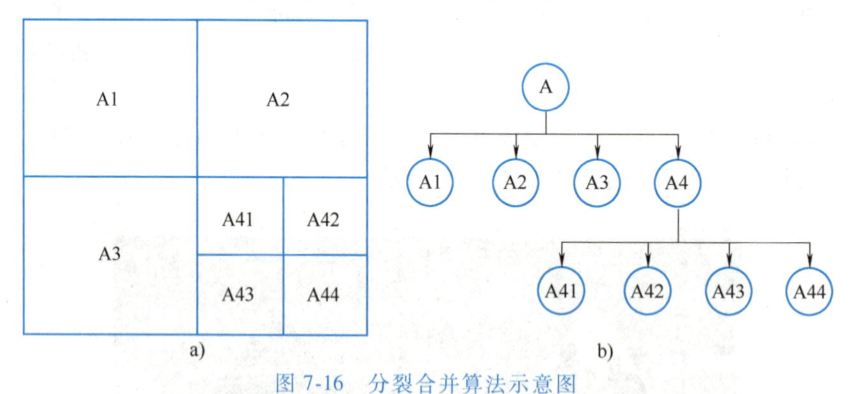

图 7-16 分裂合并算法示意图

a）分裂图像 b）对应四叉树图

合并分裂的算法思想并不复杂，先把图像分成 4 块，若这其中的一块符合分裂条件，那么这一块又分裂成 4 块，就这样一直分裂。分裂到一定数量时，以每块为中心，检查相邻的各块，满足一定条件就合并。如此循环往复进行分裂和合并的操作。最后合并小区域，即把一些小块图像合并到旁边的大块里。

运算流程：可以先进行分裂运算，然后再进行合并运算；也可以分裂和合并运算同时进行，经过连续的分裂和合并，最后得到图像的精确分割效果。具体实现时，分裂合并算法基

于四叉树数据表示方式进行。

该算法难点在于分裂与合并的准则并不好判断，分裂的准则又称为均匀性测试准则，用于判断该块图像是否需要分裂。最初使用每块图像区域中极大与极小灰度值之差是否在允许的偏差范围来作为均匀性测试准则。后来均匀性测试准则又被不断地发展。目前，统计检验，比如均方误差最小、F 检测等都是最常用的均匀性测试准则。

【例 7-10】　使用 Python 和 OpenCV 库进行分裂合并的示例代码。

```
import numpy as np
import cv2
#判断方框是否需要再次拆分为 4 个
def judge(w0,h0,w,h):
    a=img[h0:h0+h,w0:w0+w]
    ave=np.mean(a)
    std=np.std(a,ddof=1)
    count=0
    total=0
    for i in range(w0,w0+w):
        for j in range(h0,h0+h):
#注意！输入的图片是灰度图,所以直接用 img[j,i],RGB 图像每个 img 像素是一个三维向量,不能直接与 ave 比较大小
            if abs(img[j,i]-ave)<1*std:
                count+=1
            total+=1
    if(count/total)<0.95:#如果合适的点还是比较少,接着拆
        return True
    else:
        return False
#将图像根据阈值二值化处理,在此默认 125
def draw(w0,h0,w,h):
    for i in range(w0,w0+w):
        for j in range(h0,h0+h):
            if img[j,i]>125:
                img[j,i]=255
            else:
                img[j,i]=0
def function(w0,h0,w,h):
    if judge(w0,h0,w,h)and(min(w,h)>5):
        function(w0,h0,int(w/2),int(h/2))
        function(w0+int(w/2),h0,int(w/2),int(h/2))
        function(w0,h0+int(h/2),int(w/2),int(h/2))
        function(w0+int(w/2),h0+int(h/2),int(w/2),int(h/2))
```

```
35        else:
36            draw(w0,h0,w,h)
37    img=cv2.imread('D:/imaget/lubiao.jpg',0)
38    img_input=cv2.imread('D:/imaget/lubiao.jpg',0)#备份
39    height,width=img.shape
40    function(0,0,width,height)
41    cv2.imshow('Original Image',img_input)
42    cv2.imshow('Segmented Imaget',img)
43    cv2.waitKey()
44    cv2.destroyAllWindows()
```

【代码说明】

这段代码是一个基于分裂合并的区域分割示例。它使用递归的方式将图像分割为更小的区域，然后根据判断条件决定是否进一步拆分或合并区域。

1）第1~2行导入所需的库。

2）第3~20行定义函数judge(w0,h0,w,h)：判断给定方框内的像素是否需要进一步拆分为四个子方框。通过计算方框内像素与均值的差异是否小于标准差的1倍来判断，如果合适的点比例小于0.95，则返回True，表示需要拆分；否则返回False，表示不需要拆分。

3）第21~28行定义函数draw(w0,h0,w,h)：将给定方框内的像素根据阈值进行二值化处理，大于阈值的设为255，小于阈值的设为0。

4）第29~36行定义函数function(w0,h0,w,h)：根据给定的起始坐标和方框大小进行递归分割操作。首先判断是否需要拆分，如果需要，则将当前方框拆分为四个子方框，然后对每个子方框再次调用function函数进行递归操作；如果不需要拆分，则直接对当前方框进行二值化处理。

5）第37~44行主程序部分：读取图像，获取图像的高度和宽度。然后调用function函数对整个图像进行分割操作。最后通过cv2.imshow()函数显示原始图像和分割结果。

分裂合并算法示例运行结果图如图7-17所示。

图7-17　分裂合并算法示例运行结果图

7.4.3　分水岭分割

分水岭（Watershed）分割是基于地理形态分析的图像分割算法，模拟水从图像中的低谷处流向高峰，将图像分割成不同的区域。该方法常用于图像中的目标分割和图像分割中的边界提取。

分水岭算法中会用到一个重要的概念，测地线距离。测地线距离就是地球表面两点之间的最短路径（可执行路径）的距离，在图论中，Geodesic Distance 就是图中两节点的最短路径的距离，这与平时在几何空间通常用到的 Euclidean Distance（欧氏距离），即两点之间的最短距离有所区别。

在图 7-18 中，d_5 表示两点之间的欧氏最短距离 d_5，而实际路径的最短距离（可执行路径）为 $d_1+d_2+d_3+d_4$。在三维曲面空间中两点间的测地距离就是两点间沿着三维曲面的表面走的最短路径。

图像的灰度空间可以类比为地球表面的地理结构，每个像素的灰度值相当于高度。高灰度值的像素可以看作是山脉，它们连成的线条形成了分水岭。可以将灰度阈值级别看作是水平面，低于该水平面的区域被认为是被水淹没的。

初始时，将水填充到每个孤立的山谷（局部最小值）。随着水平面的上升，水开始从山谷中溢出。可以在分水岭上建立大坝，以防止不同山谷的水汇聚。通过建立这些大坝，图像最终被分割为被水淹没的山谷像素集和分水岭线像素集。这些大坝形成的线条将图像划分成不同的区域，实现了对图像的分割。分水岭算法示意图如图 7-19 所示。

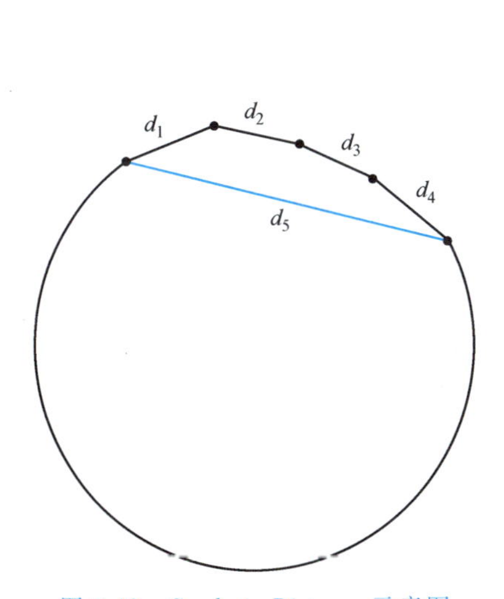

图 7-18　Geodesic Distance 示意图

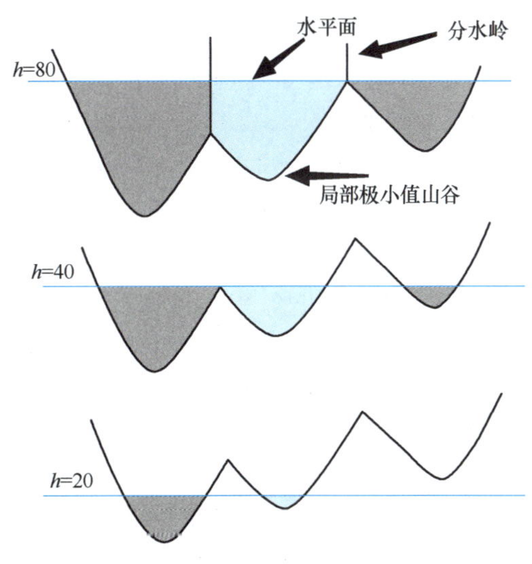

图 7-19　分水岭算法示意图

分水岭算法的整个过程如下：

1）将梯度图像中的所有像素按照其灰度值进行分类，并设置一个测地距离阈值。

2）找到灰度值最小的像素点（默认标记为灰度值最低点），将其作为起始点。然后从最小值开始逐步增加阈值，这些起始点会随着阈值的增长而扩展。

3）在水平面不断增长的过程中，当水平面碰到周围的邻域像素时，测量这些像素与起始点（灰度值最低点）之间的测地距离。如果距离小于设定的阈值，表示这些像素被水淹没，属于同一个区域；否则，在这些像素上设置大坝，将其作为分水岭的边界，对这些邻域像素进行分类。

4）随着水平面的逐渐升高，会设置更多更高的大坝。直到达到灰度值的最大值，所有区域都在分水岭线上相遇，这些大坝就对整个图像像素进行了分区。

通过分水岭线的形成和大坝的设置，最终实现了对图像的分割，将图像划分为不同的区域。

而在实际应用分水岭算法进行图像分割时，需要提前对图像进行一些预处理，包括去噪和增强等操作，以下是一个使用 Python 和 OpenCV 库实现分水岭分割的简单示例代码：

【例 7-11】 使用 Python 和 OpenCV 库实现分水岭分割。

```
1  import cv2
2  import numpy as np
3  #读取图像
4  image = cv2.imread('D:/imaget/lubiao.jpg')
5  #转换为灰度图像
6  gray = cv2.cvtColor(image, cv2.COLOR_BGR2GRAY)
7  #进行图像预处理,如去噪等操作
8  blurred = cv2.GaussianBlur(gray, (5,5), 0)
9  #计算图像的梯度
10 gradient = cv2.morphologyEx(blurred, cv2.MORPH_GRADIENT, np.ones((3,3), dtype=
11 np.uint8))
12 #进行标记设置
13 _, markers = cv2.threshold(gradient, 0, 255, cv2.THRESH_BINARY | cv2.THRESH_OTSU)
14 #距离变换
15 dist_transform = cv2.distanceTransform(markers, cv2.DIST_L2, 5)
16 _, sure_fg = cv2.threshold(dist_transform, 0.7 * dist_transform.max(), 255, 0)
17 #寻找分水岭
18 sure_fg = np.uint8(sure_fg)
19 unknown = cv2.subtract(markers, sure_fg)
20 _, markers = cv2.connectedComponents(sure_fg)
21 #在分水岭区域中放置标记
22 markers = markers+1
23 markers[unknown == 255] = 0
24 #将分水岭线标记为红色
25 image_copy = image.copy()
26 contours, hierarchy = cv2.findContours(markers.copy(), cv2.RETR_CCOMP, cv2.CHAIN_
27 APPROX_SIMPLE)
28 for i in range(len(contours)):
29     if hierarchy[0][i][3] == -1:
30         cv2.drawContours(image_copy, contours, i, (0,255,0), thickness=1)
```

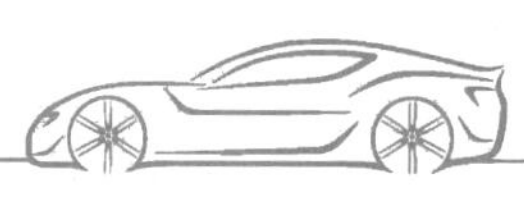

```
31 #显示分割结果
32 cv2.imshow('Segmented Image',image_copy)
33 cv2.waitKey(0)
34 cv2.destroyAllWindows()
```

【代码说明】

这段代码使用 OpenCV 中的分水岭算法进行图像分割。它根据图像的强度和梯度信息将输入图像分割为不同的区域。

1）第 1~2 行导入所需的库：cv2 用于 OpenCV，numpy 用于数值操作。

2）第 3~6 行使用 cv2.imread() 读取名为 lubiao.jpg 的图像。使用 cv2.cvtColor() 将图像转换为灰度图像。

3）第 7~13 行使用 cv2.GaussianBlur() 对灰度图像进行高斯模糊处理，以减少噪声。使用形态梯度 cv2.morphologyEx() 计算预处理图像的梯度。该操作增强了区域之间的边界。使用阈值化 cv2.threshold() 根据梯度图像设置标记。阈值化将梯度图像转换为具有感兴趣区域作为前景的二值图像。

4）第 14~16 行使用 cv2.distanceTransform() 对标记进行距离变换，根据离前景的距离分配像素值。使用 cv2.threshold() 进一步对距离变换的图像进行阈值化，以获取确定的前景。

5）第 17~23 行使用 cv2.connectedComponents() 找到确定的前景中的连通组件。通过将标记加 1 并将未知区域设置为 0，在分水岭区域中放置标记。

6）第 24~30 行创建原始图像的副本用于可视化。使用 cv2.findContours() 在标记中查找轮廓。遍历轮廓并使用 cv2.drawContours() 将其绘制在图像副本上。具有层次值为-1 的轮廓对应于外边界。

7）第 31~34 行使用 cv2.imshow() 显示分割后的图像，使用 cv2.waitKey() 等待按键输入，最后使用 cv2.destroyAllWindows() 关闭所有窗口。

分水岭算法运行结果图如图 7-20 所示。

图 7-20　分水岭算法运行结果图

习题

1. 图像分割技术在智能交通领域有哪些应用？
2. 自适应 Otsu 分割如何自动确定最佳阈值，详细说明。
3. 区域生长和分裂合并算法之间有何异同之处？
4. 分水岭分割算法有什么优缺点？
5. 简述 Hough 变换原理。
6. cv2. HoughLines( )、cv2. HoughLinesP( ) 的区别是什么？
7. 编写程序，使用 OpenCV 库函数 HoughLines( ) 检测直线。
8. 调用 OpenCV 中 cv2. HoughCircles( ) 函数检测圆。

第8章　图像特征提取

在数字图像处理中，特征检测器和描述符是用于分析和识别图像局部特征的关键技术。图像特征提取，用于从图像数据中提取出有用的特征信息，以便进行图像分类、目标检测和图像检索等任务，是数字图像处理、分析与理解的关键步骤。

8.1　图像特征检测器与描述符

整个图像的全局特征（例如图像直方图）用于图像分析与识别，通常不能得到满意的效果。因此，更实用的方法是将图像描述为一组局部特征。局部特征是指一组与图像处理任务相关的关键点或信息，它们创建了一个抽象的、更为普遍的图像表示。这些局部特征对应于图像的角点、边缘、局部最大值和局部最小值等。特征检测是指计算机对一幅图像中最明显的特征进行识别检测并将其勾画出来。

8.1.1　特征检测器与描述符

特征检测器是从图像中检测或提取特征的算法。特征检测器用于在图像中找到具有独特性质的局部特征点或区域。这些特征点或区域在不同的图像中具有一定的不变性，对于图像的旋转、尺度变化、光照变化和视角变化等具有一定的鲁棒性。特征检测器可以帮助在图像中定位感兴趣的对象、跟踪物体、进行图像配准和相机定位等任务。常见的特征检测器包括 Harris 角点检测器、方向梯度直方图（Histogram of Oriented Gradients，HOG）、尺度不变特征变换（Scale-Invariant Feature Transform，SIFT）等。

描述符是表示图像特征值的集合。描述符能够准确地表示特征点或区域的特征信息，并具有一定的鉴别能力，使得不同特征之间能够进行区分。常见的描述符包括 SIFT 描述符、SURF 描述符、ORB（Oriented FAST and Rotated BRIEF）描述符和 AKAZE（Accelerated-KAZE）描述符等。

特征检测器和描述符通常配合使用。特征检测器用于找到感兴趣的特征点或区域，而描述符则用于提取这些特征点或区域的描述符向量。这些描述符向量可以用于后续的特征匹配、目标跟踪、图像配准和物体识别等任务。通过特征检测器和描述符的组合，可以实现在图像中快速、准确地检测和描述具有独特特征的对象和区域。

8.1.2 Harris 角点检测

特征点是一幅图像中最典型的特征标志之一。Harris 角点检测探究了当窗口在图像中改变位置时，窗口内的强度变化。该算法中强度值在所有方向的角点处都有显著的变化。角点检测的基本思想是使用一个固定窗口在图像上进行任意方向的滑动，比较滑动前与滑动后的情况，窗口中的像素灰度变化程度。如果任意方向上的滑动都有较大灰度变化，就可以认为该窗口中存在角点。图像进行旋转变换时，图像中的角点保持不变，但当图像调整大小时，角点会发生变化。在 OpenCV 中，函数 cv2.cornerHarris 用于对输入图像进行 Harris 角点检测。代码如例 8-1 所示。

【例 8-1】 使用函数 cv2.cornerHarris 对图像中的角点进行检测。

```
1  import cv2
2  import numpy as np
3  img=cv2.imread('D:\imaget\worker2.png')
4  gray=cv2.cvtColor(img,cv2.COLOR_BGR2GRAY)
5  # cornerHarris 函数图像格式要求为 float32
6  gray=np.float32(gray)
7  #求 Harris 角点
8  dst=cv2.cornerHarris(src=gray,blockSize=2,ksize=5,k=0.04)
9  '''
10 设一变量 d 的阈值为 0.01*dst.max(),如果 dst 的像素值大于阈值,那么该图像的像
11 素点设为 True,否则为 False。根据变量 d 是 True 或 False 进行赋值处理,赋值处理是将图像
12 角点勾画出来。
13 '''
14 d=0.01*dst.max()
15 img[dst>d]=[0,255,0]  #标记绿色点
16 cv2.imshow('corners',img)
17 cv2.waitKey(0)
18 cv2.destroyAllWindows()
```

【代码说明】

这段代码使用 OpenCV 中的函数 cv2.cornerHarris，用于对输入图像进行 Harris 角点检测，并在图像上绘制这些关键点。

1）第 1~2 行导入了所需的库：cv2 用于图像处理，numpy 用于数组操作。

2）第 3~4 行使用 cv2.imread 函数读取图像，并使用 cv2.cvtColor 函数，转换类型为 cv2.COLOR_BGR2GRAY，将 BGR 图像转换为 GRAY 灰度图像。

3）第 5~8 行 cornerHarris 函数图像格式要求为 float32，求 Harris 角点。其中，cornerHarris 函数的参数 src 输入图像的灰度图，float32 类型；blockSize 边角检测的领域大小，ksize 使用 Sobel 衍生物的孔径参数，k 是 Harris Corner 检测器的自由参数。

使用函数 cv2.cornerHarris 对图像角点进行检测如图 8-1 所示。

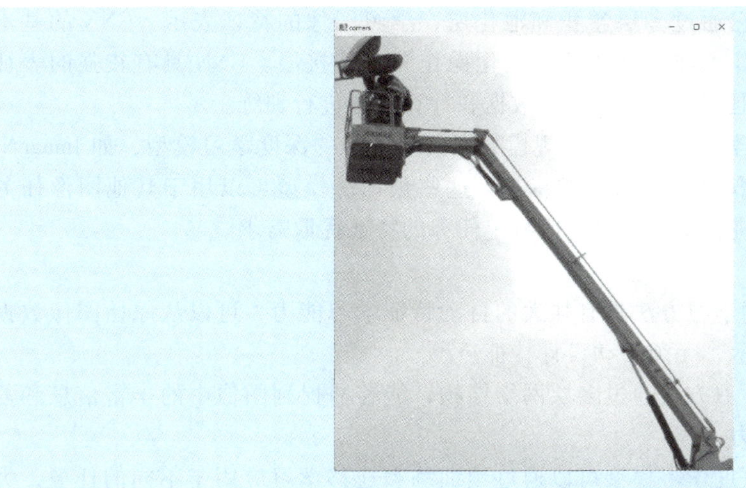

图 8-1　使用函数 cv2.cornerHarris 对图像角点进行检测

8.2 图像特征提取方法

根据产生图像特征的方法不同，可将图像特征提取方法分为传统方法和深度学习方法。

1. 传统方法

图像特征提取的传统方法主要有：

(1) 方向梯度直方图（HOG）　HOG 方法主要用于目标检测，它将图像划分为小的单元格，计算每个单元格中梯度的方向和大小，并生成梯度方向的直方图作为特征。HOG 方法在人体检测等任务上表现良好，但对光照和尺度变化较为敏感。

(2) 尺度不变特征变换（SIFT）　SIFT 是一种基于局部特征的方法，它通过检测关键点，并提取关键点周围的局部特征描述子来表示图像。其基本流程包括尺度空间极值检测、关键点定位、方向分配和局部特征描述子计算。SIFT 方法对尺度、旋转和光照变化具有较好的不变性，但计算复杂度较高。

(3) 高斯滤波器和拉普拉斯滤波器　这些滤波器可以用于图像边缘检测，通过计算图像的一阶和二阶导数来提取边缘特征。

传统方法的优点：理论基础较为成熟，传统方法如 SIFT 和 HOG 等已经被广泛研究和应用，并在多个任务上取得了良好的结果。传统方法通常具有可解释的特征表示，可以通过可视化或定量分析来理解提取的特征；鲁棒性较好，传统方法对于光照、旋转和尺度变化等具有一定的鲁棒性，适用于一些较为复杂的图像场景。传统方法的缺点：计算复杂度较高，传统方法中的一些特征提取算法需要进行大量的计算，因此对于大规模图像数据集和实时应用的处理速度可能较慢；对于复杂背景和噪声敏感，传统方法在处理复杂背景和噪声较多的图像时，可能会受到较大的干扰，导致性能下降。

2. 深度学习方法

图像特征提取的深度学习方法主要有：

(1) 卷积神经网络（Convolutional Neural Networks，CNN）　CNN 是深度学习中最常用

的图像特征提取方法之一。它通过多层卷积和池化层，学习图像的特征表示。CNN 的基本流程包括输入图像的卷积操作、非线性激活、池化操作和全连接层。CNN 具有较强的表征能力和自动特征学习能力，但需要大量的标注数据和计算资源进行训练。

（2）预训练模型和迁移学习 通过在大规模数据集上训练的深度学习模型，如 ImageNet 上的预训练模型，可以提取出丰富的图像特征。这些预训练模型可以用于其他图像任务中，甚至可以通过迁移学习进行微调，以适应特定任务的特征提取需求。

深度学习方法的优点：

1）自动特征学习，深度学习方法具有强大的自动特征学习能力，可以从原始图像数据中学习到高级的抽象特征表示，无须手动设计特征。

2）高表征能力，深度学习方法通过多层网络结构，能够捕捉到图像中的丰富信息和复杂关系，具有较高的表征能力。

3）迁移学习的应用，深度学习模型可以通过预训练和迁移学习应用于不同的任务，大大减少了对大规模标注数据的需求。

深度学习方法的缺点：

1）数据需求量大，深度学习方法通常需要大量的标注数据进行训练，这在某些任务和领域中可能不容易获取。

2）计算资源要求高，深度学习方法的训练和推断通常需要大量的计算资源，包括 GPU（图形处理单元）和存储空间等。

3）缺乏可解释性，由于深度学习模型的复杂性，其内部表征往往难以解释和理解，缺乏可解释性。

综上所述，传统方法和深度学习方法在图像特征提取方面各有优势和限制。如何选择适合的方法取决于具体的任务需求、数据规模和计算资源等因素。

下面介绍方向梯度直方图（HOG）特征提取和尺度不变特征变换（SIFT）特征提取。

8.2.1 方向梯度直方图（HOG）特征提取

HOG 特征是一种在计算机视觉和图像处理中用来进行物体检测的特征描述符。它将图像划分为小的单元格，计算每个单元格中梯度的方向和大小，并生成梯度方向的直方图作为特征。HOG 方法在人体检测、目标检测等任务上表现良好，但对光照和尺度变化较为敏感。

HOG 特征提取的方法如下：

（1）图像预处理 首先，将输入的图像转换为灰度图像，这样可以消除颜色对于目标检测的影响。然后，对图像进行归一化操作，将亮度值映射到一个较小的范围，以减少光照变化对特征提取的影响。

（2）计算梯度 对预处理后的图像，使用一维差分滤波器（如 Sobel 滤波器）计算图像在水平和垂直方向上的梯度。梯度的计算可以通过卷积操作来实现，它能够捕捉图像中的边缘和纹理信息。

（3）划分图像区域 将图像划分为小的单元格（cells），每个单元格包含一个或多个像素。单元格的大小通常是 8×8 像素或 16×16 像素。

（4）构建梯度直方图 对于每个单元格，根据像素的梯度计算梯度直方图。将 360°的梯度方向范围划分为若干个固定的角度，然后统计每个角度范围内的梯度幅值。这样就得到

了每个单元格的梯度直方图，它表示了该单元格内不同方向上的梯度分布情况。

（5）归一化梯度直方图 对于每个单元格，将其周围的几个单元格的梯度直方图进行加权累加，以增强特征的鲁棒性。这个过程可以通过对单元格间进行块（block）划分并对每个块内的梯度直方图进行归一化操作来实现。

（6）特征向量生成 将归一化后的梯度直方图串联起来，生成一个全局的特征向量。这个特征向量可以作为输入图像的描述，用于后续的目标检测或分类任务。

HOG 特征提取的关键在于利用图像中的梯度信息来描述图像的纹理和边缘特征。通过统计每个单元格的梯度方向分布，并将其归一化，HOG 特征能够捕捉图像中的局部纹理和形状特征，对于目标检测具有良好的鲁棒性和可靠性。

当使用 Python 进行 HOG 特征提取时，可以使用 OpenCV、scikit-image 和 matplotlib 库来实现，以下是一个简单示例。

【例 8-2】 使用 OpenCV、scikit-image 和 matplotlib 进行 HOG 特征提取。

```
1  import cv2
2  from skimage.feature import hog
3  import matplotlib.pyplot as plt
4  from skimage import exposure
5  # 读取图像
6  image=cv2.imread('D:/imaget/benci.jpg',cv2.IMREAD_GRAYSCALE)
7  height,width=image.shape
8  # 放大倍数
9  scale_factor=2
10 image_resized = cv2.resize(image,(image.shape[1] * scale_factor,image.shape[0] *
11 scale_factor),interpolation=cv2.INTER_CUBIC)
12 # 计算整体 HOG 特征
13 hog_features,hog_image = hog(image_resized,orientations = 9,pixels_per_cell = (8,8),
14 cells_per_block=(2,2),visualize=True,multichannel=False)
15 # 增强 HOG 图像的对比度
16 hog_image_enhanced=exposure.rescale_intensity(hog_image,in_range=(0,8))
17 # 反转颜色,使背景为白色
18 #hog_image_enhanced=1-hog_image_enhanced
19 # 选择中央区域(例如:128×128 像素)
20 w,h=128,128
21 x=(width-w)//2
22 y=(height-h)//2
23 local_image=image[y:y+h,x:x+w]
24 # 计算局部 HOG 特征
25 local_hog_features,local_hog_image = hog(local_image,orientations = 9,pixels_per_cell =
26 (8,8),cells_per_block=(2,2),visualize=True,multichannel=False)
```

```
27   # 增强局部 HOG 图像的对比度
28   local_hog_image_enhanced = exposure.rescale_intensity(local_hog_image,in_range=(0,8))
29   # 反转颜色,使背景为白色
30   #local_hog_image_enhanced = 1-local_hog_image_enhanced
31   # 显示原始图像、HOG 图像和局部放大图像,分为两排
32   fig,axes = plt.subplots(2,2,figsize=(12,12))
33   ax1,ax2,ax3,ax4 = axes.ravel()
34   ax1.imshow(image,cmap='gray')
35   ax1.set_title('Original Image')
36   ax1.axis('off')
37   ax2.imshow(hog_image_enhanced,cmap='gray')
38   ax2.set_title('HOG Image')
39   ax2.axis('off')
40   ax3.imshow(local_image,cmap='gray')
41   ax3.set_title('Local Image (Center)')
42   ax3.axis('off')
43   ax4.imshow(local_hog_image_enhanced,cmap='gray')
44   ax4.set_title('Local HOG Image (Center)')
45   ax4.axis('off')
46   plt.tight_layout()
47   plt.show()
48   # 打印 HOG 特征向量的维度
49   print("HOG Feature Vector Shape:",hog_features.shape)
50   print("Local HOG Feature Vector Shape:",local_hog_features.shape)
```

【代码说明】

这段代码使用 scikit-image 库中的 HOG（Histogram of Oriented Gradients）函数计算图像的 HOG 特征，并显示原始图像和 HOG 图像。

1）第 1~4 行导入了所需的库：cv2 用于图像处理，skimage.feature 中的 hog 函数用于计算 HOG 特征，skimage.exposure 中的 rescale_intensity 函数用于像素缩放增强图像对比度，matplotlib.pyplot 用于图像显示。

2）第 5~6 行使用 cv2.imread 函数读取图像，并将其转换为灰度图像。

3）第 7~11 行获取图像尺寸，使用 cv2.resize 函数放大图像，采用双三次插值法（INTER_CUBIC）。

4）第 12~14 行使用 hog 函数计算图像的 HOG 特征。其中，orientations 参数指定了 HOG 特征的方向数，pixels_per_cell 参数指定了每个细胞单元的像素数，cells_per_block 参数指定了每个块的细胞单元数，visualize 参数设置为 True，表示要生成 HOG 图像，multichannel 参数设置为 False，表示输入图像是灰度图像。

5）第 15~18 行使用 skimage. exposure 中的 rescale_intensity 函数将 HOG 图像的像素值缩放到范围（0，8）内，增强 HOG 图像的对比度，同时反转颜色，使背景为白色，增强可视化效果。

6）第 19~30 行选择图片中央区域进行局部放大，提取 HOG 特征。

7）第 31~47 行使用 matplotlib. pyplot 库创建一个绘图窗口，可视化整体和局部 HOG 提取，通过调用 imshow 函数显示图像，设置标题和坐标轴，使用 plt. show 函数显示绘图窗口。

8）第 48~50 行使用 print 语句打印 HOG 特征向量的维度。

确保已经安装了 OpenCV、scikit-image 和 Matplotlib 库，并将图像路径替换为实际图像的路径。运行示例代码后，将会显示原始图像和对应的 HOG 图像，并打印 HOG 特征向量的维度。图 8-2 为 HOG 特征提取结果。

图 8-2　HOG 特征提取结果图

当涉及使用 HOG 特征提取的人体检测时，OpenCV 是一个非常有用的库，下面是一个使用 OpenCV 和 HOG 特征提取的 Python 示例，可以用于人体检测：

【例 8-3】　使用 OpenCV 和 HOG 特征提取对行人检测。

```
1  import cv2
2  #加载 HOG 人体检测器
3  hog=cv2. HOGDescriptor()
4  hog. setSVMDetector(cv2. HOGDescriptor_getDefaultPeopleDetector())
```

```
5   #加载测试图像
6   image=cv2.imread(r"D:\imaget\xingren.jpg")
7   #对图像进行缩放,加快检测速度
8   image=cv2.resize(image,(640,480))
9   #执行人体检测
10  boxes,weights=hog.detectMultiScale(image,winStride=(4,4),padding=(8,8),scale=
11  1.05)
12  #在图像上绘制检测结果
13  for(x,y,w,h)in boxes:
14      cv2.rectangle(image,(x,y),(x+w,y+h),(0,255,0),2)
15  #显示结果图像
16  cv2.imshow("Human Detection",image)
17  cv2.waitKey(0)
18  cv2.destroyAllWindows()
```

【代码说明】

1）第 1 行导入 cv2 模块。

2）第 2~6 行创建一个 hog 对象，用于人体检测。通过 cv2.HOGDescriptor( ) 创建对象，并使用 cv2.HOGDescriptor_getDefaultPeopleDetector( ) 设置 HOG 检测器的 SVM 模型。使用 cv2.imread( ) 加载待测试的图像。

3）第 7~8 行为了加快检测速度，对图像进行缩放，使用 cv2.resize(image,(640,480))将图像大小调整为 640×480 像素。

4）第 9~11 行调用 hog.detectMultiScale(image,winStride=(4,4),padding=(8,8),scale=1.05)执行人体检测。该函数返回检测到的人体区域的边界框（boxes）以及相应的置信度权重（weights）。

5）第 12~14 行使用 for 循环遍历每个检测到的边界框，使用 cv2.rectangle( ) 在图像上绘制矩形框，表示检测到的人体区域。

6）第 15~18 行使用 cv2.imshow("Human Detection", image）显示带有检测结果的图像窗口，并使用 cv2.waitKey(0) 等待按下任意键关闭窗口。

这只是一个简单的示例，使用 OpenCV 的默认人体检测器。如果需要更高的准确性或者需要应对特定场景的挑战，可能需要进行更多的参数调整或者使用其他更高级的人体检测方法。

基于 HOG 特征提取的人体检测示例运行结果图如图 8-3 所示。

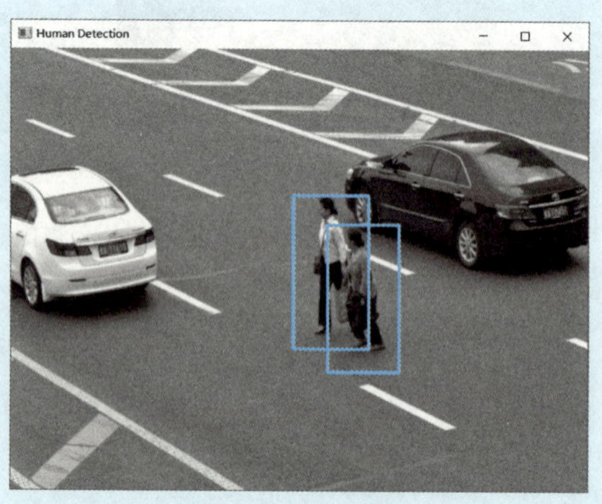

图 8-3　基于 HOG 特征提取的人体检测示例运行结果图

8.2.2 尺度不变特征变换（SIFT）特征提取

SIFT 是一种经典的图像特征提取算法。SIFT 特征提取具有尺度不变性、旋转不变性和光照不变性等特点，在计算机视觉领域中被广泛应用于图像匹配、目标检测和图像识别等任务。

SIFT 特征提取的主要步骤如下：

（1）尺度空间极值检测　SIFT 特征提取首先通过构建高斯金字塔来模拟不同尺度下的图像。金字塔由一系列平滑后的图像组成，每个图像的尺度比前一个图像略小。通过在金字塔中的每个尺度上计算图像的差分，可以检测到局部极值点。这些极值点是图像中具有不同尺度的显著性变化的候选关键点。

（2）关键点定位　在检测到的候选关键点中，使用插值方法对其进行精确定位。为了找到更准确的关键点位置，SIFT 算法利用候选关键点周围的局部图像梯度信息。通过计算图像在候选关键点周围区域的梯度幅值和方向，以及对梯度幅值进行加权的二次差分，可以精确定位关键点的位置。

（3）方向分配　为了使 SIFT 特征具有旋转不变性，每个关键点被分配一个主导方向。在关键点周围的区域内计算梯度方向的直方图，找到主导方向。通过选择梯度方向直方图中最大峰值对应的方向作为主导方向，实现关键点的旋转不变性。

（4）特征描述　在关键点的周围区域内，将图像划分为小的子区域（例如 4×4 或 8×8 像素）。对每个子区域计算梯度方向直方图，形成局部特征描述子。该描述子包含了关键点周围区域的梯度信息，并且具有一定的鲁棒性和不变性。最终，将所有子区域的梯度方向直方图串联起来，形成关键点的特征向量。

通过以上步骤，SIFT 特征提取得到了具有尺度不变性、旋转不变性和局部纹理信息的特征向量。这些特征向量可以用于后续的特征匹配、目标识别和图像拼接等计算机视觉任务。SIFT 算法的关键在于对关键点的检测、定位和描述，以及对图像的尺度空间建模，从而实现对图像中的局部特征进行有效提取和表示。

当涉及使用 SIFT 进行角点检测时，可以使用 cv2 库中的 SIFT 类来实现。下面是一个使用 OpenCV 进行 SIFT 角点检测的 Python 示例：

【例 8-4】　使用 OpenCV 进行 SIFT 角点检测。

```
1  import cv2
2  # 读取图像 'xingren. jpg'
3  img=cv2. imread('D:\imaget\xingren. png')
4  # 将图像转换为灰度图像
5  gray=cv2. cvtColor(img,cv2. COLOR_BGR2GRAY)
6  # 创建一个 SIFT 对象
7  sift=cv2. SIFT_create()
8  # 检测关键点并计算描述符
9  keypoints,descriptor=sift. detectAndCompute(gray,None)
10 # 在原图上绘制关键点
```

```
11    out_img = cv2.drawKeypoints(img, keypoints, None, (0,255,0), cv2.DRAW_MATCHES_
12 FLAGS_DEFAULT)
13    #显示带有 SIFT 关键点的图像
14    cv2.imshow('SIFT_keypoints',out_img)
15    cv2.waitKey(0)
16    cv2.destroyAllWindows()
```

【代码说明】

这段代码使用 OpenCV 中的 SIFT 算法检测图像中的关键点，并绘制这些关键点在图像上。

1）第 1 行导入所需的库 cv2。

2）第 2~5 行使用 cv2.imread 函数读取棋盘图像，并使用 cv2.cvtColor 函数，转换类型为 cv2.COLOR_BGR2GRAY，将 BGR 图像转换为 GRAY 灰度图像。

3）第 6~7 行创建了一个 SIFT 对象，使用 cv2.SIFT_create()函数创建。

4）第 8~9 行调用 SIFT 对象的 detectAndCompute 方法，传入灰度图像 gray 作为输入，来检测关键点和计算描述符。这将返回关键点列表和描述符数组。

5）第 10~12 行在原图上绘制关键点 cv2.drawKeypoints 函数用于在图像上绘制检测到的关键点，img 是输入图像，keypoints 是检测到的关键点，out_img 是输出图像，cv2.DRAW_MATCHES_FLAGS_DEFAULT 表示绘制的标志，(0,255,0)表示关键点用绿色绘制。

6）第 13~16 行，使用 cv2.imshow 函数显示结果图像，指定窗口标题为"SIFT_keypoints"。使用 cv2.waitKey(0) 等待用户按下任意按键后关闭窗口。

确保已经安装了 OpenCV 库，并将图像路径替换为实际图像的路径。运行示例代码后，将会显示原始图像并在上面绘制出 SIFT 算法检测到的关键点。图 8-4 为基于 SIFT 特征提取进行关键点检测示例结果。

图 8-4　基于 SIFT 特征提取进行关键点检测示例结果图

SIFT 特征的优点是独特性好，信息量丰富，即使很少的目标也能产生大量特征点；缺点是计算复杂性高，实时性较差。

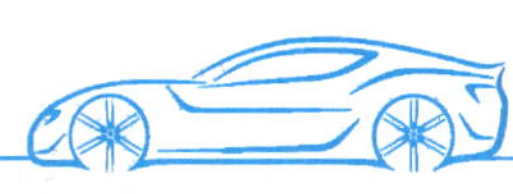

【例 8-5】 利用 SIFT 算法检测角点。

```
import cv2
img=cv2.imread('D:\imaget\worker2.png')
gray=cv2.cvtColor(img,cv2.COLOR_BGR2GRAY)
#创建 SIFT 对象
sift=cv2.SIFT_create()#以前版本 sift=cv2.xfeatures2d.SIFT_create()
#将图片进行 SIFT 计算,并找出角点 keypoints,descriptor 是描述符
keypoints,descriptor=sift.detectAndCompute(gray,None)
out_img=cv2.drawKeypoints(img,keypoints,
                          cv2.DRAW_MATCHES_FLAGS_DEFAULT,(0,255,0))
cv2.imshow('sift_keypoints',out_img)
cv2.waitKey(0)
cv2.destroyAllWindows()
```

【代码说明】

1）第 1 行导入所需的库 cv2。

2）第 2~3 行使用 cv2.imread 函数读取图像，并使用 cv2.cvtColor 函数，转换类型为 cv2.COLOR_BGR2GRAY，将 BGR 图像转换为 GRAY 灰度图像。

3）第 4~5 行利用函数 cv2.SIFT_create()创建 SIFT 对象。

4）第 6~7 行将图片进行 SIFT 计算，并找出角点 keypoints，descriptor 是描述符。

5）第 8~9 行用函数 cv2.drawKeypoints() 画出角点。

6）第 10~12 行显示结果图像，之后键盘输入关闭窗口。

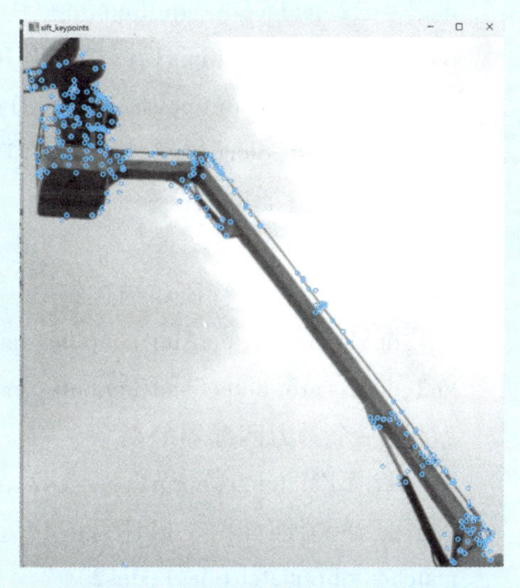

图 8-5 利用 SIFT 算法检测角点结果图

利用 SIFT 算法检测角点结果图如图 8-5 所示。

8.3 图像匹配

图像匹配是指通过一定的匹配算法在两幅或多幅图像之间识别同名特征数据点。特征点匹配后，会得到两幅图像中相互匹配的特征点对。

8.3.1 ORB 特征检测和暴力匹配

ORB 是一种快速特征点提取和描述的算法，ORB 由两部分构成，Oriented FAST 和 Rotated BRIEF，即特征点提取和特征点描述。特征点提取是由 FAST 算法发展来的，特征点描述

是根据 BRIEF 特征描述算法改进的。

ORB 算法最大的特点就是计算速度快，计算时间大概只有 SIFT 的 1%，SURF 的 10%，这主要是因为使用了 FAST 来加速了特征点的提取。再者是使用 BRIEF 算法计算描述子，该描述子特有的二进制串的表现形式不仅节约了存储空间，而且大大缩短了匹配的时间。

ORB 特征检测和二进制描述符算法采用了定向的 FAST 检测方法和旋转的 BRIEF 描述符。与 BRIEF 相比，ORB 具有更大的尺度和旋转不变性。图像暴力匹配（Brute Force Match）用于比较两个描述符并产生匹配的结果。使用 ORB 特征检测器和描述符，计算关键点和描述符的函数为 cv2.ORB_create()，通过暴力匹配函数 cv2.BFMatcher()，遍历描述符，确定描述符是否匹配，然后计算匹配距离并排序。代码如例 8-6 所示。

【例 8-6】 使用 ORB 算法实现特征检测，并暴力匹配两幅图像。

```
1  import cv2
2  import numpy as np
3  from matplotlib import pyplot as plt
4  #读取两幅图像
5  img1=cv2.imdecode(np.fromfile('D:\imaget\person.png',dtype=np.uint8),1)
6  img1=cv2.cvtColor(img1,cv2.COLOR_BGR2RGB)
7  img2=cv2.imdecode(np.fromfile('D:\imaget\person2.png',dtype=np.uint8),1)
8  img2=cv2.cvtColor(img2,cv2.COLOR_BGR2RGB)
9  #创建 ORB 特征检测器和描述符
10 orb=cv2.ORB_create()
11 #对两幅图像检测特征和描述符
12 kp1,des1=orb.detectAndCompute(img1,None)
13 kp2,des2=orb.detectAndCompute(img2,None)
14 #获得一个暴力匹配器的对象
15 bf=cv2.BFMatcher(normType=cv2.NORM_HAMMING,crossCheck=True)
16 #利用匹配器匹配两个描述符的相近程度
17 matches=bf.match(des1,des2)
18 #按照相近程度进行排序
19 matches=sorted(matches,key=lambda x:x.distance)
20 #画出匹配项,使用 plt 将两个图像的匹配结果显示出来
21 img3=cv2.drawMatches(img1=img1,keypoints1=kp1,img2=img2,keypoints2=kp2,
22                      matches1to2=matches,outImg=img2,flags=2)
23 plt.imshow(img3),plt.axis('off')
24 plt.show()
```

【代码说明】

1）第 1~3 行导入所需的库 cv2。

2）第 4~8 行使用 cv2.imdecode 函数读取图像，并使用 cv2.cvtColor 函数，转换类型为 cv2.COLOR_BGR2RGB，将 BGR 图像转换为 RGB 图像。

3）第 9~10 行创建 ORB 特征检测器和描述符。

4）第 11~13 行对两幅图像检测特征和描述符。

5）第 14~22 行对两幅图像进行匹配。

6）第 23~24 行显示图像匹配。

图 8-6 为 ORB 检测和匹配的两幅图像。

图 8-6　ORB 检测和匹配的两幅图像

8.3.2　FLANN 匹配

FLANN 库全称是 Fast Library for Approximate Nearest Neighbors，它是目前最完整的（近似）最近邻开源库。不但实现了一系列查找算法，还包含了一种自动选取最快算法的机制。

Flann-Based Matcher 使用快速近似最近邻搜索算法寻找。为了提高检测速度，可以在调用 matching 函数前，先训练一个 matcher。训练过程使用 Flann-Based Matcher 来优化，为 descriptor 建立索引树，这种操作将在匹配大量数据时发挥巨大作用（比如在上百幅图像的数据集中查找匹配图像）。

【例 8-7】　使用 FLANN 算法匹配两幅图像。

```
1  import cv2
2  from matplotlib import pyplot as plt
3  img1=cv2.imread('D:\imaget\person2.png')
4  queryImage=cv2.cvtColor(img1,cv2.COLOR_BGR2RGB)
5  img2=cv2.imread('D:\imaget\person3.png')
6  trainingImage=cv2.cvtColor(img2,cv2.COLOR_BGR2RGB)
7  #使用 SIFT 检测角点
8  sift=cv2.SIFT_create()
9  kp1,des1=sift.detectAndCompute(queryImage,None)
10 kp2,des2=sift.detectAndCompute(trainingImage,None)
11 #设置 FLANN 匹配器参数
12 indexParams=dict(algorithm=0,trees=5)
13 searchParams=dict(checks=50)
14 #定义 FLANN 匹配器
15 flann=cv2.FlannBasedMatcher(indexParams,searchParams)
16 #使用 FLANN 算法实现匹配
17 matches=flann.knnMatch(des1,des2,k=2)
```

```
18 #根据 matches 生成相同长度的 matchesMask 列表,列表元素为[0,0]
19 matchesMask=[[0,0]for i in range(len(matches))]
20 #去除错误匹配
21 for i,(m,n)in enumerate(matches):
22     if m.distance<0.7*n.distance:
23         matchesMask[i]=[1,0]
24 #图像显示,matchColor 是两幅图像的匹配连接线,连接线与 matchesMask 相关
25 # singlePointColor 是勾画关键点
26 drawParams=dict(matchColor=(0,255,0),
27                 singlePointColor=(255,0,0),
28                 matchesMask=matchesMask,
29                 flags=0)
30 resultImage=cv2.drawMatchesKnn(queryImage,kp1,trainingImage,kp2,
31                                matches,None,**drawParams)
32 plt.imshow(resultImage),plt.axis('off')
33 plt.show()
```

【代码说明】

1）第 1~2 行导入所需的库 cv2。

2）第 3~6 行使用 cv2.imread 函数读取图像，并使用 cv2.cvtColor 函数，转换类型为 cv2.COLOR_BGR2RGB，将 BGR 图像转换为 RGB 图像。

3）第 7~10 行使用 SIFT 检测角点。

4）第 11~13 行设置 FLANN 匹配器参数。

5）第 14~19 行定义 FLANN 匹配器，使用 FLANN 算法实现匹配。

6）第 20~23 行去除错误匹配。

7）第 24~33 行显示图像匹配。

使用 FLANN 算法匹配两幅图像如图 8-7 所示。

图 8-7　使用 FLANN 算法匹配两幅图像

习题

1. 图像的基本特征有哪些？图像描述符都有哪些表达形式？
2. 什么是特征检测器？
3. 什么是描述符？
4. Harris 角点检测是怎样实现的？
5. 常见的基于深度学习的图像特征提取模型有哪些？
6. 编写程序，基于 OpenCV 和 scikit-image 进行方向梯度直方图（HOG）特征提取。

第9章 交通应用实例——车牌识别

车牌识别旨在自动识别车辆的车牌信息，包括图像预处理、车牌定位、车牌过滤、字符分割和字符识别等关键步骤，通过这些步骤，车牌识别系统能够准确地从一幅包含车辆的图像中提取出车牌上的字符信息，车牌识别结合了图像处理和模式识别等多项技术，广泛应用在车辆监控、停车场管理和不停车收费管理中，节省了大量的人力和物力资源，在智能交通系统中有着十分重要的应用价值。

9.1 车牌识别研究现状

在车牌识别研究领域，国外研究的起步很早，早在二十世纪中后期，国外就兴起了对车牌识别算法的研究，到二十世纪末，国外已经推出很多关于车牌识别的产品。典型的有以色列基于视觉 Hi-Tech 公司推出的 See/Car 系统，能够利用视觉传感器捕捉车牌信息，被应用于车辆出入控制、停车场管理。但是，See/Car 系统对车牌中的汉字信息不能识别。新加坡的 OptAsia 公司也推出了一款车牌识别系统，被命名为 VECON-VIS，该系统能够对我国香港地区的车牌规格进行自动识别，但是，该系统对送入系统识别的待测图片有着相对比较苛刻的条件。日本最著名的车牌识别系统 LUIS，在高速公路收费管理中得到了很好的应用，车牌的误识率和漏识率在 10%左右，恶劣天气时（雨、雪和薄雾等），其误识率和漏识率基本保持在 30%，美国、印度、德国和法国等一些国家也对车牌识别展开了大量的研究，也取得了很多成果。

我国在车牌识别方面研究起步较晚，但是取得的成果是相当可观的。由于国内外车牌的格式差异，加上有汉字识别问题，国外车牌识别技术在国内一般无法通用，但可以借鉴其中比较好的算法用于研究。吕文强、朱贤平利用一种基于纹理特征和轮廓分析车牌定位的方法实现了车牌定位。田栎文等人基于形态学和 HSV 分离蓝色区域的车牌分割技术对图像中的车牌信息进行分割，取得较好效果。张引等人也利用图像边缘检测算子 ColorPrewitt 算子和区域生长算子对图像中的车牌进行分割。徐金荣等人利用基于卷积神经网络的方法实现了车牌的识别。另外，国内的很多研究所、大学和公司等相继展开对车牌字符识别技术的研发。中国科学院自动化所和汉王科技共同研发的车牌识别系统已经成功产品化。清华大学人工智能实验室、国家智能交通系统工程技术研究中心、上海交通大学的工程和计算机科学系、西

安交通大学的图像识别和处理研究室以及吉林大学的符号计算与知识工程教育部重点实验室也都展开过对车牌字符识别技术的研究，取得很多研究成果。另外，我国的很多高科技公司也相继推出一些相关产品。例如亚洲视觉科技有限公司提出的慧光技术（VECON Technology）可以对印刷字、图像颜色信息进行有效的识别，这项技术也被成功地应用于车牌识别。中国电子系统技术有限公司生产的车牌自动识别系统已经应用在公安部交通安全质量检测中心。昆明的利普机器视觉工程有限公司、深圳市捷顺科技实业股份有限公司、南京九鼎自动化设备制造集团有限公司、北京文安科技发展有限公司、北京兰亭数字科技有限公司和上海的名图软件有限公司也都推出过相应的车牌字符识别技术。

车牌识别系统的基本性能指标是识别时间与精确度。由于受到拍摄设备、计算机等硬件的限制，以及数字图像处理在这方面的算法还没有完全成熟化，如今的应用系统的识别速率和它的准确率很难同时提高，车牌识别的算法依然有很大的改进空间，车牌识别的实用价值仍需不断提升，不断演进的深度学习技术为其性能提升带来了新的可能性，在实际应用中，仍需根据具体场景对各个步骤进行调优和改进，以实现更高效、准确的车牌识别。

9.2 数字图像处理车牌识别

车辆牌照是车辆管理部门为了对车辆进行统一有效的管理而给车辆设计的一种法定标志。世界上不同国家的车牌一般具有不同的形式，但一般都是矩形的。我国的标准车牌是矩形的，且有统一的大小，即宽度为 45cm、高度为 15cm。车牌上的每个字符宽 45mm、长 90mm，间隔符宽 10mm，字符的笔画宽度为 10mm，每个单元间隔 12mm，即第 2 与第 3 字符之间的间距为 34mm。

基于数字图像处理，车牌识别一般可分为图像预处理、车牌定位、字符分割和字符识别 4 个主要组成部分。车牌识别处理流程图如图 9-1 所示。

图 9-1 车牌识别处理流程图

9.2.1 车牌图像预处理

对车牌图像预处理，过滤图像中的干扰噪声和无关信息，以提高图像的质量，为以后的车牌定位、字符分割和字符识别打下基础，提高结果的真实性和准确度。常用的图像预处理技术有彩色图像灰度化、平滑滤波和边缘检测等。

1. 彩色图像灰度化

相机拍摄的彩色车牌图像中包含了大量的颜色信息，会增加处理系统的时间和空间负担，而通常处理时仅灰度信息就能满足要求。所以，车牌识别前需要将彩色图像转变为灰度图像，即彩色图像灰度化。彩色图像灰度化后，原始的三个 R、G、B 分量就变为大小相等的亮度值，灰度越大，亮度越高，反之亦然。下面对常见灰度算法原理进行介绍和分析。

常用的灰度化方法有以下三种：

（1）平均值法 将原始 R、G、B 分量的平均值作为最终的灰度值，即

$$\text{gray}=\frac{1}{3}(R+G+B) \tag{9-1}$$

（2）最大值法 将 R、G、B 分量中的最大值作为最终灰度值，即

$$\text{gray}=\max\{R,G,B\} \tag{9-2}$$

（3）加权平均法 将 R、G、B 分量的加权平均值作为最终灰度值，即

$$\text{gray}=w_1R+w_2G+w_3B \tag{9-3}$$

式中，w_1、w_2、w_3 分别是 R、G、B 分量的权值，而且 $w_1+w_2+w_3=1$。采用不同的权值可以获得不同的灰度图像，根据人眼对颜色敏感程度，一般取 $w_1=0.299$、$w_2=0.587$、$w_3=0.114$，此时得到的灰度图像效果较好。

加权平均法进行图像灰度化效果通常要优于最大值法和平均值法，例 9-1 为加权平均法灰度化代码。

【例 9-1】 图像灰度化代码。

```
import cv2
import matplotlib.pyplot as plt
import numpy as np
img=cv2.imread('D:/imaget/cp623.png')
height=img.shape[0]
width=img.shape[1]
grayimg=np.zeros((height,width,1),np.uint8)
for i in range(height):
    for j in range(width):
        grayimg[i,j]=0.299*img[i,j][0]+0.587*img[i,j][1]+0.114*img[i,j][2]
cv2.imshow("src",img)
cv2.imshow("gray",grayimg)
cv2.waitKey(0)
cv2.destroyAllWindows()
```

图 9-2b 所示为利用加权平均法对车牌原始图像进行灰度化处理的结果。

a)

b)

图 9-2 原始图像与灰度图像

a）原始图像 b）灰度图像

2. 车牌图像平滑滤波

车牌图像信息在采集过程中容易产生噪声，噪声是在图像数据中产生的干扰信号，必须通过滤波器对图像进行降低噪声或者消除噪声的处理。平滑滤波通过某种加权函数对图像的像素值进行处理，可以消除覆盖车牌文本和边缘信息的噪声污染，使后续的识别更加准确。下面对常用去除噪声的滤波方法，即均值滤波、高斯滤波和中值滤波进行对比分析。

（1）均值滤波去噪声　均值滤波是经典的线性滤波算法，利用一个滤波模板对像素进行卷积处理，即将画面中待处理像素点邻域内的灰度平均值记为该待处理像素点的灰度值，因此滤波器效果和所选择邻域的尺寸有关，在通常情形下选取的滤波处理窗口尺寸都是3×3。均值滤波算法虽然能够消除或减少图像处理中的噪点污染，但同时也会损失图像的边缘信息细节。

（2）高斯滤波去噪声　高斯滤波是一种线性平滑滤波器，主要用于抑制高斯噪声，也应用于图像处理过程等降噪流程。它使用了二维高斯函数的分布方法来对像素值加以平滑，每个点的像素值都是它所在领域内所有像素值的加权平均，越靠近中心分配权重越大，越远离中心分配权重越小，高斯滤波可以有效去除噪声，但是边缘也存在一定的损失。高斯核中（i,j）位置处的像素值可表示为

$$f(i,j)=\frac{1}{2\pi\sigma^2}e^{\frac{(i-n-1)^2+(j-n-1)^2}{2\sigma^2}} \tag{9-4}$$

（3）中值滤波去噪声　中值滤波是一项采用排序数理统计方法的非线性滤波器技术，和高斯滤波器很相似，用在某点邻域内所有像素点的中值来代表在这点的取值，一般也可以是方形邻域，甚至圆形、十字形等。中值滤波算法能够更好地解决细节问题，产生极佳的去噪效果。

通过对上述去除噪声的滤波方法进行分析，可知中值滤波简单且去噪声效果较好，例9-2中值滤波方法对车牌进行去噪，图9-3所示为用3×3的邻域窗口对图9-2灰度图像进行中值滤波的结果。

【例9-2】　中值滤波代码。

```
import cv2
import numpy as np
import matplotlib.pyplot as plt
#读取图片
#img=cv2.imread('D:/imaget/cp623.png')
img=grayimg # grayimg 灰度化的图像
source=cv2.cvtColor(img,cv2.COLOR_BGR2RGB)
#中值滤波
result=cv2.medianBlur(source,3)
#用来正常显示中文标签
plt.rcParams['font.sans-serif']=['SimHei']
#显示图形
titles=['灰度化的图像','中值滤波']
```

```
images=[source,result]
for i in range(2):
plt.subplot(1,2,i+1),plt.imshow(images[i],'gray')
plt.title(titles[i])
plt.xticks([]),plt.yticks([])
plt.show()
```

中值滤波如图 9-3 所示。

图 9-3　中值滤波

与灰度图像包含所有的亮度信息相比，二值图像只包含最亮和最暗两种灰度信息，只包含两种灰度信息使得二值图像能大幅度地减少数字图像处理的计算量，而且二值图像使得图像的轮廓突出，方便后续获取车牌的单个字符。将灰度图像二值化的缺点是图像信息部分缺失，图像对比度降低，但是对字符识别起关键作用的信息是字符形状，而图像二值化可以使得车牌区域呈现黑白效果，突出显示车牌区域的字符轮廓。

在二值化过程中，选择合适的阈值，可以最大限度地保留想要的车牌字符信息。阈值处理是一种直观、实现起来简单而且计算速度快的方法。阈值处理的方法有全局阈值处理、多阈值处理、可变阈值处理和多变量阈值处理等。对于车辆图像来说，车牌区域和其他区域区分十分明显，但是参与识别的原始车辆图像之间有较大差别，因此要为每幅图像选择合适的全局阈值，可用式（9-5）来得到每个图像的全局阈值，即

$$h(S_k)=n_k,\quad k=0,1,\cdots,255 \tag{9-5}$$

式中，S_k 是第 k 级灰度值；n_k 是图像中灰度值等于 S_k 的像素个数。阈值 T 为 $h(S_k)$ 取最大值时 S_k 的值。

图像二值化旨在提取图像中的目标物体，将背景以及噪声区分开来。它的意义在于，非二值图像像素值大且多，处理起来较为复杂，二值化能方便后期各种运算操作。现代车牌识别中必须要拥有极快的识别计算速度，同时还需要反馈足够丰富的车辆相关信息，二值化处理可以满足这一需求。二值化通常会设置一个临界值，将图像的像素划分为两类，常见的二值化算法用式（9-6）表示，即

$$f(x)=\begin{cases}0, x<T\\255, x\geqslant T\end{cases} \tag{9-6}$$

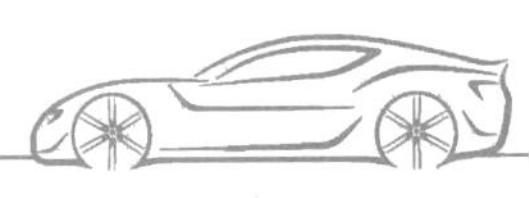

当某个像素点的灰度值小于阈值 T 时，其像素设置为 0，表示黑色；当灰度值大于或等于阈值 T 时，其像素值为 255，表示白色。

对于式（9-6）中的阈值设置方法，可以通过全局灰度计算，也可以局部灰度的渐变度计算，但由于这两种方法都有明显缺点，目前最常用的是由像素点位置和灰度特性共同决定的动态阈值方法，该方法优点是动态阈值边界明显。

二值化后的车牌图像如图 9-4 所示，只包含黑色和白色两种灰度值，车牌区域上的背景和字符的区分更加明显。

【例 9-3】 车牌二值化代码。

```
from PIL import Image
img=Image.open('D:/imaget/cp623.png')
#模式L为灰色图像,它的每个像素用8个bit表示,0表示黑,255表示白,其他数字表示不同的灰度
Img=img.convert('L')
#自定义灰度界限,大于这个值为黑色,小于这个值为白色
threshold=150
table=[]
for i in range(256):
    if i<threshold:
        table.append(0)
    else:
        table.append(1)
#图片二值化
photo=Img.point(table,'1')
plt.imshow(photo)
```

车牌二值化结果图如图 9-4 所示。

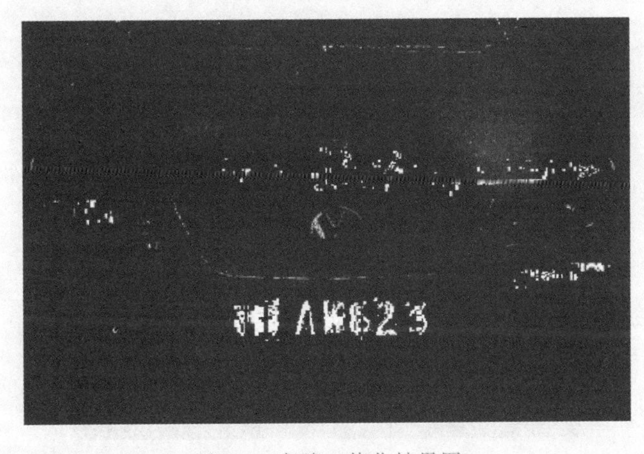

图 9-4　车牌二值化结果图

3. 车牌边缘检测

在车牌识别中，由于车牌图像中除去车牌，还包含大量的复杂背景，所以对图像进行边缘检测处理是很有必要的。图像边缘是图像灰度或颜色发生空间突变的像素的集合，反映了图像的基本轮廓，是图像最基本和最重要的特征之一。经过边缘检测后，车牌部分图像得到加强，同时在一定程度上削弱非车牌部分的图像，达到了车牌区域的粗定位。常用的边缘检测算子有差分边缘检测、Roberts 算子、Sobel 算子和 Canny 算子等。

对车牌图像预处理之后用上述几种算子分别进行车牌边缘检测，结果如图 9-5～图 9-7 所示。

【例 9-4】 Roberts 算子边缘检测代码。图 9-5 所示为其结果图。

```
import cv2
#robert 算子[[-1,-1],[1,]]
def robert(img):
    h,w=img.shape[:2]
    r=[[-1,-1],[1,1]]
    for i in range(h):
        for j in range(w):
            if(j+2<w)and(i+2<=h):
                process_img=img[i:i+2,j:j+2]
                list_robert=r * process_img
                img[i,j]=abs(list_robert.sum())
    return img
img=cv2.imread('D:/imaget/cp623.png',cv2.IMREAD_GRAYSCALE)
cv2.imshow('orl_img',img)
img=robert(img)
cv2.imshow('robert',img)
cv2.waitKey(0)
```

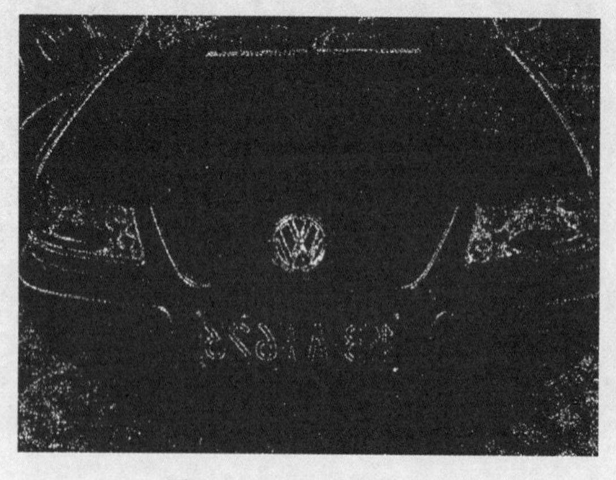

图 9-5　Roberts 边缘检测

【例 9-5】 Sobel 算子边缘检测代码。图 9-6 所示为其结果图。

```
import cv2
img=cv2. imread('D:/imaget/cp623. png',0)
x=cv2. Sobel(img,cv2. CV_16S,1,0)
y=cv2. Sobel(img,cv2. CV_16S,0,1)
absX=cv2. convertScaleAbs(x)#转回 uint8
absY=cv2. convertScaleAbs(y)
dst=cv2. addWeighted(absX,0. 5,absY,0. 5,0)
# cv2. imshow("absX",absX)   #x 方向
# cv2. imshow("absY",absY)   #y 方向
cv2. imshow("Result",dst)
cv2. waitKey(0)
cv2. destroyAllWindows()
```

图 9-6　Sobel 算子边缘检测

【例 9-6】 Canny 算子边缘检测代码。图 9-7 所示为其结果图。

```
import numpy as np
import cv2 as cv
from matplotlib import pyplot as plt
img=cv. imread('D:/imaget/cp623. png',0)
edges=cv. Canny(img,100,200)
plt. subplot(121),plt. imshow(img,cmap='gray')
plt. title('Original Image'),plt. xticks([]),plt. yticks([])
plt. subplot(122),plt. imshow(edges,cmap='gray')
plt. title('Canny Edge Image'),plt. xticks([]),plt. yticks([])
plt. show()
```

图 9-7 Canny 边缘检测

对比以上结果可知，Canny 边缘检测算子能检测出绝大部分细节的边缘信息，但是在凸显车牌区域的同时，其他无关区域的边缘信息也增加了，产生了过多的无用干扰信息，不利于后面的处理。整体看来，Sobel 算子边缘检测在突出显示车牌区域的同时，其他无关区域的信息出现相对较少。

9.2.2 车牌定位

由于车牌字符区域像素的灰度可能表现出突变的特性，所以能够运用边缘检测的定位算法原理，针对不同的情况和条件，选用适当的边缘检测算子对图像进行检测，最后利用形态学原理获得准确的车牌字符的最终区域。基于边缘信息的车牌定位算法流程图如图 9-8 所示。

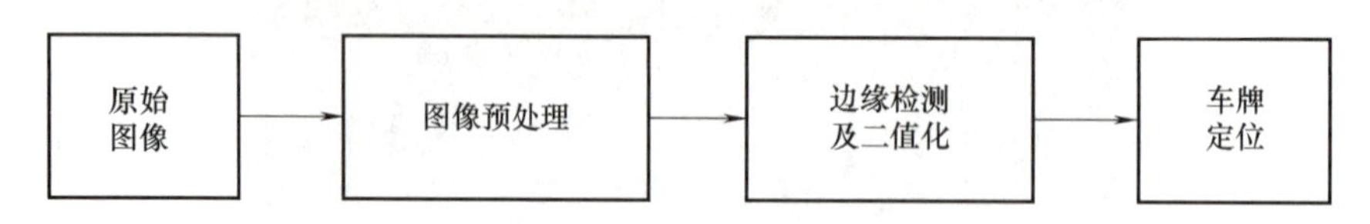

图 9-8 基于边缘信息的车牌定位算法流程

除了 Canny 边缘提取算子，其余算子在计算完图像的幅值之后，需要使用一个阈值函数对提取的幅值进行二值化处理，这样才能真正提取出图像的边缘。最简单的方法就是固定阈值方法，即设置一个固定的阈值 T，如果幅值大于阈值 T，将二值化图像的相应位置设置为“白”（值为 255），反之，将二值化图像的相应位置设置为“黑”（值为 0）。

图 9-9 为三种不同算子处理结果。

9.2.3 字符分割

字符分割需要找到图像中字符的边界，将其逐一划分并输出到标准字符子图。

我国的车牌字符有着固有的长宽比和相对固定的车牌字符结构等特征，因此可根据车牌的大小和字符之间的间距设计一个字符模板，将这个模板在车牌字符区域上进行移动，计算模板中字符像素与车牌区域像素的比值，最后求得比值的极值点，极值点所对应的位置就是字符分割的位置。因此所用的匹配模板和车牌实际的大小合不合适决定了模板匹配的成功率，而且在匹配过程中边框是很大的干扰，该方法存在一定的局限性。

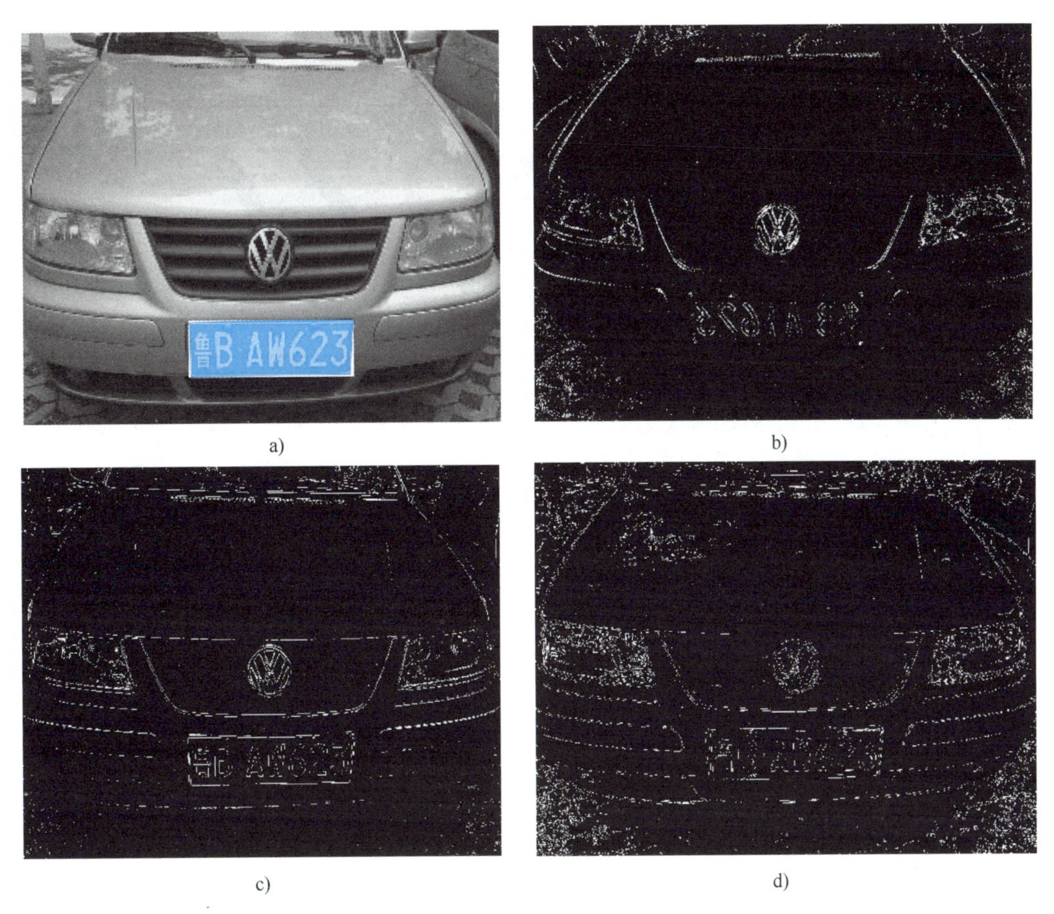

图 9-9　三种不同算子处理结果

a）车牌原图像　b）Roberts 算子处理结果　c）Sobel 算子处理结果　d）Canny 算子处理结果

9.2.4　字符识别

准确分割出车牌的字符后，下一步则是将车牌字符识别出来。我国的车牌包括中文字符、24 个英文字母（不包括 I 和 O）和阿拉伯数字。标准的车牌共有 7 个字符，如图 9-10 所示。其中第 1 位为汉字，第 2、3 位为大写英文字母，第 4~7 位为阿拉伯数字。目前还有一定数量的个性化车牌，因为保有量较少，可以忽略不计。所以总共需要识别的字符约为 50 个汉字、26 个大写英文字母及 10 个阿拉伯数字。

因为第一个字符是汉字，所以增加了识别的难度。每一张车牌都有 7 个字符。常用的字符识别方法有：基于模块匹配的字符识别算法和基于特征提取的字符识别算法两类。

1. 基于模块匹配的字符识别算法

基于模板匹配的字符识别算法是最简单的一种字符识别方法。该方法是将待识别字符经分割归一化成模板字体的大小，将它输入字符识别模块进行匹配；根据实际字符和模板图像之间匹配方差最小的原则，判定车牌图像字符所属类别。这种方法对于标准、规范的字符识别效果较好。但在复杂环境下的车牌字符会与理想模板字符不完全一致，这导致了识别结果存在较大误差，对于字符有断裂和粘连等情况容易造成误判。

图 9-10 标准车牌示意图

2. 基于特征提取的字符识别算法

基于特征提取的字符识别算法，首先对要识别的字符图像进行特征提取统计，其中包括字符的轮廓数、轮廓形状等，然后设置规则和决策函数对这些特征进行分类和判断，并且统计待识别字符图像相应字符的特征，将其放入字符库里与特征集匹配，获得最终匹配结果。然而在实际应用中，受到各种客观因素的影响，在识别字符时经常出现字符断裂、模糊等情况，使得最终统计的结果不是很理想。

9.3 数字图像处理车牌识别编程实现

【例 9-7】 数字图像处理车牌识别编程实现完整代码。

```
# 导入所需模块
import cv2
from matplotlib import pyplot as plt
import os
import numpy as np
#定义必要函数
#显示图片
def cv_show(name,img):
    cv2.imshow(name,img)
    cv2.waitKey()
    cv2.destroyAllWindows()
# plt 显示彩色图片
def plt_show0(img):
    b,g,r=cv2.split(img)
    img=cv2.merge([r,g,b])
    plt.imshow(img)
```

```
    plt.show()
# plt 显示灰度图片
def plt_show(img):
    plt.imshow(img,cmap='gray')
    plt.show()
#图像去噪灰度处理
def gray_guss(image):
    image=cv2.GaussianBlur(image,(3,3),0)
    gray_image=cv2.cvtColor(image,cv2.COLOR_RGB2GRAY)
    return gray_image
#读取待检测图片
origin_image=cv2.imread('D:/imaget/cp3H.jpg')
plt_show0(origin_image)
```

读取待检测的原始图像如图 9-11 所示。

图 9-11　读取待检测的原始图像

```
#提取车牌部分图片
image=origin_image.copy()
#图像去噪灰度处理
gray_image=gray_guss(image)
#显示灰度图像
plt_show(gray_image)
```

图像灰度化如图 9-12 所示。

图 9-12　图像灰度化

```
# x 方向上的边缘检测
Sobel_x = cv2. Sobel( gray_image, cv2. CV_16S, 1, 0)
absX = cv2. convertScaleAbs( Sobel_x)
image = absX
#显示灰度图像
plt_show( image)
```

x 方向上的边缘检测如图 9-13 所示。

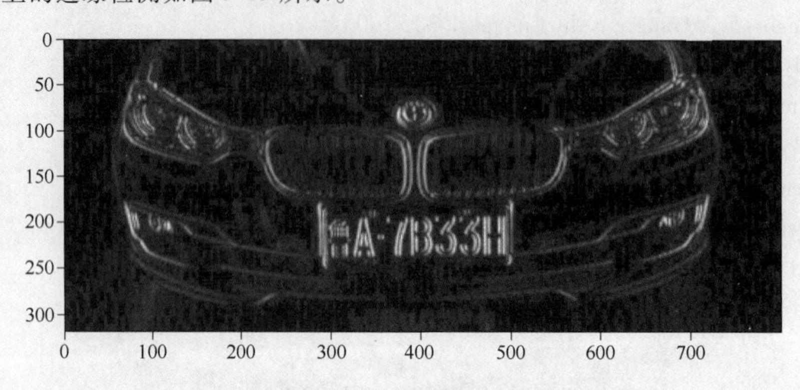

图 9-13 x 方向上的边缘检测

```
#图像阈值化操作——获得二值图像
ret, image = cv2. threshold( image, 0, 255, cv2. THRESH_OTSU)
#显示灰度图像
plt_show( image)
#形态学(从图像中提取对表达和描绘区域形状有意义的图像分量)——闭操作
kernelX = cv2. getStructuringElement( cv2. MORPH_RECT, (30, 10) )
image = cv2. morphologyEx( image, cv2. MORPH_CLOSE, kernelX, iterations = 1)
#显示灰度图像
plt_show( image)
```

二值图像如图 9-14 所示。闭操作结果图如图 9-15 所示。

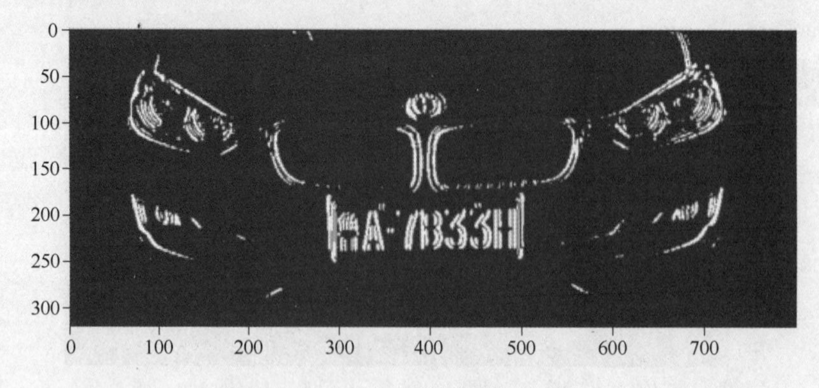

图 9-14 二值图像

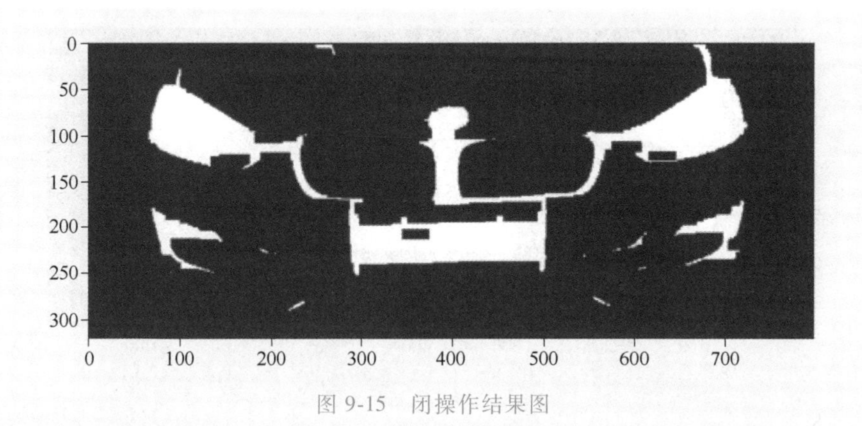

图 9-15　闭操作结果图

```
#腐蚀(erode)和膨胀(dilate)
kernelX=cv2.getStructuringElement(cv2.MORPH_RECT,(50,1))
kernelY=cv2.getStructuringElement(cv2.MORPH_RECT,(1,20))
image=cv2.dilate(image,kernelX)
image=cv2.erode(image,kernelX)
#image=cv2.dilate(image,kernelX)
#image=cv2.dilate(image,kernelY)
image=cv2.erode(image,kernelY)
image=cv2.dilate(image,kernelY)
#显示灰度图像
plt_show(image)
```

腐蚀和膨胀结果图如图 9-16 所示。

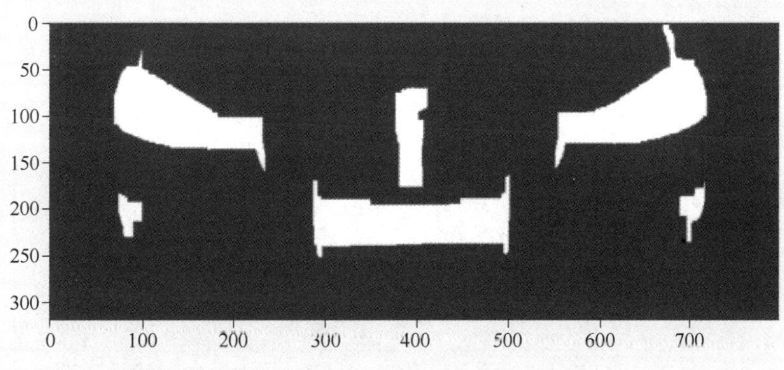

图 9-16　腐蚀和膨胀结果图

```
#中值滤波
image=cv2.medianBlur(image,21)
#显示灰度图像
plt_show(image)
```

中值滤波结果图如图 9-17 所示。

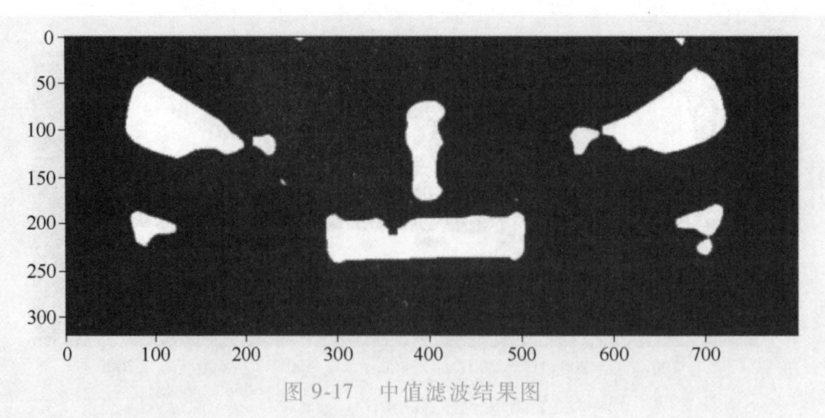

图 9-17　中值滤波结果图

```
#获取轮廓
contours, hierarchy = cv2.findContours(image, cv2.RETR_EXTERNAL, cv2.CHAIN_APPROX_SIMPLE)
for item in contours:
        rect=cv2.boundingRect(item)
        x=rect[0]
        y=rect[1]
        weight=rect[2]
        height=rect[3]
# 根据轮廓的形状特点,确定车牌的轮廓位置并截取图像
        if(weight >(height * 3))and(weight<(height * 7)):
                image=origin_image[y:y+height,x:x+weight]
                #显示灰度图像
                plt.imshow(image)
                plt.show()
```

获取轮廓如图 9-18 所示。

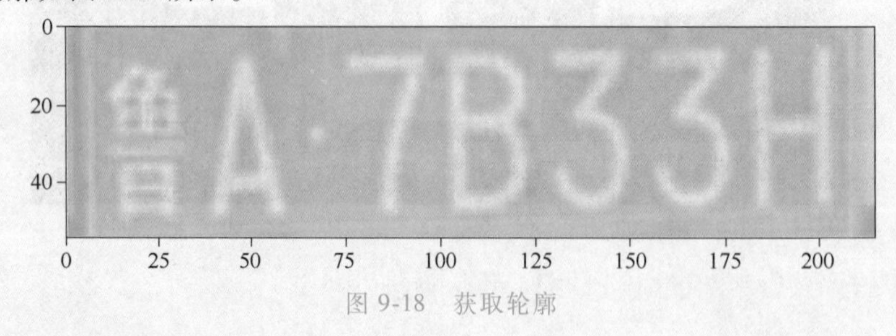

图 9-18　获取轮廓

```
#车牌字符分割
#图像去噪灰度处理
gray_image=gray_guss(image)
#图像阈值化操作——获得二值图像
ret,image=cv2.threshold(gray_image,0,255,cv2.THRESH_OTSU)
```

```
plt_show(image)
```

二值图像如图 9-19 所示。

图 9-19 二值图像

```
#计算二值图像黑白点的个数,处理绿牌照问题,让车牌号码始终为白色
area_white=0
area_black=0
height,width=image.shape
for i in range(height):
    for j in range(width):
        if image[i,j]==255:
            area_white+=1
        else:
            area_black+=1
if area_white>area_black:
    #阈值化处理,让数字始终为白色
    ret,image=cv2.threshold(image,0,255,cv2.THRESH_OTSU | cv2.THRESH_BINARY_INV)
    plt_show(image)
#膨胀操作,使字膨胀为一个近似的整体,为分割做准备
kernel=cv2.getStructuringElement(cv2.MORPH_RECT,(2,2))
image=cv2.dilate(image,kernel)
plt_show(image)
```

字膨胀为一个近似的整体如图 9-20 所示。

图 9-20 字膨胀为一个近似的整体

```
#查找轮廓
contours,hierarchy=cv2.findContours(image,cv2.RETR_EXTERNAL,cv2.CHAIN_APPROX_SIMPLE)
```

```
words = [ ]
word_images = [ ]
#对所有轮廓逐一操作
for item in contours:
    word = [ ]
    rect = cv2.boundingRect(item)
    x = rect[0]
    y = rect[1]
    weight = rect[2]
    height = rect[3]
    word.append(x)
    word.append(y)
    word.append(weight)
    word.append(height)
    words.append(word)
#排序,车牌号有顺序。words 是一个嵌套列表
words = sorted(words,key = lambda s:s[0],reverse = False)
i = 0
#word 中存放轮廓的起始点和宽、高
for word in words:
  #筛选字符的轮廓
  if(word[3]>(word[2] * 1.5))and(word[3]<(word[2] * 3.5))and(word[2]>15):
      i = i+1
      splite_image = image[word[1]:word[1]+word[3],word[0]:word[0]+word[2]]
      word_images.append(splite_image)
      print(i)
print(words)
for i,j in enumerate(word_images):
    plt.subplot(1,7,i+1)
    plt.imshow(word_images[i],cmap='gray')
plt.show()
```

字符分割结果图如图 9-21 所示。

图 9-21 字符分割结果图

```
#模版匹配
#准备模板(template[0-9]为数字模板;)
template=['0','1','2','3','4','5','6','7','8','9',
          'A','B','C','D','E','F','G','H','J','K','L','M','N','P','Q','R','S',
          'T','U','V','W','X','Y','Z',
          '藏','川','鄂','甘','赣','贵','桂','黑','沪','吉','冀','津','晋','京','辽','鲁','蒙','闽','宁
          ','青','琼','陕','苏','皖','湘','新','渝','豫','粤','云','浙']
#读取一个文件夹下的所有图片,输入参数是文件名,返回模板文件地址列表
def read_directory(directory_name):
    referImg_list=[]
    for filename in os.listdir(directory_name):
        referImg_list.append(directory_name+"/"+filename)
    return referImg_list
#获得中文模板列表(只匹配车牌的第1个字符)
def get_chinese_words_list():
    chinese_words_list=[]
    for i in range(34,64):
        #将模板存放在字典中
        c_word=read_directory('D:/refer1/'+ template[i])
        chinese_words_list.append(c_word)
    return chinese_words_list
chinese_words_list=get_chinese_words_list()
#获得英文模板列表(只匹配车牌的第2个字符)
def get_eng_words_list():
    eng_words_list=[]
    for i in range(10,34):
        e_word=read_directory('D:/refer1/'+ template[i])
        eng_words_list.append(e_word)
    return eng_words_list
eng_words_list=get_eng_words_list()
#获得英文和数字模板列表(匹配车牌后面的字符)
def get_eng_num_words_list():
    eng_num_words_list=[]
    for i in range(0,34):
        word=read_directory('D:/refer1/'+ template[i])
        eng_num_words_list.append(word)
    return eng_num_words_list
eng_num_words_list=get_eng_num_words_list()
```

```
#读取一个模板地址与图片进行匹配,返回得分
def template_score(template,image):
    #将模板进行格式转换
    template_img=cv2.imdecode(np.fromfile(template,dtype=np.uint8),1)
    template_img=cv2.cvtColor(template_img,cv2.COLOR_RGB2GRAY)
    #模板图像阈值化处理——获得黑白图
    ret,template_img=cv2.threshold(template_img,0,255,cv2.THRESH_OTSU)
# height,width=template_img.shape
# image_=image.copy()
# image_=cv2.resize(image_,(width,height))
    image_=image.copy()
    #获得待检测图片的尺寸
    height,width=image_.shape
    #将模板 resize 至与图像一样大小
    template_img=cv2.resize(template_img,(width,height))
    #模板匹配,返回匹配得分
    result=cv2.matchTemplate(image_,template_img,cv2.TM_CCOEFF)return result[0][0]
def template_matching(word_images):
    results=[]
    for index,word_image in enumerate(word_images):
        if index==0:
            best_score=[]
            for chinese_words in chinese_words_list:
                score=[]
                for chinese_word in chinese_words:
                    result=template_score(chinese_word,word_image)
                    score.append(result)
                best_score.append(max(score))
            i=best_score.index(max(best_score))
            # print(template[34+i])
            r=template[34+i]
            results.append(r)
            continue
        if index==1:
            best_score=[]
            for eng_word_list in eng_words_list:
                score=[]
                for eng_word in eng_word_list:
```

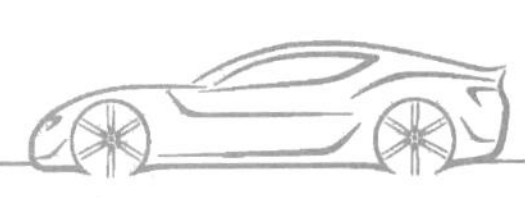

```
                    result=template_score(eng_word,word_image)
                    score.append(result)
                best_score.append(max(score))
            i=best_score.index(max(best_score))
            # print(template[10+i])
            r=template[10+i]
            results.append(r)
            continue
        else:
            best_score=[]
            for eng_num_word_list in eng_num_words_list:
                score=[]
                for eng_num_word in eng_num_word_list:
                    result=template_score(eng_num_word,word_image)
                    score.append(result)
                best_score.append(max(score))
            i=best_score.index(max(best_score))
            #print(template[i])
            r=template[i]
            results.append(r)
            continue
return results
word_images_=word_images.copy()
result=template_matching(word_images_)
print(result)
```

模版匹配结果如图 9-22 所示。

```
word_images_ = word_images.copy()
result = template_matching(word_images_)
print(result)
[22]  ✓ 5.6s
... ['鲁', 'A', '7', 'B', '3', '3', 'H']
```

图 9-22　模版匹配结果

```
#结果渲染
from PIL import ImageFont,ImageDraw,Image
height,weight=origin_image.shape[0:2]
print(height)
print(weight)
image_1=origin_image.copy()
```

```
cv2.rectangle(image_1,(int(0.2 * weight),int(0.75 * height)),(int(weight * 0.9),int(height * 0.95)),(0,255,0),5)
#设置需要显示的字体
fontpath = "font/simsun.ttc"
font = ImageFont.truetype(fontpath,64)
img_pil = Image.fromarray(image_1)
draw = ImageDraw.Draw(img_pil)
#绘制文字信息
draw.text((int(0.2 * weight) +25,int(0.75 * height)),"".join(result),font = font,fill = (255,255,0))
bk_img = np.array(img_pil)
print(result)
print("".join(result))
plt_show0(bk_img)
```

识别结果图如图 9-23 所示。

```
320
800
['鲁', 'A', '7', 'B', '3', '3', 'H']
鲁A7B33H
```

图 9-23　识别结果图

在实际应用中，车牌识别系统的作用容易受到牌照质量和拍摄质量的影响。如车牌生锈、破损，拍摄角度、反光等。这些影响因素不同程度上降低了车牌识别的识别率。因此，虽然车牌识别系统中的数字图像处理技术相对成熟，并已得到广泛应用，但仍有不断优化提升的空间。

习题

1. 在车牌定位过程中，为什么要使用边缘检测和轮廓分析技术？解释它们在车牌定位中的作用。

2. 车牌识别技术的应用领域非常广泛。选择一个应用领域（如交通管理、停车场管理和安防监控等），描述该领域中车牌识别的重要性和应用场景。

3. 在实际应用中，车牌识别系统可能面临哪些挑战和限制？

4. 车牌识别步骤主要包括图像灰度变换、图像二值化、图像增强、边缘检测、图像分割、图像滤波、图像膨胀、图像腐蚀和模板匹配，编程实现各步骤都需要注意哪些问题？

第10章　交通应用实例——道路交通标志检测与识别

准确地检测与识别交通标志信息，可以降低交通事故的发生率，推动无人驾驶、智能导航系统和辅助驾驶员驾驶等功能的发展，还可应用于辅助交通管理部门科学管理和维护损坏的交通标志。随着智能交通和无人驾驶的发展，道路交通标志检测与识别技术逐渐成为智能交通领域和汽车行业研究中非常重要的一个关键技术，交通标志识别（Traffic Sign Recognition，TSR）系统的发展与应用是智能交通的核心课题之一，数字图像处理技术在道路交通标志检测与识别的研究与应用中发挥重大作用。

10.1　道路交通标志图像处理检测与识别研究现状

10.1.1　国外研究现状

在20世纪80年代，日本就已经对道路交通标志检测展开了研究。日本学者Akatsuka根据交通标志的RGB颜色空间分布不同，利用阈值分割算法，将红、绿、蓝颜色设置不同的阈值范围，定位交通标志的颜色，获取交通标志的具体信息。到了20世纪90年代初期，德国、法国、加拿大和意大利等也都开始对道路交通标志检测和识别技术进行了相关的研究。1993年，Jannsen等人以交通标志所独有的颜色进行假设，将所获得的交通标志图像通过像素分类器完成颜色分割，再通过象形分类器完成交通标志的分类。美国研制的先进驾驶信息系统（Advanced Driver Information System，ADIS）把“停车”标志作为检测和识别目标，标志判别方法采用颜色聚类法。1994年，其中隶属于Daimler-Benz公司的研究小组推出当时最先进的实时交通标志识别系统，系统采用颜色分割、形状分析和统计图识别等技术，识别成功率达到90%，整个识别过程在0.2s内完成。同年Koblenz-Landau（科布伦茨-兰道）大学与Daimler-Benz公司合作开发实时的道路交通标志识别系统，据相关报告显示，这个系统的处理速度已经达到3幅/秒，并对约4000幅图像的实验数据库的识别准确率达到98%，该系统已经集成到VITA（Vision Technology Application）Ⅱ中。进入21世纪，随着图像处理技术和计算机视觉理论的不断发展，交通标志检测的方法变得多样化。2000年，Jun Miura等人提出了一种基于主动视觉的交通标志识别系统，并使用广角镜头和长焦镜头两种摄像机组成标志识别系统，首先基于颜色、强度和形状特征检测并提取广角图像中的交通标志候选区域，然后通过长焦镜头根据其预测位置在图像中捕获更大尺寸的候选区域，最后采用颜色阈值分割和形状模板匹配方法对候选区域进行精检。2001 年，威斯康星大学的 Liu 和 Ran 开发识别停止（Stop）标志的系统，采用 HSV 空间的颜色分割法进行检测，用神经网络的方法进行分类和识别。2005 年，为提高网络的鲁棒性，Garcia 先对限制在一定区域内的交通标志形状进行 Hough 变换，再对其进行检测。2009 年，澳大利亚国家信息与通信技术实验室的研究小组人员公布其最新设计的辅助驾驶系统，该系统采用形状识别作为主要的识别技术。2013 年，Boumedienel 通过对角线编码检测的方法将警告类交通标志的三角形形状检测转换为线段检测，该方法对于破损或被遮挡的交通标志检测任务同样有效，使得算法的漏检误判率有一定程度的下降。2015 年，Samuele Salti 等人对交通标志图像在 RGB 颜色空间中实施色彩增强处理以淡化背景，凸显交通标志区域的信息，并使用 MSER（最大稳定极值区域）检测器和 WaRe 检测器提取感兴趣区域，然后结合 HOG 和 SVM（支持向量机）去除误检，为进一步去除误检，采取基于上下文信息滤波器和交通灯滤波器的方法提高检测效果。2016 年，Ayoub Ellahyani 等人首先基于 HSI 颜色阈值分割方法对交通标志图像进行预处理，然后结合形状分类方法对阈值分割后的交通标志图像进行检测，最后提出了 HOG 与 LLS 特征融合方法，并通过随机森林分类器完成对交通标志图像的检测。

10.1.2 国内研究现状

我国对于智能交通研究起步较晚，国内很多汽车公司联合高校学者开展大规模研究。从最简单的模板匹配到现在的深度学习，交通标志检测的技术在不断地优化完善。国内对于交通标志检测最先采用的方法与国外相同，都采用基于颜色与模板匹配的方法。1998 年蒋刚毅等人利用以数学形态学方法、骨架函数基础知识为特征的模板匹配对警告标志进行检测，将图像中交通标志的基本形状提取出来，再将这些形状与模板库中的模板进行比较，判断其是否匹配，初步实现位移不变性和鲁棒性。朱双东等人将交通标志识别分为检测与识别两阶段。依据图像中物体的颜色与形状获知交通标志大概位置，再将该区域范围内的物体划分为不同的类别，这些物体在识别阶段将与模板进行匹配，获得最终识别结果。申中鸿等人采用 HSI 颜色空间转换，将采集的交通标志图像进行全局阈值分割后，通过图像中不同颜色图像的灰度直方图变化实现交通标志精准定位。蔡佳丽等人在 Lab 和 HSV 两种颜色空间下，融合两种颜色空间通道下的图像显著图，有效检测交通标志的显著特征区域。2003 年，何克忠教授对交通标志检测与识别实现简易的识别效果。2004 年，王坤明等人通过提取标志的不变矩特征以降低图像几何失真和旋转变换的影响，并结合 BP 神经网络识别交通标志图像。2009 年，Jialin Jiao 等人提出一种基于非对称 Haar-like 特征和对称 Haar-like 特征相结合的方法，通过 Adaboost 算法学习得到多级交通标志检测和分类的鲁棒性系统，可以有效地降低交通标志检测的误报率，同时保持较高的检测率。2010 年，董丹丹提出通过小波变换获取图像特征变化的方法进行交通标志识别。2015 年，Haojie Li 等人提出了一种基于颜色不变量的图像分割方法和基于分层梯度方向直方图（Pyramid Histogram of Oriented Gradients，PHOG）特征形状匹配的交通标志识别方法，对于给定目标图像，首先在高斯颜色模型中提取其颜色不变量并将图像分割成不同的区域，然后在颜色不变量上进行聚类以获得候选的感兴趣区域，最后采用 PHOG 形状特征结合支持向量机完成对交通标志的识别。2017 年，徐

岩等人通过结合极限学习机与机器学习进行交通标志检测。在这个系统中，利用神经网络获取特征直方图，然后经过主成分分析法进行空间映射，对特征降维，最终利用降维的特征进行训练，完成交通标志检测。

10.1.3 交通标志识别系统与数据集

交通标志识别（TSR）系统，是指能够在车辆行驶过程中对出现的道路交通标志信息进行采集和识别，及时向驾驶人做出指示或警告，或者直接控制车辆进行操作，以保证交通通畅并预防事故的发生。在安装有安全辅助驾驶系统的车辆中，如果车辆能够提供高效的TSR系统，及时为驾驶人提供可靠的道路交通标志信息，可有效提高驾驶的安全性和舒适性。

针对TSR系统的研究始于1970年，但因当时理论与技术不成熟而发展缓慢。20世纪80年代至20世纪末，TSR系统逐渐得到日、美、德等发达国家的重视与研究。日本于1987年公布了仅能识别出“限速”标志的TSR系统。美国学者Kehtarnavaz等人在1993年研发出针对“停车”标志牌的识别系统。进入21世纪以来，得益于科技进步与计算机性能的大幅提升，TSR系统发展迅速，并逐步搭载到一些商用产品上。Mobileye与Continental两大汽车行业巨头通力合作，研发出一套针对“限速”标志的TSR系统，在传统静态标志与动态LED（发光二极管）标志上均可达到高准确率与实时识别的效果，宝马7系列汽车和奔驰S-Class汽车分别于2008年和2009年先后搭载此系统，就此标志着TSR系统正式进入市场商用阶段。此后，增加系统的识别类别成为各大汽车厂商的重点研究对象。2010年欧宝Insignia系列汽车采用了“限速+超车限制”的TSR系统，并于2011年搭载在大众辉腾系列汽车中；2014年，继2012年沃尔沃首次采用欧宝同款TSR系统后，XC90成为市场上首款标准配备TSR系统的车型，该系统可将实时的交通标志信息显示在车辆驾驶位操控台的显示屏上，提高了系统可操控性与安全驾驶系数。

虽然商业化的TSR系统取得了一定的应用成效，但其能成功识别的标志类型仍十分有限，要想大范围推入市场，仍需进行大量实证与扩展。TSR系统成功与否取决于两类关键技术的研究。一是交通标志的检测，即TSR要在复杂环境下进行目标分割，准确将交通标志从背景图像中分离出来。二是交通标志的识别，由于禁止、警告和指示等为交通标志的多种类别，识别问题实质上是一个多分类的问题。

研发交通标志检测与识别的前提是要有庞大的且能泛化使用的标准交通标志数据集，利用数据集进行检测和识别可衡量与验证不同TSR系统算法的优劣。现公开的交通标志数据集主要有：

1）德国交通标志数据集（German Traffic Sign Detection Benchmark，GTSDB；German Traffic Sign Recognition Benchmark，GTSRB）。

2）比利时交通标志数据集（Belgium Traffic Sign Detection Benchmark，BTSD；Belgium Traffic Sign Classification，BTSC）。

3）瑞典交通标志数据集（Swedish Traffic Sign Dataset，STSD）。

4）美国交通标志数据集（LISA Traffic Sign Dataset，LTSD）。

5）清华-腾讯交通标志数据集（Tsinghua-Tencent 100K Dataset，TT100K）。

这些数据集主要分为3类：以GTSDB和BTSD为代表的，仅用于检测的数据集；以

GTSRB 和 BTSC 为代表的，仅用于识别的数据集；以 STSD 为代表的用于检测和识别的综合数据集。

TSR 系统的发展与应用是智能交通的核心课题之一，虽近年得益于人工智能（AI）技术的进步而得到快速发展，但其仍存在各种难点问题，如：长期暴露室外易造成标志颜色失真和形状变形，标志种类繁多增加了识别难度，TSR 系统搭载到汽车上的安全性、准确性、实时性和经济性等无法完全兼顾，以及能供训练模型且能泛化使用的数据集不足，尤其是我国公开的交通标志数据集样本匮乏。如何解决这些难点，需要更进一步的深入研究。随着 AI 智能技术的进步，深度学习在 TSR 系统研究方面有着领先的算法优势。深度学习通过自主学习训练交通标志特征并自发学习分类，在复杂交通场景下仍能达到较高的识别准确率，但仍然有较大的提升空间，针对基于深度学习的交通标志识别的研究还需不断探索。

10.2 道路交通标志检测与识别方法

交通标志检测也叫交通标志分隔，其原理是将交通标志的感兴趣区域（Region of Interest，ROI）从复杂的环境背景图像中快速分隔出来，再利用模式识别等方法对 ROI 进一步辨识，定位能准确反映交通标志信息的具体位置。交通标志有固定颜色（红、蓝、黄）和特定形状（三角形、圆形、矩形和多边形），这些特性使其与其他物体有所区分。因此，一些学者从颜色、形状和混合特征三个角度进行交通标志的检测与识别研究。

10.2.1 检测方法

1. 颜色检测

颜色是交通标志最显著的特征，根据特定的颜色可快速去除复杂场景下的非 ROI，缩小搜索区域，因而基于颜色的标志检测法是主流方法。具体检测方法是将拍摄的图像划分为若干相似颜色属性的子集，然后通过处理颜色阈值进行分割，进而提取交通标志。其中基于颜色空间的方法有：基于红、绿、蓝（Red、Green、Blue，RGB）的颜色空间，基于色调、饱和度和值（Hue、Saturation、Value，HSV）的颜色空间，基于色相、饱和度和强度（Hue、Saturation、Intensity，HSI）的颜色空间和其他颜色空间。颜色检测最常见的方法有 RGB、HSI 和 HSV 等。

2. 形状检测

道路交通标志的形状主要分为矩形、圆形和三角形，形状特征相对稳定，且标志形状不易受光照影响。因此，基于形状的交通标志检测在一定程度上可以克服交通标志长期在自然环境下造成的颜色磨损和脱落等问题。通过一定的图像处理技术，可提取道路交通环境中交通标志的基本形状，根据形状特征判断交通标志的具体类型。研究者利用标志形状不易受光照影响的特点，通过搜索 ROI 以及形状特点来检测是否为交通标志。其主要可分为 Hough 变换法、径向对称检测法等。

3. 混合特征的交通标志检测

将颜色与形状相结合，可以很好地解决基于颜色与基于形状的两种检测法各自的缺陷，

双重保障带来的是检测精度的提高。张瑞等人提出一种基于 HSI 的标志分割法，并结合基于形状特征的最优拐角检测器进行了标志检测。张金鹏等人采用基于 HSV 的分割法，提取 ROI，再利用 Canny 算子提取轮廓，最后采用标记的形状特征算法，判定轮廓形状，该检测算法在亮度变换和尺度变换下表现出了较好的准确性与鲁棒性。于平平等人针对预处理后的图像，利用视觉注意机制原理提取颜色、亮度等特征，经线性组合划分显著图，得到交通标志的 ROI，在此粗检的基础上，再根据几何形状特征细检 ROI 中的形状，此法在 Jetson TX2 嵌入式平台测试中表现出来较好的准确性和稳定性。

10.2.2 识别方法

经检测后，将分割定位出的交通标志的关键 ROI，采用一定的算法对其进行识别。标志识别是 TSR 系统中最为重要的部分，由于标志有多个类别，其识别实质是多分类，分类器的训练至关重要。目前交通标志识别的主流方法，一类是基于图像颜色、形状等视觉信息等进行识别，另一类是基于特征提取与机器学习进行识别，还有一类是基于深度学习进行识别。

1. 基于图像颜色、形状等视觉信息的识别方法

这类方法主要通过对目标图像相关特征进行提取，进而把图像中的交通标志进行图像分离并且检测出来，接着进行分类，虽然这种方法的检测速度比较快，但是正确率偏低。这种算法的核心是对图像的颜色空间进行选择，大部分颜色空间特征是 RGB，当亮度发生变化时，就不能单一地选择 RGB，解决的方法也有很多，包括调整通道的比值或者是对 RGB 值进行处理，再或者将其转至另外的颜色空间（HSI、HSV 等）中进行处理。朱双东等人把图像从 RGB 颜色模型转化成 HSI 颜色模型，然后再从 H 通道值中提取出红色，随后用模板 LoG 提取边缘，最后用 BP 网络来对图像进行处理。初秀平等人将图像从 RGB 颜色模型转换到色度-饱和度-亮度的 HSV 颜色模型，并对图像进行分割，最后进行二值化处理。再例如，Paclik 等人将目标从 RGB 颜色模型转为 HSI 颜色模型，通过选择合适的阈值来获得所需的颜色，进而进行识别检测。C. Y. Fanga 等人提出了一种依据人类的眼球结构的识别系统，通过对图像的红、黄、蓝信息的提取来检测，通过黑色和白色信息来识别。朱国康等人针对图像中的标志大小不一和位置不一定的情况，对目标的多种特征进行融合，先对样本进行相应的预处理，再对图像进行裁剪，提取相应区域的颜色，最后对颜色形状等特征进行分类检测，完成标志识别。这些根据颜色以及形状特征的交通标志识别方法尽管在准确性方面进行了不少的优化，但是面对某些特殊情况，如标志受到破坏时，再使用这类方法的效果就不是很好，识别所需时间较长，效率偏低。

2. 基于特征提取与机器学习的识别方法

此类算法核心内容是抽取被训练图像中目标区域的特征，再对其进行训练，将分类器进行特征匹配，来完成交通标志的识别工作。这种方法的难点是找出那些最重要的特征，当无法准确判断所需的特征是否满足要求时，人们会偏向多取特征，甚至不做分析，将无用的测量值用作分类特征，不仅耗时，而且对结果造成巨大影响。这类方法需要先对测量值分析，获得有效的特征识别，并且在保证一定分类精度下，减少特征的维数，让分类器的分类变得快速、准确且高效。

支持向量机（Support Vector Machine，SVM）是其中重要的一环，它在速度和准确率上都表现出令人满意的一面，SVM 分类器参与的检测能够满足大部分基本的需求。张兴敢等人通过卷积变换获得图像的特征，其中输入层采用滑动窗口计算卷积，接着把激活函数作为输出，得到数个特征图，单个特征图也是由多个图卷积得到的，这样得到的实验结果的准确率明显提高。Huang 等人提出了一种由方向梯度变量直方图（HOGV）和极限学习机（ELM）算法训练分类器的检测方法。提取的 HOGV 的特征在冗余和特定细节间有良好的平衡关系，而基于 ELM 的分类器又在输入层和隐藏层之间实现随机特征映射，带来的好处就是不需要逐层调整，所以可以满足大部分特征提取的精度要求。这几种方法要进行分类识别需要分类器，效率并不是很高。

3. 基于深度学习的识别方法

卷积神经网络（CNN）作为深度学习的重要组成部分，在检测识别领域获得了许多成果，学者将其用于交通标志识别领域，让这个领域进入一个新的里程碑。与上面两种交通标志识别方法不同的是，CNN 可以在训练的同时提取特征，即一边提取一边训练，双管齐下，有效提高检测和训练效率，并且检测性能上也不落后甚至更优于传统交通标志识别。Ren 等人提出依赖候选区域算法的检测网络（RPN），共享完整的图像卷积特征，从而实现了近乎无成本候选区，并且把相关过程放在 GPU 上运行，在目标检测领域达到了很高的检测正确率和较快的速度。伍晓晖则从小目标交通标志识别入手，在精度方面在已有的 Tiny-YOLOv3 交通标志检测算法上进行了改进，加深特征金字塔图层，具有较好的鲁棒性，并且增加网络的宽度和深度，用批量归一化处理样本，提高原网络的精度。陈春辉针对小尺寸交通标志检测率偏低的问题，构建一个基于 YOLOv5 采样优化的交通标志检测网络，利用自卷积算子 Involution 对特征图进行自卷积采样提取特征，并构造跨阶段注意力机制（Attention Module Cross Stage Partial，AMCSP）结构，为通道增加重要性权值，使得网络更加关注小尺寸的目标，然后用改进的通道聚合结构（Path Aggregation Network，PAN）实现多尺度语义信息和细节特征的融合和增强，最后引入 DIOU_NMS 函数做后处理，避免对遮挡目标错误抑制，提高目标定位精度。

10.3 交通标志检测与识别编程实现

【例 10-1】 道路禁令标志的颜色检测。

```
1 import cv2
2 import numpy as np
3 import matplotlib.pyplot as plt
4 # 加载图像并转换为 HSV 颜色空间
5 img=cv2.imread('D:/imaget/sign9.png')
6 #加载的图像调整到了 600×800 的大小。可以根据需要修改这些值
7 #需要注意，调整图片大小的操作应该在读取图片后、进行颜色空间转换前完成
8 img=cv2.resize(img,(600,800))
9 hsv=cv2.cvtColor(img,cv2.COLOR_BGR2HSV)
```

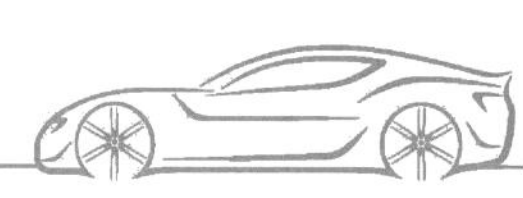

```
10 # 定义红色范围
11 lower_red=np.array([0,50,50])
12 upper_red=np.array([10,255,255])
13 mask1=cv2.inRange(hsv,lower_red,upper_red)
14 lower_red=np.array([170,50,50])
15 upper_red=np.array([180,255,255])
16 mask2=cv2.inRange(hsv,lower_red,upper_red)
17 # 定义绿色范围
18 lower_green=np.array([36,25,25])
19 upper_green=np.array([70,255,255])
20 mask3=cv2.inRange(hsv,lower_green,upper_green)
21 # 定义蓝色范围
22 lower_blue=np.array([100,50,50])
23 upper_blue=np.array([130,255,255])
24 mask4=cv2.inRange(hsv,lower_blue,upper_blue)
25 # 定义黑色范围
26 lower_black=np.array([0,0,0])
27 upper_black=np.array([180,255,30])
28 mask5=cv2.inRange(hsv,lower_black,upper_black)
29 # 合并所有掩码
30 mask=mask1+mask2+mask3+mask4+mask5
31 # 对图像进行位运算，提取颜色区域
32 res=cv2.bitwise_and(img,img,mask=mask)
33 # 显示结果
34 cv2.imshow('Original Image',img)
35 cv2.imshow('Color Detection',res)
36 cv2.waitKey(0)
```

【代码说明】

1）第 1~3 行导入库。

2）第 4~9 行加载图像，调整图像大小，并转换为 HSV 颜色空间。

3）第 10~28 行依次对红色范围、绿色范围、蓝色范围和黑色范围进行定义。

4）第 29~30 行合并所有掩码。

5）第 31~32 行对图像进行位运算，提取颜色区域。

6）第 33~36 行显示结果。

经过颜色检测处理完成后的图像如图 10-1 所示。

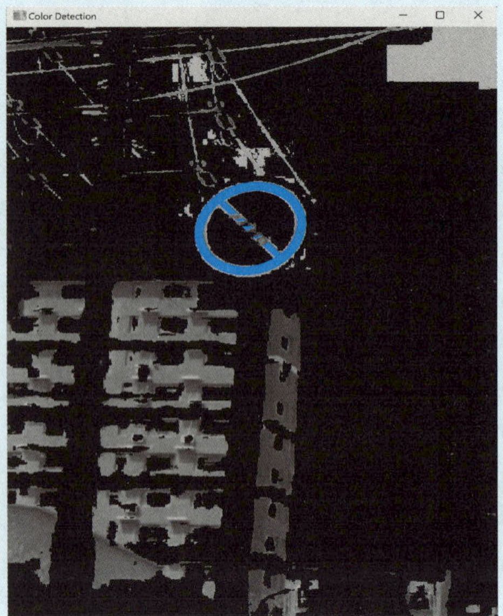

图 10-1　原图像与颜色处理后的图像

【例 10-2】　提取禁令标志的 ROI 区域

```
1  import cv2
2  import numpy as np
3  import matplotlib. pyplot as plt
4  # 读取图像
5  img = cv2. imread('D:/imaget/sign103. png')
6  # 转换为 HSV 格式
7  hsv = cv2. cvtColor(img,cv2. COLOR_BGR2HSV)
8  #定义红色的 HSV 阈值范围
9  lower_red = np. array([0,140,140])
10 upper_red = np. array([10,255,255])
11 upper_red2 = np. array([180,255,255])
12 #对图像进行红色的颜色分割
13 mask_red1 = cv2. inRange(hsv,lower_red,upper_red)
14 mask_red2 = cv2. inRange(hsv,upper_red2,upper_red)
15 # 合并红色的两个部分
16 mask_red = cv2. bitwise_or(mask_red1,mask_red2)
17 # 对分割后的图像进行形态学操作
18 kernel = np. ones((5,5),np. uint8)
19 mask_red = cv2. morphologyEx(mask_red,cv2. MORPH_OPEN,kernel)
20 mask_red = cv2. morphologyEx(mask_red,cv2. MORPH_CLOSE,kernel)
```

```
21        # 检测圆形的位置和半径
22        circles_red = cv2.HoughCircles(mask_red, cv2.HOUGH_GRADIENT, 1, 20, param1 = 50,
23    param2 = 28, minRadius = 0, maxRadius = 0)
24        # 在原始图像上绘制检测到的圆形
25        if circles_red is not None:
26            circles_red = np.round(circles_red[0, :]).astype("int")
27            for (x, y, r) in circles_red:
28                cv2.circle(img, (x, y), r, (0, 0, 0), 2)
29            print(x, y, r)
30        #开始裁剪获取圆形的裁剪范围
31        x = 446
32        y = 244
33        r = 47
34        mask = np.zeros_like(img[:, :, 0])
35        cv2.circle(mask, (x, y), r, (255, 255, 255), -1)
36        # 裁剪图像
37        result = cv2.bitwise_and(img, img, mask = mask)
38        # 展示裁剪后的图像
39        plt.subplot(121), plt.imshow(img, cmap = 'gray')
40        plt.title('Original Image'), plt.xticks([]), plt.yticks([])
41        plt.subplot(122), plt.imshow(result, cmap = 'gray')
42        plt.title('Cropped Circle'), plt.xticks([]), plt.yticks([])
43        plt.show()
```

【代码说明】

1)第1~3行导入库。

2)第4~7行加载图像,并转换为HSV颜色空间。

3)第8~16行对图像的红色分割。

4)第17~20行形态学处理。

5)第21~23行检测圆形的位置和半径。

6)第24~29行在原始图像上绘制检测到的圆形。

7)第30~37行裁剪获取圆形的裁剪范围。

8)第38~43行显示结果。

提取禁令标志的ROI区域的图像如图10-2所示。

图 10-2 提取禁令标志的 ROI 区域

【例 10-3】 基于 PyTorch 库与深度学习模型对交通标志分类。

本例来源于印度学者 Sandipan Dey 著，中国学者王燕、王存珉译的《Python 图像处理经典实例》中的“使用深度学习模型对交通标志进行分类”的示例。本例使用 PyTorch 库从头开始训练自定义神经网络，并使用模型的预测对交通标志进行分类，使用的是德国交通标志识别基准（GTSRB）数据集作为训练或测试的输入图像，这些图像标记有 43 个不同的交通标志，该数据集包含 39209 幅训练图像和 12630 幅测试图像。需要先下载压缩的 pickle 序列化的数据集，然后将其解压缩到 imaget 文件夹中的 traffic_signs 文件夹，包含 3 个 pickle 文件，分别包含用于训练、验证和测试的图像。数据集有 34799 幅训练图像、4410 幅验证图像和 12630 幅测试图像，图像大小=(32,32)，43 个独特的分类。下面是代码与代码运行结果。

1）导入库，读取 signname. csv 文件。

```
import pandas as  pd
import pickle
import numpy as np
import matplotlib. pylab as plt
import seaborn as sns
signal_names = pd. read_csv ( r ' D:/imaget/Traffic Signal Classification/traffic_signs/sign-
name. csv')
signal_names. head( )
```

signname. csv 文件，包含交通信号分类 ID 和名称直接的对应关系，带有交通信号 ClassId 和 SignName 的数据前 5 行显示如图 10-3 所示。

2）加载训练数据集、验证数据集和测试数据集对应的 pickle 文件。

```
training_file = " D:/imaget/Traffic Signal Classification/traffic_signs/train. p"
validation_file = " D:/imaget/Traffic Signal Classification/traffic_signs/valid. p"
testing_file = " D:/imaget/Traffic Signal Classification/traffic_signs/test. p"
```

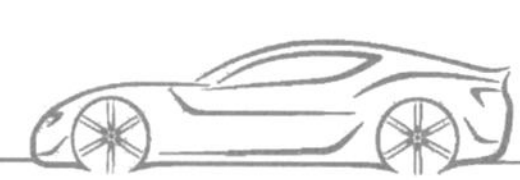

	ClassId	SignName
0	0	Speed limit (20km/h)
1	1	Speed limit (30km/h)
2	2	Speed limit (50km/h)
3	3	Speed limit (60km/h)
4	4	Speed limit (70km/h)

图 10-3 带有交通信号 ClassId 和 SignName 的数据前 5 行

```
with open(training_file,mode='rb')as f:
    train=pickle.load(f)
with open(validation_file,mode='rb')as f:
    valid=pickle.load(f)
with open(testing_file,mode='rb')as f:
test=pickle.load(f)
```

3）从训练图像、验证图像和测试图像中提取特征（图像）和标签（交通标志）。

```
X_train,y_train=train['features'],train['labels']
X_valid,y_valid=valid['features'],valid['labels']
X_test,y_test=test['features'],test['labels']
n_signs=len(np.unique(y_train))
print(X_train.shape,X_valid.shape,X_test.shape,n_signs)
plt.figure(figsize=(20,20))
for c in range(n_signs):
        i=np.random.choice(np.where(y_train==c)[0])
        plt.subplot(8,6,c+1)
        plt.axis('off')
        plt.title(signal_names.loc[signal_names['ClassId']==c].SignName.to_string(index=
False))
    plt.imshow(X_train[i])
```

打印训练集、验证集和测试集样本数量，图像大小，通道数，交通标志分类的类别数为：(34799, 32, 32, 3)，(4410, 32, 32, 3)，(12630, 32, 32, 3)，43。从训练图像中选择一些样本，并将其连同标签一起绘制，如图 10-4 所示。

图 10-4　训练图像中的一些样本及标签

4）通过定义 TrafficNet 类，实现多列 CNN 模型，使用以下代码，利用构造函数定义神经网络，并使用 forward( ) 方法在神经网络中实现正向传播。

```
import cv2
import torch
from torch. utils. data. dataset import Dataset
from torch. utils. data import DataLoader
import torchvision. transforms as transforms   # pip install torchvision
from torchvision. utils import make_grid
```

```
import torch.utils.data.sampler as sampler
from torch import nn,optim
from livelossplot import PlotLosses   # pip install livelossplot
import torch.nn.functional as F
import os

class TraffficNet(nn.Module):
    def __init__(self,gray=False):
        super(TraffficNet,self).__init__()
        input_chan=1 if gray else 3
        self.conv1=nn.Conv2d(input_chan,6,5)
        self.pool=nn.MaxPool2d(2,2)
        self.conv2=nn.Conv2d(6,16,5)
        self.fc1=nn.Linear(16*5*5,120)
        self.fc2=nn.Linear(120,84)
        self.fc3=nn.Linear(84,43)

    def forward(self,x):
        x=self.pool(F.relu(self.conv1(x)))
        x=self.pool(F.relu(self.conv2(x)))
        x=x.view(-1,16*5*5)
        x=F.relu(self.fc1(x))
        x=F.relu(self.fc2(x))
        x=self.fc3(x)
        return x
```

5）输入图像具有高对比度变化，使用 OpenCV-Python 库函数对图像自适应直方图均衡化。

```
class ClaheTranform:
    def __init__(self,clipLimit=2.5,tileGridSize=(4,4)):
        self.clipLimit=clipLimit
        self.tileGridSize=tileGridSize

    def __call__(self,im):
        img_y=cv2.cvtColor(im,cv2.COLOR_RGB2YCrCb)[:,:,0]
        clahe=cv2.createCLAHE(clipLimit=self.clipLimit,tileGridSize=self.tileGridSize)
        img_y=clahe.apply(img_y)
```

```
        img_output=img_y.reshape(img_y.shape+(1,))
        return img_output
```

6）输入数据集是使用 pickle 文件完成序列化的，通过从 PyTorch 库的 Dataset 类继承定义 PickledTrafficSignsDataset 类。

```
class PickledTrafficSignsDataset(Dataset):
    def __init__(self,file_path,transform=None):
        with open(file_path,mode='rb') as f:
            data=pickle.load(f)
            self.features=data['features']
            self.labels=data['labels']
            self.count=len(self.labels)
            self.transform=transform

    def __getitem__(self,index):
        feature=self.features[index]
        if self.transform is not None:
            feature=self.transform(feature)
        return (feature,self.labels[index])

    def __len__(self):
        return self.count
```

7）定义 train( ) 函数实现训练，从加载数据开始，应用变换，然后运行训练轮次。

```
def train(model,device):
    data_transforms=transforms.Compose([
        ClaheTranform(),
        transforms.ToTensor()
    ])
    torch.manual_seed(1)
    train_dataset=PickledTrafficSignsDataset(training_file,transform=data_transforms)
    valid_dataset=PickledTrafficSignsDataset(validation_file,transform=data_transforms)
    test_dataset=PickledTrafficSignsDataset(testing_file,transform=data_transforms)
    class_sample_count=np.bincount(train_dataset.labels)
    weights=1/np.array([class_sample_count[y] for y in train_dataset.labels])
    samp=sampler.WeightedRandomSampler(weights,43*2000)
    train_loader=DataLoader(train_dataset,batch_size=64,sampler=samp)
```

```
    #train_loader=DataLoader(train_dataset,batch_size=64,shuffle=True)
    valid_loader=DataLoader(valid_dataset,batch_size=64,shuffle=False)
    test_loader=DataLoader(test_dataset,batch_size=64,shuffle=False)
    optimizer=optim.SGD(model.parameters(),lr=0.005,momentum=0.7)
    train_epochs(model,device,train_loader,valid_loader,optimizer)

def train_epochs(model,device,train_data_loader,valid_data_loader,optimizer):
    liveloss=PlotLosses()
    loss_function=nn.CrossEntropyLoss()
    running_loss=0.0
    running_corrects=0
    data_loaders={'train':train_data_loader,'validation':valid_data_loader}

    for epoch in range(20):
        logs={}
        for phase in ['train','validation']:
            if phase=='train':
                model.train()
            else:
                model.eval()

            running_loss=0.0
            running_corrects=0
            total=0

            for batch_idx,(data,target) in enumerate(data_loaders[phase]):
                if phase=='train':
                    output=model(data.to(device))
                    target=target.long().to(dcvicc)
                    loss=loss_function(output,target)
                    optimizer.zero_grad()
                    loss.backward()
                        optimizer.step()
                else:
                    with torch.no_grad():
```

```
                output=model(data.to(device))
                target=target.long().to(device)
                loss=loss_function(output,target)

            if batch_idx % 100==0:
                print('Train Epoch: {} [{}/{} ({:.0f}%)]\t{} Loss: {:.6f}'.format(
                    epoch,batch_idx * len(data),len(data_loaders[phase].dataset),
                    100. * batch_idx/len(data_loaders[phase]),phase,loss.item()))

            pred=torch.argmax(output,dim=1)
            running_loss +=loss.detach()
            running_corrects +=torch.sum(pred==target).sum().item()
            total +=target.size(0)

        epoch_loss=running_loss/len(data_loaders[phase].dataset)
        epoch_acc=running_corrects/total

        prefix=''
        if phase=='validation':
            prefix='val_'

        logs[prefix+'log loss']=epoch_loss.item()
        logs[prefix+'accuracy']=epoch_acc#.item()

    liveloss.update(logs)
    liveloss.draw()

device=torch.device("cuda" if torch.cuda.is_available()else "cpu")
model=TraffficNet(True).to(device)
model.share_memory()# gradients are allocated lazily,so they are not shared here
train(model,device)
```

运行上述代码，并在训练阶段使用 livelossplot 工具自动绘制准确度/对数损失（accuracy/ log loss），编者运行 3min 19.8s，得到图 10-5。accuracy、log loss 与 epoch 训练结果数据如图 10-6 所示。

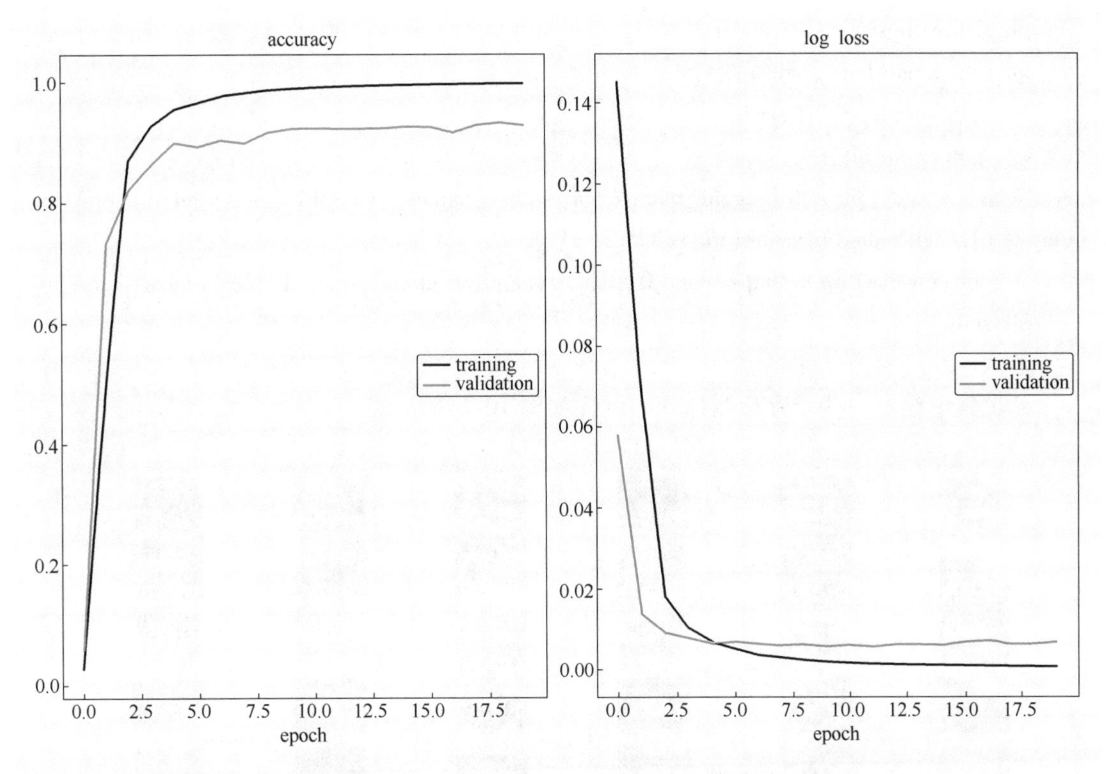

图 10-5　accuracy、log loss 与 epoch 关系图

```
accuracy
        training                (min:    0.028, max:    0.997, cur:    0.997)
        validation              (min:    0.059, max:    0.933, cur:    0.929)
log loss
        training                (min:    0.000, max:    0.145, cur:    0.000)
        validation              (min:    0.006, max:    0.058, cur:    0.007)
```

图 10-6　accuracy、log loss 与 epoch 训练结果数据

8）运行代码，从测试集中绘制一些带有预测标签的图像。

```
data_transforms = transforms.Compose([
    ClaheTranform(),
    transforms.ToTensor()
])
test_dataset = PickledTrafficSignsDataset(testing_file, transform = data_transforms)
test_loader = DataLoader(test_dataset, batch_size = 64, shuffle = False)
for (batch_idx, data) in enumerate(test_loader):
    with torch.no_grad():
        output = model(data[0].to(device))
        pred = torch.argmax(output, dim = 1)
        break
```

```
plt.figure(figsize=(20,20))
for i in range(len(pred)):
    plt.subplot(11,6,i+1)
    plt.axis('off')
        plt.title(signal_names.loc[signal_names['ClassId']==pred[i].cpu().
numpy()].SignName.to_string(index=False))
    plt.imshow(np.reshape(data[0][i,...].cpu().numpy(),(-1,32)),cmap='gray')
plt.show()
```

测试集中绘制一些带有预测标签的图像如图 10-7 所示。

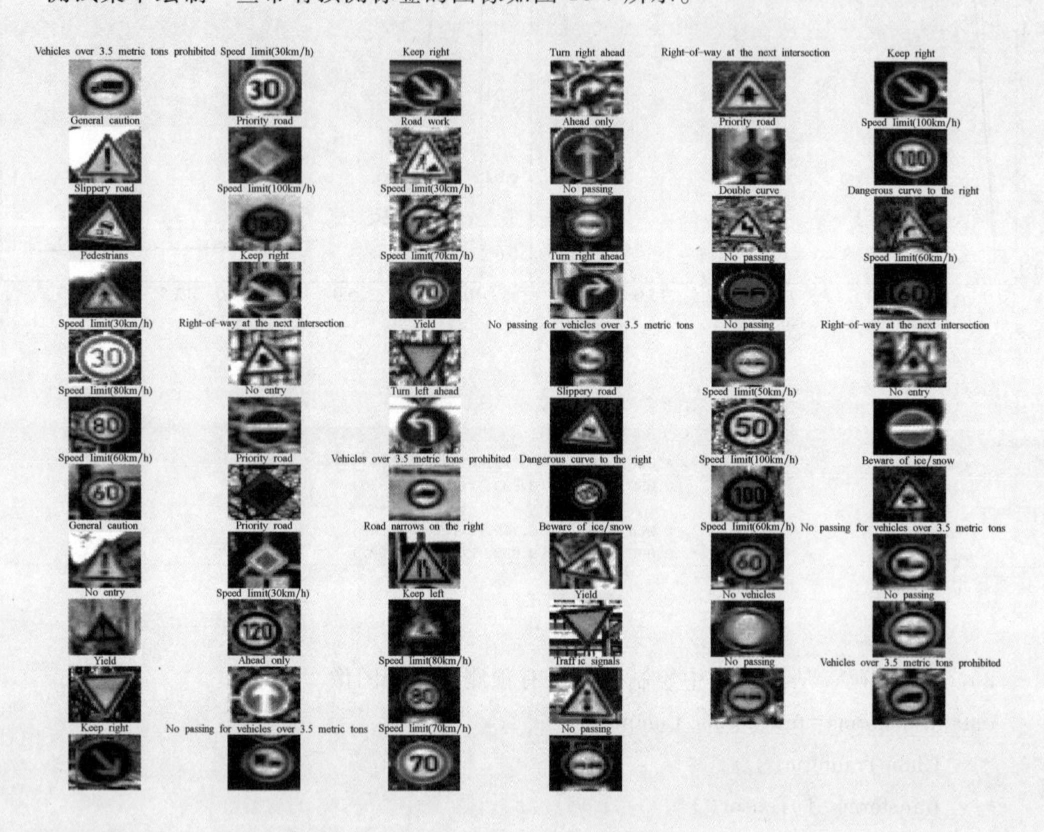

图 10-7　测试集中绘制一些带有预测标签的图像

在本例中，数据集分布不平衡，一些分类中样本图像多达 2000 幅，而少数分类仅有 200 幅左右的样本图像，使用抽样来解决分类分布不平衡问题，也借此防止过拟合。对于 43 个分类，调用 WeightedRandomSampler( ) 函数以相同的频率对图像进行采样，每个分类采用 2000 幅图像，然后将采样图像传递给 PyTorch 库的数据加载器。

使用对比度受限自适应直方图均衡化算法将图像划分为上下文区域，然后对每个区域应用直方图均衡化，目的是使得图像的隐藏特征显现得更明显。

通过将输入的彩色图像从 RGB 颜色空间转换为 YCbCr 颜色空间，然后从 YCbCr 颜色空

间提取强度通道 Y，将彩色图像转换为灰度图像。抽象类 torch. utils. data. Dataset 表示可以使用 torch. utils. data. DataLoader 进行迭代的数据集。

为了防止过拟合，使用 dropout 技术和批量归一化技术，使用 livelossplot 库绘制实时训练阶段损失函数。

Torch. no_grad( ) 函数在验证阶段停止梯度计算，因为在评估阶段，实例仅仅想评估到目前为止在保留的验证数据集上学习的模型，而不是想在此阶段更新权重。

习题

1. 道路交通标志检测与识别主要应用在智能交通的哪些场景？
2. 道路交通标志检测与识别的方法主要有哪些？
3. 交通标志检测与识别研究面临的难点有哪些？
4. 世界上公开的交通标志数据集有哪些，各自有什么作用？

第11章　交通应用实例——车道线检测与识别

本章介绍数字图像处理技术的交通应用实例——车道线检测与识别，包括车道线检测与识别算法的国内外研究现状，车道线检测算法主要包括基于模型的检测算法、基于特征的检测算法和基于深度学习的车道线检测；给出了基于 OpenCV 的车道线检测编程实现，编程实现包括车道线边缘提取、车道线区域选择、Hough 变换、直线拟合与后处理。

11.1　车道线检测与识别概述

车道线检测与识别，用于提取车道线特征信息，车道线识别的目标是通过对道路场景中的图像或视频进行分析和处理，准确提取出车道线的位置和形状信息，为自动驾驶系统和驾驶辅助系统提供必要的道路几何信息，从而实现智能驾驶和交通安全。

车道线检测与识别是目前汽车辅助安全以及智能汽车领域发展技术的基础。从美、英、法等国对车祸数据研究报告中得知，驾驶人精力不集中或者状态不清醒时，有很大可能会使车辆偏离行驶中所处的车道线，而导致车祸发生。世界上很多研究机构正对汽车防碰撞预警系统（Car Collision Warning System，CCWS）进行研发，对于驾驶在道路中的车辆，当两台车之间的距离比安全行驶距离小时，为了驾驶安全，汽车的 CCWS 就会产生预警信息，避免发生事故。在 CCWS 中，利用车载传感器探测汽车前方道路情况，获取车身与其他车辆之间的距离，当前方或左右车辆与本车的相对速度和相对距离的参数小于设定的期望值时，系统就会将此时的状况判别出来，采取防止发生危险的措施。因此准确有效地检测出车道线是汽车防碰撞预警系统的关键，也是智能汽车领域安全行驶的核心之一，是数字图像处理技术在智能交通领域的重要应用方向，引起了广泛的关注和研究。

11.2　车道线检测算法

目前，针对车道线检测与识别的研究，大多数是以机器视觉为前提的图像检测，可分为传统检测和深度学习检测两种。传统检测算法分为基于特征和基于模型两类，具有占用空间小、运算速率快等优点。基于深度学习的车道线检测算法抗干扰能力强，但需要计算大量数据，耗费时间过长。

11.2.1 基于模型的检测算法

基于模型的方法是根据车道线的轨迹特征建立某种几何模型，通过设定的算法计算出模型参数，来完成道路识别。常见的模型主要有直线、曲线和组合模型。对于直车道线，一般通过 Hough 变换建立直线模型进行检测；对于曲车道线，曲线模型则采用随机采样一致算法和高阶曲线（如三阶贝塞尔曲线）拟合的构建方式解决。而直线模型与曲线模型常常需要同时用于车道线检测算法研究中。对于车道线有直线和曲线可能交替出现的情况，部分研究人员将直线模型与曲线模型结合。隋靓等人提出一种高速公路车道线识别算法。该算法由 Hough 变换与二次曲线模型两者相结合，首先对采集到的图像进行 ROI 提取；然后在 LoG 算子对 ROI 边缘检测的基础上进行 Hough 变换以检测车道线；再由之前检测出的车道线进一步提取动态 ROI，检测新的车道线，最后通过判断两车道线段的方向变化趋势进行直线和二次曲线切换拟合车道线。

姜立标等人提出一种基于车道线特征形态的优化检测算法，首先利用 Otsu 算法和 Sobel 算子对车道线边界点检测，然后设计一种结合改进 Hough 变换和优化的最小二乘车道线拟合方法，并运用 Kalman（卡尔曼）滤波器跟踪车道线。该算法在存在干扰因素或车道线暂时性缺失的情况下，仍能较好地识别车道线。刘岩等人提出一种基于特征模型融合的实时车道线检测算法。在模型拟合阶段，采用 Canny 检测算子和改进 Hough 变换提取车道线边缘点，并结合最小二乘法拟合双曲线模型。该模型对常见道路的适用性较强，对不同曝光强度和复杂场景下的车道线都有较高的检测准确率和运行效率。吕颖等人提出一种基于道路模型与道路特征相结合的方法来进行车道线检测与跟踪。运用车道线的色彩特征去除图像中非车道线部分，进而建立车道线检测模型。在此基础上对二值化后的车道线图像进行拟合匹配。最后判别车道线类型并使用不同颜色进行标识区分。该模型对曲率大的弯道及含阴影遮盖的道路进行检测时效果更佳，能够弥补常用道路模型存在局限性的缺陷，解决利用道路特征检测车道线时受环境影响的问题。何旭光提出一种基于 B 样条曲线模型的车道线检测方法。由于常用的道路检测模型对车道线边界点的拟合性能差，为解决这一问题，首先利用 Canny 算子进行边缘检测并做形态学去噪处理。其次利用图像分段方法结合 B 样条曲线模型识别车道线，最后使用 Kalman 滤波法进行车道线拟合。该方法能够有效解决车道线漏检、误检问题，对无人驾驶和智能交通的发展具有一定的实用价值。Jinsheng Xiao 等人针对强光或阴影情况下，车道线检测表现出的低鲁棒性和边缘细节丢失的问题，提出一种结合道路结构模型和 Kalman 滤波器的算法。通过边缘点投票的方式计算出直线参数，并依据参数检测出对应直线。在直线上提取车道线候选特征点，将其视为潜在的车道线边界。最后利用车道边界点的坐标计算车道参数，从而确定车道线的准确位置。该算法能够降低复杂道路环境下的计算复杂度，确保车道线检测与识别的稳定性。Muhammad Awais Javeed 等人提出了一种基于 Otsu 阈值和快速 Hough 变换的车道检测方法。利用 Sobel 检测算子对图像中的线段进行梯度处理，增强车道线边缘特征。结合 Hough 变换，在特定的对比点范围内寻找线条来实现车道线的识别工作。最后使用最小二乘拟合来跟踪车道线。该方法兼顾了准确性和实时处理，能够满足自动驾驶系统对车道线识别的要求。

11.2.2 基于特征的检测算法

基于特征的检测方法，是基于车道线的一些特征（如边缘梯度、宽度、强度以及颜色等特征）将图像所有的点标记为车道线点和非车道线点，这种方法要求道路的车道线边缘较为清晰，颜色较为明显，以得到准确的检测结果。常用的基于特征的车道线检测流程如图11-1所示。

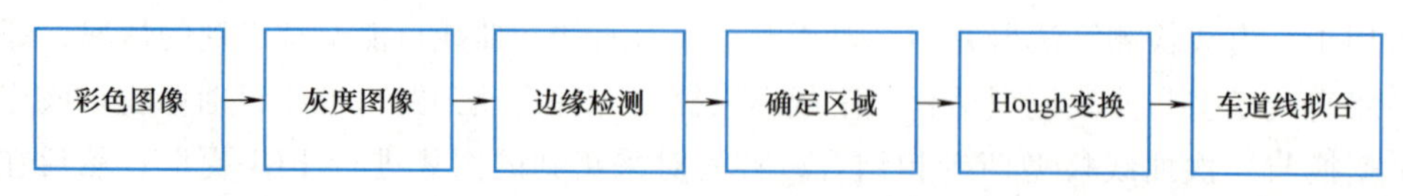

图 11-1　基于特征的车道线检测流程图

在基于特征的传统车道线检测中，首先需要对输入的图像进行预处理。这包括将图像转换为灰度图像、降低图像中的噪声，以及应用图像增强技术来突出车道线的特征。通过这些预处理操作可以减少干扰，提高车道线检测的准确性。接下来，边缘检测是基于特征的车道线检测的重要步骤。边缘检测算法能够检测图像中的边缘信息，而车道线通常表现为明显的边缘。常用的边缘检测算法包括 Canny 边缘检测算法和 Sobel 算子。通过边缘检测，可以获得图像中车道线的初步位置信息。在边缘检测的基础上，特征提取是进一步分析图像、提取与车道线相关特征的关键步骤。特征提取可以基于直线段、曲线段和颜色特征等进行。例如，使用 Hough 变换来检测直线特征，或者利用颜色空间的阈值分割来提取特定颜色的车道线。这些特征提取方法能够提供更准确和可靠的车道线信息。特征分析与筛选是基于特征的传统车道线检测的关键步骤之一。通过对提取的特征进行进一步的分析和筛选，可以识别出真正的车道线。这可以通过拟合直线或曲线等方法来确定车道线的几何属性和形状。通过这一步骤，可以得到更精确和可靠的车道线信息。最后，根据检测到的车道线参数，进行车道线的重建和显示。使用车道线的参数，可以在图像上绘制实际的车道线位置，以直观地显示车道线的位置和方向。这样的可视化结果有助于理解和分析车道线检测的效果，并为后续的决策和控制提供重要信息。

尽管基于特征的传统车道线检测方法在某些场景下表现良好，但也存在一些挑战和限制。它对图像质量、光照条件和道路特征较为敏感，可能需要调整算法参数或采用不同的特征提取和分析方法来适应不同的道路情况。此外，由于特征方法依赖于人工设计的特征提取算法，其性能和鲁棒性受到特征选择和算法参数设置的限制。

11.2.3 基于深度学习的车道线检测

基于深度学习的车道线检测是一种利用深度神经网络模型来实现车道线识别和提取的先进方法。深度学习通过学习大量的数据和特征表示，能够自动提取图像中的高级特征，并在复杂的道路场景下实现准确和稳定的车道线检测。图 11-2 是基于深度学习的车道线检测方

图 11-2　基于深度学习的车道线检测方法基本流程图

法的基本流程图。

在图 11-2 流程图中，基于深度学习的车道线检测的流程包括以下主要步骤：

（1）数据收集与准备　收集包含车道线标注的图像和视频数据集，并进行数据预处理，如调整大小、裁剪和标准化等。这些操作旨在为模型提供准备充分的、高质量的数据。

（2）构建神经网络模型　选择适当的深度学习模型架构，如卷积神经网络（CNN）或多任务学习模型，根据任务的复杂度和需求进行设计。设置网络的层数、神经元数量和连接方式等参数。

（3）训练神经网络模型　将准备好的数据集输入到网络中进行训练。使用反向传播算法调整模型参数，通过最小化损失函数来优化模型。训练过程中可以使用优化算法、批量训练和正则化等技术手段。

（4）模型评估与调优　使用验证集或测试集对训练好的模型进行评估。分析评估结果，根据模型在不同指标上的表现进行调优，如调整模型的参数和超参数，进行正则化、学习率调整等操作。

（5）车道线检测与跟踪　将训练好的模型应用于车道线检测任务。输入图像或视频数据，通过深度学习模型进行车道线的检测和跟踪，提取车道线的位置、形状等信息，以实现准确的车道线检测。

卷积神经网络是最早和最广泛的深度学习模型，用卷积神经网络进行图像处理。卷积层是一种常见的层结构，它通过卷积操作来提取图像的局部特征，如边缘和纹理。池化层则用于减少特征映射的维度，保留重要的特征信息。全连接层则用于将高级特征映射到最终的输出结果，即车道线的位置和形状。

在训练过程中，深度学习模型通过反向传播算法和优化方法来调整网络参数，以最小化车道线检测任务的损失函数。训练过程中还可以采用数据增强技术，如随机旋转、平移和缩放等，以增加数据的多样性和模型的泛化能力。

基于深度学习的车道线检测方法在实现高准确性和鲁棒性方面取得了显著进展。随着深度学习技术的不断发展和改进，基于深度学习的车道线检测方法将在自动驾驶、交通管理和智能交通系统等领域发挥越来越重要的作用，为提高道路安全性和交通效率做出贡献。

11.3 基于 OpenCV 的车道线检测编程实现

本节介绍一种基于 OpenCV 的直道车道线识别算法。首先，为了提高检测的准确性，将车道线彩色图片读取为灰度图；然后通过边缘检测算法中的 Canny 算子提取出车道线边缘；为了进一步减少车道线识别的干扰以及提高运算效率，设置图片的感兴趣区域，最后基于 Hough 变换对车道线进行拟合，在拟合时根据左右车道线的斜率范围对左右车道线分别进行拟合。

1. 库的导入以及图片的读取

在对数据处理之前，导入将要使用的 Python 数据库，代码如下：

```
1  import cv2
2  import numpy as np
```

```
3 import matplotlib as plt
4 import matplotlib.pyplot as plt
5 plt.rcParams['font.sans-serif'] = ['SimHei']
6 plt.rcParams["axes.unicode_minus"] =False
```

【代码说明】

1）第1~4行导入库。

2）第5行用来正常显示中文标签，黑体。

3）第6行用来正常显示负号。

使用 OpenCV 库读取并显示位于“D:/imaget/lanes11.jpg”路径下的图像文件，代码如下：

```
img=cv2.imread("D:/imaget/lanes11.jpg")
cv2.imshow('lane',img)
cv2.waitKey(0)
cv2.destroyAllWindows()
```

读取的车道线图如图 11-3 所示。

图 11-3　车道线图

2. RGB 转灰度图

使用 OpenCV 将 RGB 格式的图像转换为灰度图像，并将灰度图像显示出来，代码如下：

```
gray_img=cv2.cvtColor(img,cv2.COLOR_BGR2GRAY)
cv2.imshow('lane',gray_img)
```

```
cv2. waitKey (0)
cv2. destroyAllWindows ( )
```

转换的灰度图如图 11-4 所示。

图 11-4 车道线灰度图

3. 车道线边缘提取

为了突出车道线，对灰度化后的图像做边缘处理。“边缘”就是图像中明暗交替较为明显的区域。车道线通常为白色或黄色，地面通常为灰色或黑色，因此车道线的边缘处会有很明显的明暗交替。

常用的边缘提取算法有 Canny 算法和 Sobel 算法，它们只是计算方式不同，但实现的功能类似，本节根据车道线的灰度图像，以 Canny 算法为例，选取特定的阈值后，对灰度图像进行处理，即可得到边缘提取的效果图。代码如下：

```
low_threshold = 40
high_threshold = 150
eager_img = cv2. Canny( gray_img, low_threshold, high_threshold)
cv2. imshow(' lane ', eager_img)
cv2. waitKey(0)
cv2. destroyAllWindows( )
```

【代码说明】

1）第 1~2 行定义低阈值和高阈值，用于 Canny 边缘检测。

2）第 3 行使用 Canny 边缘检测算法检测图像中的边缘。

3）第 4~6 行在名为“lane”的新窗口中显示结果图像，等待用户按下任意键，关闭所有打开的窗口。

边缘提取后的图像如图 11-5 所示。

图 11-5　车道线边缘提取图

4. 车道线区域选择

边缘提取完成后，需要检测的车道线被凸显出来了。为了实现自车所在车道的车道线检测，需要将感兴趣的区域（Region of Interest）提取出来。提取感兴趣区域最简单的方式就是“截取”。

选定一个合适的区域，对每个像素点的坐标值进行遍历，如果发现当前点的坐标不在三角区域内，则将该点涂“黑”，即将该点的像素值置为 0。代码如下：

```
1  def region_interest(img,region):
2      mask=np.zeros_like(img)
3      if len(img.shape)>2:
4          channel_count=img.shape[2]
5          ignore_mask_color=(255,)*channel_count
6      else:
7          ignore_mask_color=255
8      cv2.fillPoly(mask,region,ignore_mask_color)
9      mask_img=cv2.bitwise_and(img,mask)
10     return mask_img
11 if __name__=='__main__':
12 img=cv2.imread("D:/imaget/lanes11.jpg")
13     left_bottom=[230,img.shape[0]]
14     right_bottom=[img.shape[1]+1200,img.shape[0]]
15     apex=[img.shape[1]/2,210]
16     region=np.array([[left_bottom,right_bottom,apex]],dtype=np.int32)
17     print(region)
18     mask_img=region_interest(eager_img,region)
19     cv2.imshow('lane',mask_img)
20     cv2.waitKey(0)
21     cv2.destroyAllWindows()
```

【代码说明】

1）第 1 行定义函数 region_interest，用于创建一个掩模（mask）并将其应用于输入图像 img。

2）第 2 行创建一个与输入图像大小相同的黑色掩模。

3）第 3~5 行对于彩色图像，将忽略掩模区域的颜色设置为（255，255，255），即白色。

4）第 6~7 行对于灰度图像，将忽略掩模区域的颜色设置为 255，即白色。

5）第 8 行使用多边形填充掩模。

6）第 9 行对输入图像和掩模使用位运算，以获取感兴趣的区域。

7）第 10 行返回掩模应用后的图像。

8）第 11 行在主函数中创建一个感兴趣的区域的掩模，并在窗口中显示图像。

9）第 12 行读取图像。

10）第 13~15 行定义三个关键点，用于创建一个三角形感兴趣区域。

11）第 16 行创建一个包含三个关键点的三角形感兴趣区域。

12）第 17 行调用 region_interest 函数，创建一个掩模将其应用于输入图像。

13）第 18 行在窗口中显示结果图像。

14）第 19~21 行在名为“lane”的新窗口中显示结果图像，等待用户按下任意键，关闭所有打开的窗口。

截取的车道线区域如图 11-6 所示。

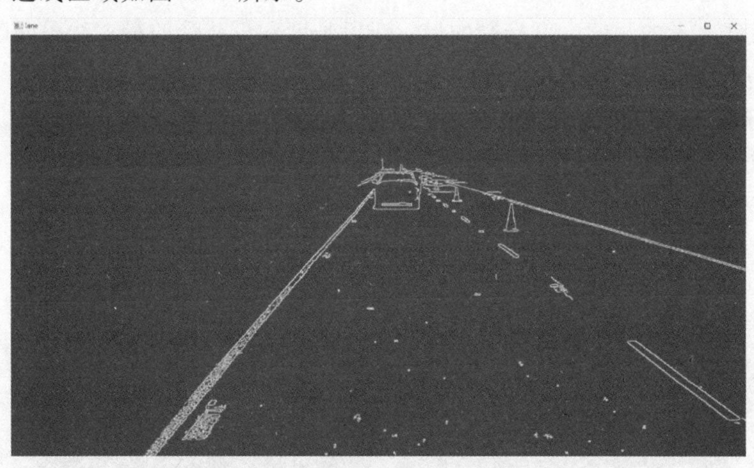

图 11-6　截取的车道线区域图

5. Hough 变换检测直线段

经过灰度处理、边缘检测和车道线区域选取后，将左右车道线从复杂的图像中提取了出来。接下来，使用 Hough 变换来提取图像中的直线段。OpenCV 提供的 Hough 变换检测直线函数，可以通过设置不同的参数，检测不同长度的线段。由于车道线存在虚线的可能，因此线段的检测长度不能设置得太长，否则短线段会被忽略掉。OpenCV 的 Hough 变换直线检测函数代码如下：

```
1  if __name__=='__main__':
2      rho=2
3      theta=np.pi/180
4      threshold=15
5      min_line_length=40
6      max_line_gap=20
7      lines=cv2.HoughLinesP(mask_img,rho,theta,threshold,np.array([]),
8                            min_line_length,max_line_gap)
9      img_copy=np.copy(img)
10     for line in lines:
11         for x1,y1,x2,y2 in line:
12             cv2.line(img_copy,(x1,y1),(x2,y2),color=[255,0,0],thickness=6)
13     cv2.imshow('lane',img_copy)
14     cv2.waitKey(0)
15     cv2.destroyAllWindows()
```

【代码说明】

1）在主函数中调用 cv2.HoughLinesP 函数，进行 Hough 直线检测，并在窗口中显示检测结果。

2）第 2~6 行定义 Hough 变换需要的参数，分别为：Hough 空间中的距离分辨率、角度分辨率、直线交点的阈值、可接受的最短线段长度和可接受的最大线段间隔。

3）第 7~8 行调用 cv2.HoughLinesP 函数，进行 Hough 直线检测，返回检测结果。

4）第 9 行将原始图像复制到一个新的变量中，用于在其上绘制直线。

5）第 10~11 行遍历每条检测到的直线，并在图像上绘制该直线。

6）第 12 行绘制直线。

7）第 13~15 行在名为“lane”的新窗口中显示结果图像，等待用户按下任意键，关闭所有打开的窗口。

Hough 变换后的直线检测图如图 11-7 所示。

图 11-7　直线检测图

6. 直线拟合与后处理

Hough 变换得到的一系列线段跟车道线需要的输出结果还是有些差异。为了解决这些差异，需要对检测到的数据做一定的后处理操作。

实现以下两步后处理，才能得到真正的输出结果。

（1）计算左、右车道线的直线方程　根据每个线段在图像坐标系下的斜率，判断线段为左车道线还是右车道线，并存于不同的变量中。随后对所有左车道线上的点、所有右车道线上的点做一次最小二乘直线拟合，得到的即为最终的左、右车道线的直线方程。

（2）计算左、右车道线的上、下边界　考虑到现实世界中左、右车道线一般都是平行的，所以可以认为左、右车道线上最上和最下的点对应的 y 值，就是左、右车道线的边界。

代码如下：

```
1  def draw_lines(img,lines,color,thickness):
2      left_lines_x=[]
3      left_lines_y=[]
4      right_lines_x=[]
5      right_lines_y=[]
6      line_y_max=0
7      line_y_min=999
8      for line in lines:
9          for x1,y1,x2,y2 in line:
10             if y1>line_y_max:
11                 line_y_max=y1
12             if y2>line_y_max:
13                 line_y_max=y2
14             if y1<line_y_min:
15                 line_y_min=y1
16             if y2<line_y_min:
17                 line_y_min=y2
18             k=(y2-y1)/(x2-x1)
19             if k<-0.3:
20                 left_lines_x.append(x1)
21                 left_lines_y.append(y1)
22                 left_lines_x.append(x2)
23                 left_lines_y.append(y2)
24             elif k>0.3:
```

```
25                 right_lines_x.append(x1)
26                 right_lines_y.append(y1)
27                 right_lines_x.append(x2)
28                 right_lines_y.append(y2)
29     left_line_k,left_line_b=np.polyfit(left_lines_x,left_lines_y,1)
30     right_line_k,right_line_b=np.polyfit(right_lines_x,right_lines_y,1)
31     cv2.line(img,
32              (int((line_y_max-left_line_b)/left_line_k),line_y_max),
33              (int((line_y_min-left_line_b)/left_line_k),line_y_min),
34              color,thickness)
35     cv2.line(img,
36              (int((line_y_max-right_line_b)/right_line_k),line_y_max),
37              (int((line_y_min-right_line_b)/right_line_k),line_y_min),
38              color,thickness)
39 if __name__=='__main__':
40     # Hough Transform 检测线段,线段两个端点的坐标存在 lines 中
41     lines=cv2.HoughLinesP(mask_img,rho,theta,threshold,np.array([]),
42                           min_line_length,max_line_gap)
43     img_copy=np.copy(img)
44     for line in lines:
45         for x1,y1,x2,y2 in line:
46             cv2.line(img_copy,(x1,y1),(x2,y2),color=[255,0,0],thickness=6)
47     draw_lines(img_copy,lines,color=[255,0,0],thickness=6)
48     cv2.imshow('lane',img_copy)
49     cv2.waitKey(0)
50     cv2.destroyAllWindows()
```

【代码说明】

1）第 1 行定义绘制直线函数。

2）第 2~5 行初始化左右两边的直线点集。

3）第 6~7 行初始化最高点和最低点的 y 坐标值。

4）第 8~9 行遍历所有检测到的线段。

5）第 10~17 行记录下最高点和最低点的 y 坐标值。

6）第 18~28 行根据斜率将线段分类为左右两边的直线点集。

7）第 29~30 行对左右两边的直线点集进行一次线性拟合，得到两条直线的斜率和截距。

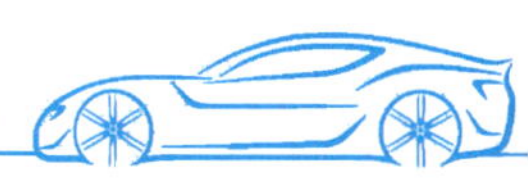

8）第31~38行根据直线方程，计算直线的两个端点，并绘制出来。

9）第40~42行使用Hough变换检测直线段，将直线段的两个端点坐标存储在lines变量中。

10）第43行复制原图像。

11）第44~46行遍历所有直线段，将直线段绘制在图像上。

12）第47行对直线段进行拟合，得到两条直线的斜率和截距，并绘制出来。

13）第48~50行在名为“lane”的新窗口中显示结果图像，等待用户按下任意键，关闭所有打开的窗口。

根据对线段的后处理，即可得到符合输出要求的两条直线方程的斜率、截距和有效长度。将后处理后的结果绘制在原图上，后处理车道线识别图如图11-8所示。

图11-8　后处理车道线识别图

车道线图片的读取使用OpenCV库读取；其次将RGB格式的图像转换为灰度图像；使用Canny算法，选取特定的阈值后，对灰度图像进行处理，即得到边缘提取的效果图；通过“截取”，选定一个合适的区域，对每个像素点的坐标值进行遍历，如果发现当前点的坐标不在三角区域内，则将该点涂“黑”，即将该点的像素值置为0，即完成车道线区域选择；再使用Hough变换来提取图像中的直线；最后由于Hough变换得到的一系列线段结果跟车道线需要的输出结果还是有些差异，进行一定的后处理操作：计算左、右车道线的直线方程与上、下边界。在经过上述图像处理后，最终识别出了车道线，并根据后处理结果将缺失的一段车道线进行了补全。

习题

1. 车道线检测的难点是什么？
2. 车道线检测研究现状、发展趋势是什么？
3. 怎样设置ROI区域？
4. 基于Hough变换进行车道线检测，包括哪些步骤？

第12章　交通应用实例——行人目标检测

本章介绍数字图像处理技术的交通应用实例——行人目标检测，包括行人目标检测算法研究现状、单特征与多特征的行人目标检测方法、基于 Haar 特征的行人检测、HOG+SVM 的行人目标检测方法，并用 Python 编程实现。

12.1 行人目标检测概述

随着计算机视觉和深度学习的快速发展，行人目标检测取得了显著的进展，相关研究成果在智能交通、车辆辅助驾驶等具体场景中进行了大量的应用。

当前用于行人检测的方法大致可以分为两类：手工设计模型和深度学习模型。手工设计模型使用人工设计的特征，如 HOG、LBP（局部二值模式）等以及它们之间的组合，分类器一般采用 SVM 或增强学习等。深度学习模型使用卷积和池化操作从原始图像中提取卷积特征，并使用全连接层作为行人分类器。

行人特征提取中的行人特征描述子可以分为三类：底层特征、混合特征和基于深度学习的特征。底层特征指的是颜色、纹理和梯度等基本的图像特征。这些单一特征计算速度快，并且可以利用积分图技术快速计算，但是只从某一方面如梯度或者纹理来描述行人特征，判别力较差。混合特征指的是多种底层特征的融合，或者是底层特征的高阶统计特征。这种特征能从不同的侧面来刻画图像特征，提高检测的准确率，但是随着特征的维度增加，特征的计算和分类器的检测时间也增加，影响实时性。基于深度学习的特征目前一般是指神经网络直接从原始图像学习得到的特征。基于学习的特征一般是神经网络的特征，如使用卷积神经网络提取的特征。卷积神经元每一个隐藏层的单元提取图像的局部特征，将其映射成一个平面，特征映射函数采用 sigmoid 函数作为卷积网络的激活函数，使得特征映射具有平移不变性。

12.2 行人目标检测算法

行人目标检测算法中，特征提取是一项关键任务，它通过将图像转换为有意义的特征表示，为检测算法提供了基础。

12.2.1　单特征的行人目标检测算法

传统的行人目标检测算法主要基于手工设计的特征表示和简单的分类器。这些方法通常使用单一特征来描述图像中的行人目标，如 Haar 特征、HOG 特征和 LBP 特征。这些特征能够捕捉行人目标的边缘、纹理和局部结构信息，对于一些简单的场景和行人目标变化较小的情况下表现良好。

1. Haar 特征

Haar 特征是由 Papageorgiou 等人提出的，该特征对人脸五官具有很好的描述能力。Viola 等人将该特征应用在行人识别算法中，获取行人目标的边缘特性。Haar 特征的构造比较简单，如图 12-1 所示。该特征主要由多个矩形模板组成，模板中分布着黑色和白色矩形区域，对黑白区域中所有像素和求差，即可获取特征。该特征计算复杂度低，且可以很好地描述目标的边缘信息，但是其需要计算大量的矩形区域，对于一些比较复杂的结构难以进行准确的描述。在一幅待检测图像的一个检测窗口中，矩形模板的大小和位置可以任意改变，因此可以提取出大量的特征来描述行人，特征数量远多于检测窗口中像素点的数量。然而对每一个矩形模板区域，如果都采用计算每个像素值求和的方法，会严重影响检测效率。

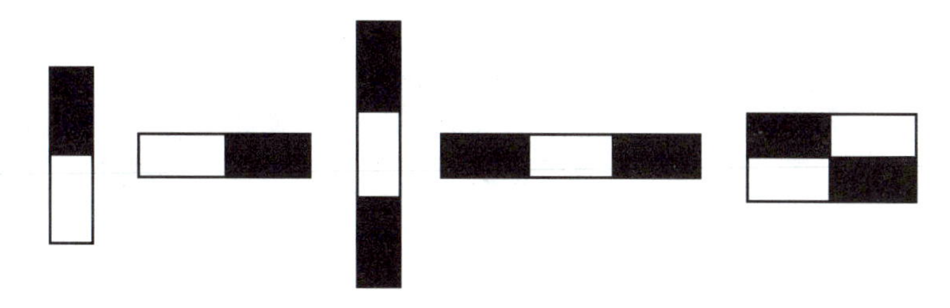

图 12-1　Harr 特征常见的矩形模板

为了提高特征计算的速度，引入积分图技术，快速计算出矩形区域中像素值的和，简化计算量，提高检测效率。研究者们通过实验测试 Haar 特征对行人的识别能力，发现该特征在比较复杂的情况下，不能较好地描述行人。由于行人具有多种形态，不能采用固定单一的特征去识别行人，需要增加特征的多样性。对于直立、动作变化不大等简单状态下的行人，该特征可以较好地识别出行人。而对于其他较为复杂的情况，该特征并不能快速地区分行人和背景。有学者针对 Haar 特征描述能力的不足，对其矩形模板进行扩充。在原有矩形模板的基础上将模板旋转到对角线方向，增加特征模板的多样性。同时还改变了黑白块区域的布局情况，得到具有不同特性的矩形模板，解决了行人目标姿态各异，难以识别的问题。扩充后的矩形模板如图 12-2 所示。

2. HOG 特征

Dalal 和 Triggs 提出了表征行人轮廓的 HOG 特征，并在 MIT（麻省理工学院）行人样本集上取得了满意的检测效果。Dalal 等人制作了一个更加复杂的行人样本集 INRIA，在该样本集中，行人的姿态多样、衣着丰富，行人周围的环境也较为复杂。HOG 特征在该行人样本集上依旧表现良好，对行人的检测率较高。HOG 特征主要是利用图像像素点的梯度信息描述行人的轮廓，通过将图像分割成许多小矩形区域（Cell），计算每个小矩形区域中像素点的梯度，得到其对应的梯度直方图。为了更好地描述特征，将多个小矩形区域构成较大的

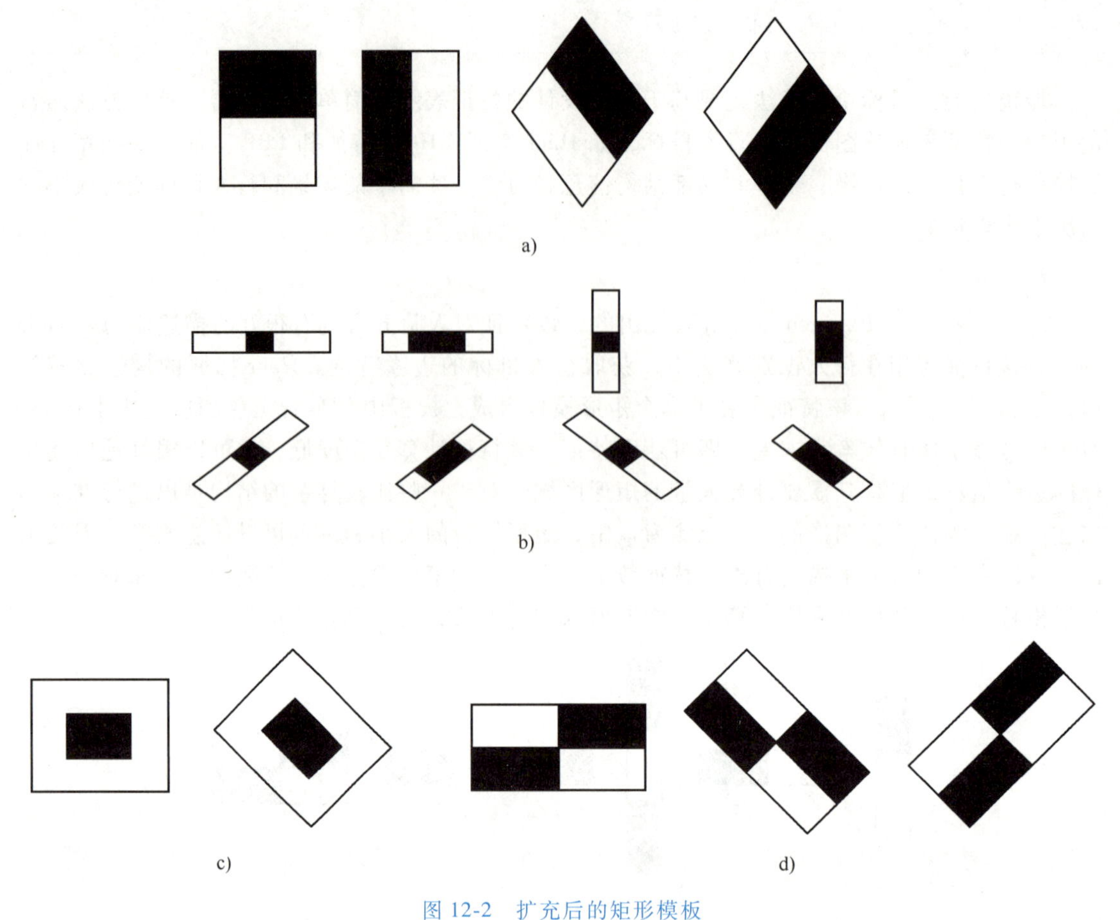

图 12-2 扩充后的矩形模板

a）边缘特征 b）线性特征 c）中心特征 d）对角线特征

块（Block）区域，这些块之间彼此重叠，从而保证提取更加完善的特征数据。最后采用归一化函数对块区域归一化处理，降低外界环境的干扰，将图像中所有归一化处理后的块特征依次组合，得到图像的 HOG 特征。

HOG 特征对场景光线的明暗变化以及几何形状的变化都具有较好的保持性，因为这两种情况只会出现在面积较大的区域，而 HOG 特征提取是在局部小区域中完成的，所以可以有效避免这些形变带来的影响。其次，在正常情况下，该算法对站立的行人允许有较小的动作变化，这些变化不会干扰到 HOG 特征的提取。因此在行人检测中，HOG 特征对行人的描述能力比较稳定，可以较好地描述行人的轮廓，有效区分行人与背景信息。本例正是依据传统 HOG 特征算法，对其特征提取过程进行改进，简化计算量、提升特征计算速度，进一步提高该算法对行人的检测能力，HOG 特征提取步骤如图 12-3 所示。

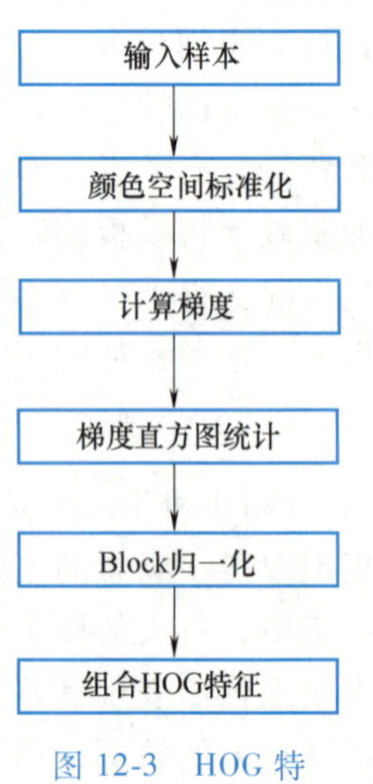

图 12-3 HOG 特征提取步骤

12.2.2 多特征的行人目标检测算法

多特征提取的行人检测算法是一种基于计算机视觉和机器学习的

方法，通过结合多个特征来描述行人目标，以提高检测的准确性和鲁棒性。这种方法通常通过提取不同类型的特征，并将它们组合起来构建一个更全面和丰富的特征表示，其一般流程如图 12-4 所示。

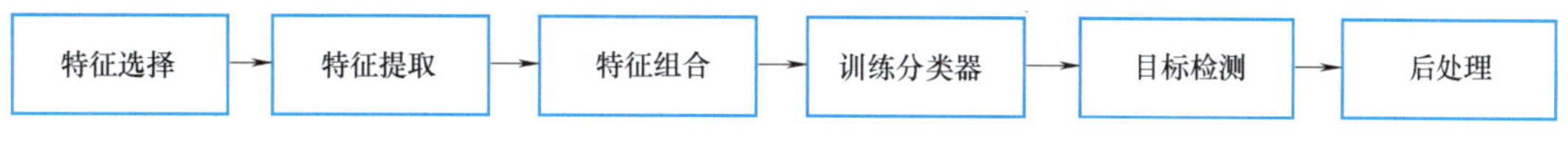

图 12-4　多特征的行人目标检测一般流程

（1）特征选择　首先需要选择适合行人目标检测的特征类型。常见的特征类型包括形状特征、纹理特征和颜色特征等。每种特征类型都有其独特的优势和适用场景。在选择特征时，需要考虑行人目标的特点和所需的检测性能。

（2）特征提取　对于每种选定的特征类型，需要设计相应的特征提取方法。特征提取的目标是将图像转换为能够表达特定特征信息的向量或描述子。特征提取方法可能涉及计算梯度、统计特征和频域分析等技术，具体取决于所选择的特征类型。

（3）特征组合　将不同特征类型提取得到的特征进行组合。组合可以是简单的拼接或串联，也可以使用更复杂的组合方法，如特征融合、加权融合等。特征组合的目标是充分利用多个特征的信息，以获得更全面和丰富的特征表示。

（4）训练分类器　使用特征组合得到的特征向量和相应的标注数据来训练一个分类器。常用的分类器包括支持向量机、随机森林和神经网络等。分类器的训练目标是学习从特征向量到行人目标或非行人目标之间的映射关系。

（5）目标检测　在待检测的图像上应用训练好的分类器进行行人检测。通常采用滑动窗口的方式，在不同位置和尺度的图像区域上应用分类器，判断该区域是否包含行人目标。一些高效的方法，如图像金字塔和特征金字塔，可以提高检测的效率和准确性。

（6）后处理　对检测到的行人目标进行后处理，以提高检测的准确性和稳定性。常见的后处理技术包括非极大值抑制（Non-Maximum Suppression，NMS），用于去除重叠的检测框，并筛选出最终的行人目标结果。

总的来说，多特征提取的行人检测算法的优势在于它能够综合利用不同特征的信息，从而更全面地描述行人目标的外观和结构特征。不同的特征类型可以捕捉到图像中的不同属性，如形状、纹理和颜色等，使得算法能够适应更广泛的场景和行人目标变化。此外，通过特征的组合，可以提高检测的准确性和鲁棒性，进一步提升算法性能。

12.3　基于 Haar 特征的行人检测 Python 实现

12.3.1　基于 Haar 特征的行人检测

Haar 特征是基于积分图的行人检测方法，它通过训练得到一个分类器，用以识别图像中的行人。在使用 Haar 特征进行行人检测时，首先需要收集大量的正负样本，正样本为行人的图像，负样本为非行人的图像。通过这些样本，可以训练出一个可以区分行人与非行人的分类器。在检测过程中，算法会在输入图像中滑动一个窗口，并对每个窗口内的图像应用 Haar 特征，计算其特征值。最后，利用训练好的分类器判断该窗口是否包含行人。基于

Haar 特征的行人检测方法简单快速，但它的准确性受限于训练样本的数量和质量。

12.3.2 Python 编程实现

基于 Haar 特征的行人检测代码使用 cv2.CascadeClassifier() 函数加载了 Haar 级联分类器模型文件，然后使用 cv2.imread() 函数读取了一张待检测的图像，将图像转化为灰度图像，调用了 detectMultiScale() 函数，该函数用于在图像上进行行人检测，结果返回一个矩形列表，最后，我们遍历检测到的行人位置，并使用 cv2.rectangle() 函数在原始图像上绘制矩形框来标记行人的位置。基于 Haar 特征的行人检测是以可视化展示检测结果的特征展示。

```
import cv2
# 加载 Haar 特征检测器
haar_cascade=cv2.CascadeClassifier(cv2.data.haarcascades+'haarcascade_fullbody.xml')
# 加载图像
img=cv2.imread(r"D:\imaget\xr1.jpg")

# 转换为灰度图像
gray_img=cv2.cvtColor(img,cv2.COLOR_BGR2GRAY)

# 进行行人检测
#pedestrians=haar_cascade.detectMultiScale(gray_img,scaleFactor=1.1,minNeighbors=5)
pedestrians=haar_cascade.detectMultiScale(gray_img,scaleFactor=1.01,minNeighbors=5)

# 绘制检测结果
for(x,y,w,h)in pedestrians:
    cv2.rectangle(img,(x,y),(x+w,y+h),(0,0,255),2)
# 显示结果
cv2.imshow('Pedestrian Detection',img)
cv2.waitKey(0)
cv2.destroyAllWindows()
```

图 12-5 所示为行人过街图，图 12-6 所示为基于 Haar 特征的行人过街检测图。

图 12-5　行人过街图

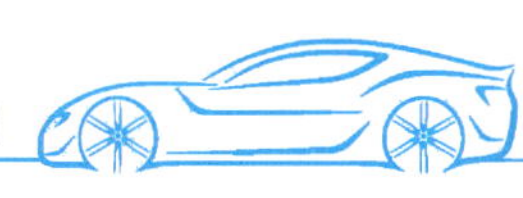

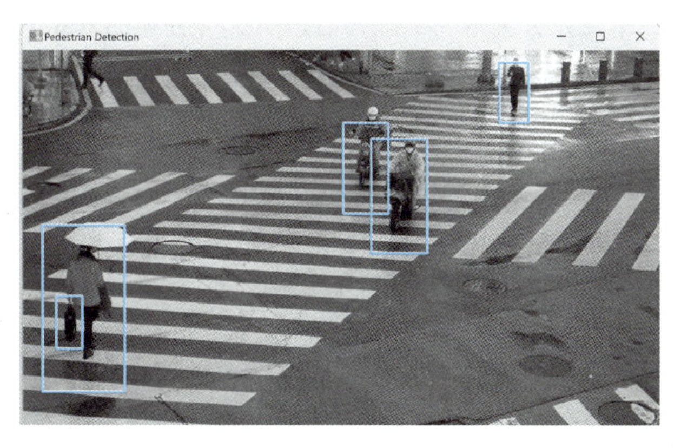

图 12-6　基于 Haar 特征的行人过街检测图

12.4 基于 HOG+SVM 的行人目标检测 Python 实现

本节针对行人目标检测问题，介绍了一种基于 HOG+SVM 的行人目标检测方法，并使用 Python 实现。该方法具有强大的特征表达能力、对光照变化和局部遮挡具有一定的鲁棒性、计算相对高效以及 SVM 分类器的优秀性能等优势。这些优势使得 HOG+SVM 方法在传统的行人目标检测中被广泛应用，并在实际应用中取得了良好的检测效果。

12.4.1 算法步骤

1. HOG 图像特征提取算法

HOG 特征描述子首先对输入图像进行灰度化，然后利用 Gamma 校正法对图像进行颜色空间归一化，再计算图像中每个像素的梯度大小和方向，将图像划分为 Cells，计算每个 Cell 内的梯度直方图，将几个 Cell 组成一个 Block，计算每个 Block 内的梯度特征，将图像中所有 Block 的梯度特征组合起来得到特征描述子，最后将图像特征输入分类器进行分类，识别步骤具体流程如图 12-7 所示。

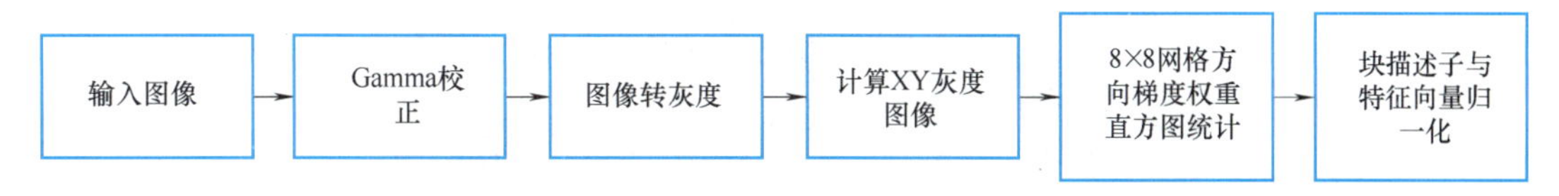

图 12-7　HOG 特征描述子识别步骤

2. SVM 图像训练算法

SVM 是常见的一种判别方法。在机器学习领域，是一个有监督的学习模型，通常用来进行模式识别、分类以及回归分析，在行人检测中可以用作区分行人和非行人的分类器。HOG 特征结合 SVM 分类器已经被广泛应用于图像识别中，尤其在行人检测中获得了极大的成功。

SVM 应用的典型流程是首先提取图形的局部特征所形成的特征单词的直方图来作为特征，最后通过 SVM 进行训练得到模型。使用的分类器是 SVM，用经典的方法实现多类分类。

对每一个类别都训练一个二元分类器。训练好后，对于待分类的 feature vector（特征向量），使用每一个分类器计算分在该类的可能性，然后选择那个可能性最高的类别作为这个 feature vector 的类别。

12.4.2 Python 编程实现

1. 导入所需的库并读取原始图片

代码如下：

```
import cv2
import numpy as np
import matplotlib.pyplot as plt

plt.rcParams['font.sans-serif'] = ['SimHei']
plt.rcParams["axes.unicode_minus"] = False
```

使用 OpenCV 库读取并显示位于“D：/imaget/runners.png”路径下的图像文件，代码如下：

```
img = cv2.imread("D:/imaget/runners.png")
cv2.imshow('runner', img)
cv2.waitKey(0)
cv2.destroyAllWindows()
```

读取的行人奔跑图如图 12-8 所示。

图 12-8 行人奔跑图

2. 定义函数判断矩形框的包含关系

代码如下

```
1 def is_inside(o, i):
2     ox, oy, ow, oh = o
```

```
        ix, iy, iw, ih=i
        return ox>ix and oy>iy and ox+ow<ix+iw and oy+oh<iy+ih
```

【代码说明】

1）第 1 行定义函数名为 is_inside，函数包含参数为 o 和 i。

2）第 2~3 行定义 ox、oy 等变量为 0，ix、iy 等变量为 i。

3）第 4 行判断矩形 o 的左上角点的坐标（ox,oy）是否都大于矩形 i 的左上角点的坐标（ix,iy），以及矩形 o 的右下角点的坐标（ox+ow,oy+oh）是否都小于矩形 i 的右下角点的坐标（ix+iw,iy+ih）。

如果以上条件都满足，即矩形 o 的所有边界都位于矩形 i 的内部，函数返回 True，表示矩形 o 完全位于矩形 i 的内部。否则，如果矩形 o 与矩形 i 相交或不在矩形 i 的内部，函数返回 False。

3. 定义函数绘制矩形框

代码如下：

```
def draw_person(img,person):
    x,y,w,h=person
    cv2.rectangle(img,(x,y),(x+w,y+h),(0,0,255),2)
```

【代码说明】

1）第 1 行定义函数名为 draw_person，函数包含参数为 img 和 person，img 是输入的图像，person 是一个表示行人位置和尺寸的元组或列表（x,y,w,h）。

2）第 2 行定义 x、y、w、h 变量为 person。

3）第 3 行使用 cv2.rectangle() 函数在图像上绘制矩形框。

4. 定义函数进行行人目标检测

代码如下：

```
def detect_test(path1):
    img=cv2.imread(path1)
    rows,cols=img.shape[:2]
    scale=0.5
    print('img',img.shape)
    img=cv2.resize(img,dsize=(int(cols * scale),int(rows * scale)))
    # 创建 HOG 描述符对象
    # 计算一个检测窗口特征向量维度:(64/8-1) * (128/8-1) * 4 * 9=3780
    hog=cv2.HOGDescriptor()
```

```
10        detector=cv2.HOGDescriptor_getDefaultPeopleDetector()
11        print('detector',type(detector),detector.shape)
12        hog.setSVMDetector(detector)
13        # 多尺度检测,found 是一个数组,每一个元素都对应一个矩形,即检测到的目标框
14        found,w=hog.detectMultiScale(img)
15        print('found',type(found),found.shape)
16        # 过滤一些矩形,如果矩形 o 在矩形 i 中,则过滤掉 o
17        found_filtered=[]
18        for ri,r in enumerate(found):
19            for qi,q in enumerate(found):
20                # 判断 r 是否在 q 内
21                if ri != qi and is_inside(r,q):
22                    break
23            else:
24                found_filtered.append(r)
25        for person in found_filtered:
26                draw_person(img,person)
27        # 设置图像显示大小
28        width=600
29        height=450
30        # 调整图像大小
31        resized_image=cv2.resize(img,(width,height))
32        cv2.imshow('runner',resized_image)
33        cv2.waitKey(0)
34        cv2.destroyAllWindows()
```

【代码说明】

1）第 1 行定义 detect_test(path1) 函数是主要的检测函数，接受一个图像路径作为参数，用于检测该图像中的行人目标。

2）第 2 行读取输入图像。

3）第 3 行获取图像的行数和列数。

4）第 4 行设置缩放因子，用于调整图像的尺寸。

5）第 6 行调整图像的大小，将图像的宽度和高度乘以缩放因子。

6）第 9 行创建 HOG 描述符对象。

7）第 10 行获取默认的行人检测器。

8）第 12 行将 SVM 检测器设置为 HOG 描述符的检测器。

9）第 14 行使用多尺度检测方法检测行人目标，并返回检测到的矩形框和相应的权重。

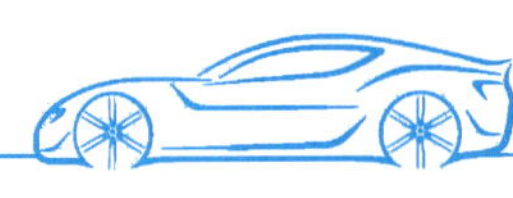

10）第 17 行创建一个空列表用于存储过滤后的矩形框。

11）第 18 行遍历检测到的矩形框，在内部的循环 for qi，q in enumerate(found)：中，遍历检测到的矩形框，判断当前矩形框是否被其他矩形框所包含，如果当前矩形框不被其他矩形框所包含，则将其添加到 found_filtered 列表中。

12）第 25 行遍历过滤后的矩形框。

13）第 26 行调用 draw_person() 函数，在图像上绘制行人框。

14）第 31 行调整图像的大小以适应显示窗口。

15）第 32 行显示图像。

16）第 33 行等待按下任意键。

17）第 34 行关闭所有窗口。

5. 调用函数进行行人目标检测

代码如下：

```
path1 = 'D:/imaget/runners.png'
if __name__ == '__main__':
    detect_test(path1)
```

经过行人目标识别以及矩形框的绘制，行人奔跑检测识别图如图 12-9 所示。

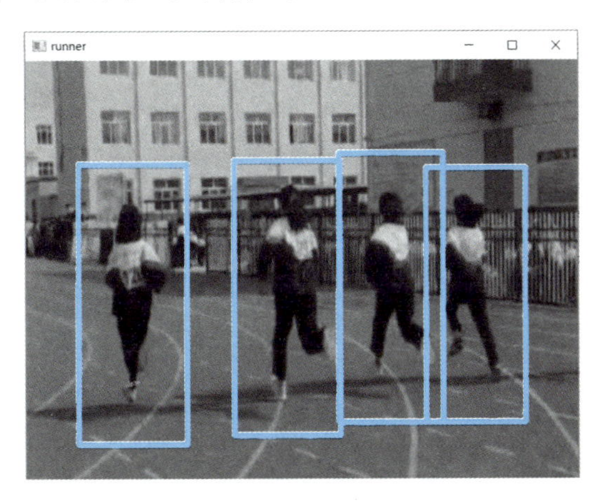

图 12-9　行人奔跑检测识别图

结合 HOG 算法和 SVM 分类器的行人检测方案结合了查找表的方式生成 HOG，并将并行 SVM 分类器内嵌到 HOG 归一化模块中。这样不仅减少了资源消耗，还在一定程度上提高了系统工作效率。

基于 HOG 特征和 SVM 分类器的行人目标检测算法能够检测到图像中的行人目标，并且在过滤重叠框后，准确地绘制出行人的位置和边界框。然而，这个算法也存在一些限制和改进的空间。首先，算法在复杂场景、遮挡和姿态变化等情况下可能会受到限制。其次，算法可能会出现误检或漏检的情况，需要进一步调整参数和优化模型。此外，算法的计算复杂度较高，对大规模图像数据的处理可能较慢。

基于 HOG 特征和 SVM 分类器的行人目标检测算法是一种经典且有效的方法。通过进一步的研究和改进，它可以在实际的行人检测应用中发挥重要作用。

由于在复杂场景下存在光照不均、遮挡和噪声干扰大等因素，目前行人检测算法在实际场景的应用中仍面临检测率低、对小目标不敏感等挑战。

习题

1. 行人目标检测算法有哪些？
2. 单特征与多特征的行人目标检测算法有哪些区别？
3. 行人目标检测有哪些困难？
4. 多特征行人目标检测流程包括哪些步骤？
5. 编写程序，对行人目标进行检测。

参 考 文 献

[1] GONZALEZ R C, WOODS R E. 数字图像处理 [M]. 4 版. 阮秋琦，阮宇智，译. 北京：电子工业出版社，2020.

[2] 张弘，李嘉锋. 数字图像处理与分析 [M]. 3 版. 北京：机械工业出版社，2020.

[3] 高军，朱宏辉. 数字图像处理技术在车牌识别系统中的应用 [J]. 智慧城市，2016 (7)：18-20.

[4] 杨秀璋. 从零到壹：Python 图像处理 [Z]. 2022.

[5] DEY S. Python 图像处理实战 [M]. 陈盈，邓军，译. 北京：人民邮电出版社，2020.

[6] luoluo3664. OpenCV-python 实现图像的邻域平均平滑滤波 [OL]. (2019-12-02) [2024-05-29]. https://blog.csdn.net/luoluo3664/article/details/103324807.

[7] 於玺. 快速傅里叶变换在信号处理中的应用 [J]. 信息记录材料，2021, 22 (10)：184-186.

[8] HanShanBuLeng. 形态学应用：图像开运算与闭运算 [Z/OL] (2018-06-11) [2023.11.01] https://blog.csdn.net/hanshanbuleng/article/details/80657148.

[9] 像风一样的男人@. python：opencv 图像处理（图像腐蚀与图像膨胀）[Z/OL]. (2022-08-22) [2024-05-29]. https://blog.csdn.net/weixin_44634704/article/details/126470610? ops_request_misc=%257B%2522request%255Fid%2522%253A%2522168800465116800192284766%2522%252C%2522scm%2522%253A%252220140713.130102334..%2522%257D&request_id=168800465116800192284766&biz_id=0&utm_medium=distribute.pc_search_result.none-task-blog-2~all~baidu_landing_v2~default-6-126470610-null-null.142%5Ev88%5Econtrol_2, 239%5Ev2%5Einsert_chatgpt&utm_term=python%E5%9B%BE%E5%83%8F%E8%85%90%E8%9A%80&spm=1018.2226.3001.4187.

[10] DreamBro. 形态学操作：开运算与闭运算 [Z/OL]. (2021-11-25) [2024-05-29]. https://blog.csdn.net/DreamBro/article/details/121547286.

[11] 陈一月的编程岁月.《OpenCv 视觉之眼》Python 图像处理九：Opencv 图像形态学处理之图像腐蚀与膨胀原理及方法 [Z/OL]. (2020-08-10) [2024-05-29]. https://blog.csdn.net/qq_42451251/article/details/107901746? ops_request_misc=&request_id=&biz_id=102&utm_term=python%E5%9B%BE%E5%83%8F%E8%85%90%E8%9A%80&utm_medium=distribute.pc_search_result.none-task-blog-2~all~sobaiduweb~default-1-107901746.142%5Ev88%5Econtrol_2, 239%5Ev2%5Einsert_chatgpt&spm=1018.2226.3001.4187.

[12] 赵云龙，葛广英. 智能图像处理：Python 和 OpenCV 实现 [M]. 北京：机械工业出版社，2021.

[13] 宋丽梅，王红一. 智能图像处理与分析识别 [M]. 北京：机械工业出版社，2023.

[14] 蔡体健，刘伟. 数字图像处理：基于 Python [M]. 北京：机械工业出版社，2022.

[15] 王俊祥，赵怡，张天助. 数字图像处理及行业应用 [M]. 北京：机械工业出版社，2022.

[16] 王怀涛，曹明伟，邢皎玉. 基于 HSV 颜色空间与边缘特征的黄色车道线检测 [J]. 北京汽车，2017 (3)：14-18；36.

[17] 刘源，周聪玲，刘永才，等. 基于边缘特征点聚类的车道线检测 [J]. 科学技术与工程，2019, 19 (27)：247-252.

[18] 张浩. 基于车道线宽度特征的车道线识别 [J]. 南方农机，2020, 51 (9)：46-49.

[19] PARK H. Lane detection algorithm based on hough transform for high-speed self driving vehicles [J]. IJWGS, 2019, 15 (3)：240-250.

[20] 姜立标，李静轩. 基于改进 Hough 变换与双点去除 R-最小二乘法的车道线检测优化算法 [J]. 科学技术与工程，2020, 20 (5)：2070-2076.

[21] 刘岩，王宇恒，吕冰雪，等．基于特征模型融合的实时车道线检测研究［J］．科技通报，2020，36（7）：50-57.

[22] 吕颖，李红建，李骏，等．基于道路特征与道路模型的车道线检测与跟踪［J］．汽车文摘，2021（10）：58-62.

[23] 何旭光．基于B样条曲线模型的车道线检测方法研究［D］．上海：上海工程技术大学，2020.

[24] XIAO J，XIONG W，YAO Y，et al. Lane detection algorithm based on road structure and extended kalman filter［J］. International Journal of Digital Crime and Forensics，2020，12（2）：1-20.

[25] JAVEED M A，GHAFFAR M A，ASHRAF M A，et al. Lane line detection and object scene segmentation using otsu thresholding and the fast hough transform for intelligent vehicles in complex road conditions［J］. Electronics，2023，12（5）：1079-1085.

[26] 周发华，陈继清，杨蓉．基于改进 Hough 变换和斜率特征的车道线识别［J］．现代电子技术，2023，46（7）：180-186.

[27] 戴晶华．一种基于 Python 的车道线检测算法分析［J］．电子技术，2022，51（9）：52-54.

[28] 赵峰．基于结构化道路的车道线检测方法研究［D］．大庆：东北石油大学，2023.

[29] 张君秋，赵建光，李晓磊，等．基于图像处理的车道线识别技术研究［J］．长江信息通信，2022，35（8）：130-132.

[30] 武日盛．基于图像处理的车道线识别技术研究［J］．时代汽车，2022（21）：196-198.

[31] 范跃文．基于复杂环境下的车道线识别［J］．中国新技术新产品，2022（7）：28-30.

[32] 王宇瑞，李炎亮，郭雨婷，等．基于改进霍夫变换的车道线检测算法实现［J］．农业装备与车辆工程，2022，60（5）：95-98.

[33] 张勇，杜学峰，高越，等．基于传统图像处理算法的车道线检测［J］．汽车实用技术，2022，47（2）：20-23.

[34] 李伟林，梁卓凡，方遒．一种多阈值 Hough 变换车道线检测算法［J］．厦门理工学院学报，2021，29（5）：1-7.

[35] 黄鹤，梁祺策，罗德安．车道线检测中自适应图像预处理算法研究［J］．测绘科学，2021，46（9）：76-82.

[36] 李后隆，马骊溟，钟林伟．基于改进 Hough 变换的车道线检测［J］．汽车实用技术，2021，46（7）：16-18.

[37] 莫玲，李剑豪，肖苏华，等．基于灰度图像的车道线识别系统研究［J］．轻工科技，2021，37（1）：80-83.

[38] 管晓伟．复杂交通场景下车道线检测算法研究［D］．大连：大连理工大学，2021.

[39] 辛敏，罗山．基于改进 Hough 变换的车道线识别［J］．山西电子技术，2021（6）：40-42；46.

[40] 陈杨，石晶，刘丛浩．基于改进霍夫变换的车道线识别算法［J］．汽车实用技术，2021，46（6）：42-44.

[41] 周奇丰，凌莉萍．基于 OpenCV 视觉库的车道线图像识别［J］．汽车实用技术，2021，46（17）：18-21；33.

[42] 师浩峰，涂辉招，遇泽洋，等．基于 Canny 算法的新型车道线检测率分析［J］．上海公路，2020（3）：4-9；99.

[43] 魏笑．基于图像处理的车道线识别［D］．大连：大连交通大学，2021.

[44] 何旭光，江磊，罗一平，等．基于 Hough 变换的车道线检测算法设计［J］．农业装备与车辆工程，2019，57（11）：90-91；107.

[45] 马泉钧，何自超，林邦演，等．基于图像处理的长距离车道线检测［J］．河南科技，2019（29）：111-113.

[46] 季亚男. 基于数字图像处理的车道线检测算法研究 [D]. 重庆：西南大学，2019.
[47] 余万里. 基于深度学习的车道线检测与识别 [D]. 上海：上海师范大学，2019.
[48] MAMUN A A, PING E P, HOSSEN J, et al. A comprehensive review on lane marking detection using deep neural networks [J]. Sensors, 2022, 22 (19): 7682.
[49] HUANG Q, LIU J. Practical limitations of lane detection algorithm based on hough transform in challenging scenarios [J]. International Journal of Advanced Robotic Systems, 2021, 18 (2): 8752-8759.
[50] BAI Y. Research on lane recognition of auto-driving vehicles [J]. IOP Conference Series: Materials Science and Engineering, 2020, 782 (4): 782-786.
[51] 李亚娣，黄海波，李相鹏，等. 基于 Canny 算子和 Hough 变换的夜间车道线检测 [J]. 科学技术与工程，2016, 16 (31): 234-237; 242.
[52] 王哲伟. 基于深度学习的车道线检测算法研究 [D]. 哈尔滨：哈尔滨工业大学，2021.
[53] 梁策，王景中，王宝成. 基于 YOLOv3 的车辆行人目标检测算法改进方法研究 [J]. 计算机应用与软件. 2022, 39 (7): 201-206; 226.
[54] 任梦茹. 基于图像多特征提取的行人检测算法研究 [D]. 西安：西安工业大学，2021.
[55] ALBIOL, A, MONZO D, MARTIN A, et al. Face recognition using HOG-EBGM [J]. Pattern Recognition Letters, 2008, 29 (10): 1537-1543.
[56] 尚俊. 基于 HOG 特征的目标识别算法研究 [D]. 武汉：华中科技大学，2013.
[57] BENALLAL M, MEUNIER J. Real-time color segmentation of road signs [C]. Montreal: Canadian Conference on Electrical and Computer Engineering, 2003: 1823-1826.
[58] LIU H, RAN B. Vision-based stop sign detection and recognition system for intelligent vehicle [J]. Transportation Research Record Journal of the Transportation Research Board, 2001: 161-166.
[59] ZAKLOUTA F, STANCIULESCU B. Real-time traffic sign recognition in three stages [J]. Robotics and Autonomous Systems, 2014, 62 (1): 16-24.
[60] GIRSHICK R, DONAHUE J, DARRELL T, et al. Rich feature hierarchies for accurate object detection and semantic segmentation [C]. Columbus: 2014 IEEE Conference on Computer Vision and Pattern Recognition, 2014: 580-587.
[61] 胖大海 pyh. OpenCV 实战：简洁易懂的车牌号识别 Python+OpenCV 实现“超详解”：含代码 [Z/OL]. (2023-08-06) [2024-05-29]. https://blog.csdn.net/qq_40784418/article/details/105586644.
[62] 张馨方. 基于深度学习的车牌定位和识别算法研究 [D]. 北京：中央民族大学，2022.
[63] 吕文强，朱贤平. 一种基于纹理特征和轮廓分析的车牌定位方法 [J]. 电子质量，2020 (12): 3-6.
[64] 田枥文，齐文琴，李欢. 基于形态学和 HSV 分离蓝色区域的车牌分割技术 [J]. 无线互联科技，2018, 15 (18): 147-148.
[65] 徐金荣，郭彩萍. 基于卷积神经网络的车牌自动识别的设计与实现 [J]. 山西电子技术，2023 (1): 50-52; 55.
[66] 吕璐，程虎，朱鸿泰，等. 基于深度学习的目标检测研究与应用综述 [J]. 电子与封装，2022, 22 (1): 9.
[67] Make 程序设计. 基于 opencv 传统数字图像处理实现车道线检测-python-c++源码+项目说明. 7z [Z/OL]. (2022-12-13) [2024-05-29]. https://download.csdn.net/download/DeepLearning_/87272813.
[68] 你的陈某某. 基于 opencv-python 的车道线检测：初级. [Z/OL]. (2021-07-21) [2024-05-29]. https://blog.csdn.net/weixin_45679938/article/details/118968694?ops_request_misc=%257B%2522request%255Fid%2522%253A%2522170082884616800225541286%2522%252C%2522scm%2522%253A%252220140713.130102334.pc%255Fall.%2522%257D&request_id=17008288461680022

5541286&biz_id=0&utm_medium=distribute. pc_search_result. none-task-blog-2~all~first_rank_ecpm_v1~rank_v31_ecpm-2-118968694-null-null. 142^v96^pc_search_result_base9&utm_term=def%20region_interest%28img%2C%20region%29%3A%20%20%20%20mask%20%3D%20np. zeros_like%28img%29%20%20%20%20if%20len%28img. shape%29%20%3E%202%3A%20%20%20%20%20%20%20%20channel_count%20%3D%20img. shape%5B2%5D%20%20%20%20%20%20%20%20ignore_mask_color%20%3D%20%28255%2C%29 * channel_count&spm=1018. 2226. 3001. 4187

[69] 张瑞，张朋. 基于颜色和形状的交通标志检测与分类［J］. 微计算机信息，2010，26（35）：226-228.

[70] 张金朋，方千山. 融合颜色分割与形状特征的交通标志检测［J］. 微型机与应用，2015，34（11）：83-85；88.

[71] 于平平，齐林，马苗立，等. 基于视觉注意机制和形状特征的交通标志检测方法［J］. 数学的实践与认识，2019，49（21）：123-131.

[72] 朱双东，张懿，陆晓峰. 三角形交通标志的智能检测方法［J］. 中国图象图形学报，2006，1（8）：1127-1131.

[73] 初秀民，严新平，毛喆，等. 高速公路场景图像的二值化及交通标志定位检测方法［J］. 中国公路学报，2006，19（6）：102-106.

[74] 朱国康，王运锋. 基于多征融合的道路交通标志检测［J］. 信号处理，2011，27（10）：1616-1620.

[75] 张兴敢，乔卫磊，柏业超，等. 基于卷积特征提取和机器学习的联合 SAR 目标识别方法：CN107977683A［P］. 2017-12-20.

[76] CREUSEN I M，WIJNHOVEN R G J，HERBSCHLEB E，et al. Color exploitation in hog-based traffic sign detection［C］. Hong Kong：2010 IEEE International Conference on Image Processing，2010：2669-2672.

[77] HUANG Z，YU Y，GU J，et al. An efficient method for traffic sign recognition based on extreme learning machine［J］. IEEE Transactionson Cybernetics，2016，47（4）：920-933.

[78] CIRESAN D C，MEIER U，MASCI J，et al. Multi-column deep neural network for traffic sign classification［J］. Neural Networks，2012（32）：333-338.

[79] JIN J，FU K，ZHANG C. Traffic sign recognition with hinge loss trained convolutional neural networks［J］. IEEE Transactions on Intelligent Transportation Systems，2014，15（5）：1991-2000.

[80] REN S，He K，GIRSHICK R，et al. Faster R-CNN：towards real-time object detection with region proposal networks［J］. IEEE Transactions on Pattern Analysis and Machine Intelligence，2017，39（6）：1137-1149.

[81] 伍晓晖. 基于深度学习的交通标志识别算法研究［D］. 北京：北京建筑大学，2020.

[82] DEY S. Python 图像处理经典实例［M］. 王燕，王存珉，译. 北京：人民邮电出版社，2023.

[83] 陈春辉. 小尺寸交通标志检测识别算法研究［D］. 天津：天津理工大学，2023.

[84] 草帽小子 Coder. 数字图像处理：形态学操作、腐蚀、膨胀、开运算、闭运算［Z/OL］.（2019-08-22）［2024-05-29］. https：//blog. csdn. net/weixin_39485901/article/details/100017605.

[85] CSU_ICELEE. HOG+SVM 进行图片分类：python［Z/OL］.（2017-07-03）［2024-05-29］. https：//blog. csdn. net/q1242027878/article/details/74271694.